"十三五"国家重点出版物出版规划项目

习近平新时代中国特色社会主义思想学习丛书

名誉总主编　王伟光
总　主　编　谢伏瞻
副总主编　王京清　蔡昉

总　策　划　赵剑英

构建新时代中国特色社会主义政治经济学

蔡昉 张晓晶 著

图书在版编目(CIP)数据

构建新时代中国特色社会主义政治经济学/蔡昉,张晓晶著.—北京:中国社会科学出版社,2019.3

(习近平新时代中国特色社会主义思想学习丛书)

ISBN 978-7-5203-4032-8

Ⅰ.①构… Ⅱ.①蔡…②张… Ⅲ.①中国特色社会主义—社会主义政治经济学—学习参考资料 Ⅳ.①F120.2

中国版本图书馆CIP数据核字(2019)第016237号

出 版 人	赵剑英
项目统筹	王 茵
责任编辑	王 茵 孙 萍
特约编辑	侯苗苗
责任校对	闫 萃
责任印制	王 超

出 版	中国社会科学出版社
社 址	北京鼓楼西大街甲158号
邮 编	100720
网 址	http://www.csspw.cn
发行部	010-84083685
门市部	010-84029450
经 销	新华书店及其他书店
印刷装订	北京君升印刷有限公司
版 次	2019年3月第1版
印 次	2019年3月第1次印刷
开 本	710×1000 1/16
印 张	24.5
字 数	265千字
定 价	53.00元

凡购买中国社会科学出版社图书,如有质量问题请与本社营销中心联系调换
电话:010-84083683
版权所有 侵权必究

代 序

时代精神的精华
伟大实践的指南

谢伏瞻[*]

习近平总书记指出:"马克思主义是不断发展的开放的理论,始终站在时代前沿。"[①] 习近平新时代中国特色社会主义思想,弘扬马克思主义与时俱进的品格,顺应时代发展,回应时代关切,科学回答了"新时代坚持和发展什么样的中国特色社会主义、怎样坚持和发展中国特色社会主义"这个重大时代课题,实现了马克思主义中国化的新飞跃,开辟了马克思主义新境界、中国特色社会主义新境界、治国理政新境界、管党治党新境界,是当代中国马克思主义、21世纪马克思主义,是时代精神的精华、伟大实践的指南。

---

[*] 作者为中国社会科学院院长、党组书记,学部主席团主席。
[①] 习近平:《在纪念马克思诞辰200周年大会上的讲话》(2018年5月4日),人民出版社2018年版,第9页。

一 科学回答时代之问、人民之问

马克思说过:"问题是时代的格言,是表现时代自己内心状态的最实际的呼声。"① 习近平总书记也深刻指出:"只有立足于时代去解决特定的时代问题,才能推动这个时代的社会进步;只有立足于时代去倾听这些特定的时代声音,才能吹响促进社会和谐的时代号角。"② 习近平新时代中国特色社会主义思想,科学回答时代之问、人民之问,在回答和解决时代和人民提出的重大理论和现实问题中,形成马克思主义中国化最新成果,成为夺取新时代中国特色社会主义伟大胜利的科学指南。

(一)深入分析当今时代本质和时代特征,科学回答"人类向何处去"的重大问题

习近平总书记指出:"尽管我们所处的时代同马克思所处的时代相比发生了巨大而深刻的变化,但从世界社会主义500年的大视野来看,我们依然处在马克思主义所指明的历史时代。"③ 马克思恩格斯关于资本主义基本矛盾的分析没有过时,关于资本主义必然灭亡、社会主义必然胜

---

① 《马克思恩格斯全集》第1卷,人民出版社1995年版,第203页。
② 习近平:《问题就是时代的口号》(2006年11月24日),载习近平《之江新语》,浙江人民出版社2007年版,第235页。
③ 《习近平谈治国理政》第2卷,外文出版社2017年版,第66页。

利的历史唯物主义观点也没有过时。这是我们对马克思主义保持坚定信心、对社会主义保持必胜信念的科学根据。

虽然时代本质没有改变,但当代资本主义却呈现出新的特点。一方面,资本主义的生产力水平在当今世界依然处于领先地位,其缓和阶级矛盾、进行自我调整和体制修复的能力依然较强,转嫁转化危机的能力和空间依然存在,对世界经济政治秩序的控制力依然强势。另一方面,当前资本主义也发生了许多新变化,出现了许多新问题。正如习近平总书记指出的:"许多西方国家经济持续低迷、两极分化加剧、社会矛盾加深,说明资本主义固有的生产社会化和生产资料私人占有之间的矛盾依然存在,但表现形式、存在特点有所不同。"① 当今时代本质及其阶段性特征,形成了一系列重大的全球性问题。世界范围的贫富分化日益严重,全球经济增长动能严重不足,霸权主义和强权政治依然存在,地区热点问题此起彼伏,恐怖主义、网络安全、重大传染性疾病、气候变化等非传统安全威胁持续蔓延,威胁和影响世界和平与发展。与此同时,随着世界多极化、经济全球化、社会信息化、文化多样化深入发展,反对霸权主义和强权政治的和平力量迅速发展,全球治理体系和国际秩序变革加速推进,不合理的世界经济政治秩序愈益难以为继,人类社会进入大发展大变革大调整的重要时期,面临"百年未有之大变局"。在新的时代条件下,如何应对人类共同面临的全球性重大挑战,引领人

---

① 习近平:《在哲学社会科学工作座谈会上的讲话》(2016年5月17日),人民出版社2016年版,第14页。

类走向更加光明而不是更加黑暗的前景，成为一个必须科学回答的重大问题，这就是"人类向何处去"的重大时代课题。习近平总书记立足全人类立场，科学回答这个重大问题，提出了一系列新思想新观点，深化了对人类社会发展规律的认识，也具体回答了"世界怎么了，我们怎么办"的迫切现实问题。

（二）深入分析世界社会主义运动的新情况新特点，科学回答"社会主义向何处去"的重大问题

习近平总书记深刻指出，社会主义从产生到现在有着500多年的历史，实现了从空想到科学、从理论到实践、从一国到多国的发展。特别是十月革命的伟大胜利，使科学社会主义从理论走向实践，从理想走向现实，开辟了人类历史发展的新纪元。第二次世界大战以后，世界上出现一批社会主义国家，世界社会主义运动蓬勃发展。但是，20世纪80年代末90年代初发生的苏东剧变，使世界社会主义运动遭遇严重挫折而进入低潮。

进入21世纪，西方资本主义国家出现了严重危机，在世界上的影响力不断下降，而中国特色社会主义则取得了辉煌成就，其他国家和地区的社会主义运动和进步力量也有所发展。但是，两种制度既合作又竞争的状况将长期存在，世界社会主义的发展任重道远。在这样的背景和条件下，世界社会主义运动能否真正走出低谷并发展振兴，"东升西降"势头能否改变"资强社弱"的总体态势，成为一个必须回答的重大问题，这就是"社会主义向何处去"的重大问题。习近平总书记贯通历史、现实和未来，

科学回答这个重大问题,深化了对社会主义发展规律的认识,丰富发展了科学社会主义。新时代中国特色社会主义的发展,成为世界社会主义新发展的引领旗帜和中流砥柱。

(三)深入分析当代中国新的历史方位及其新问题,科学回答"中国向何处去"的重大问题

在世界社会主义运动面临严峻挑战、处于低潮之际,中国坚定不移地沿着中国特色社会主义道路开拓前进,经过长期努力,经济、科技、国防等方面实力进入世界前列,国际地位得到空前提升,以崭新姿态屹立于世界民族之林。中国特色社会主义进入新时代,"在中华人民共和国发展史上、中华民族发展史上具有重大意义,在世界社会主义发展史上、人类社会发展史上也具有重大意义"[①]。

中国特色社会主义进入新时代,中国日益走近世界舞台中央,影响力、感召力和引领力不断增强,使世界上相信马克思主义和社会主义的人多了起来,使两种社会制度力量对比发生了有利于马克思主义、社会主义的深刻转变。为此,西方资本主义国家不断加大对中国的渗透攻击力度,中国遭遇"和平演变""颜色革命"等风险也在不断加大。因此,新时代如何进行具有许多新的历史特点的伟大斗争,在国内解决好新时代的社会主要矛盾,在国际

---

① 习近平:《决胜全面建成小康社会 夺取新时代中国特色社会主义伟大胜利——在中国共产党第十九次全国代表大会上的报告》(2017年10月18日),人民出版社2017年版,第12页。

上维护好国家主权、安全和发展利益，推进新时代中国特色社会主义取得新胜利，实现中华民族伟大复兴，成为一个必须科学回答的重大问题，这就是"中国向何处去"的重大问题。习近平总书记立足新的历史方位，科学回答了这个重大问题，深化了对中国特色社会主义建设规律的认识，在马克思主义中国化历史进程中具有里程碑的意义。

（四）深入分析新时代中国共产党面临的风险挑战，科学回答"中国共产党向何处去"的重大问题

中国共产党是中国工人阶级的先锋队，同时是中华民族和中国人民的先锋队，不断推进伟大自我革命和伟大社会革命。中华民族迎来了从站起来、富起来到强起来的伟大飞跃，迎来了中华民族伟大复兴的光明前景。但是在长期执政、改革开放日益深入、外部环境复杂变化的新的历史条件下，党自身状况发生了广泛深刻变化，"四大考验"长期复杂，"四大危险"尖锐严峻，正如习近平总书记指出的："我们党面临的执政环境是复杂的，影响党的先进性、弱化党的纯洁性的因素也是复杂的，党内存在的思想不纯、组织不纯、作风不纯等突出问题尚未得到根本解决。"[①] 中国共产党能否经得住前所未有的风险考验，始终保持自身的先进性和纯洁性，始终走在时代前列、始终成为全国人民的主心骨、始终成为坚强领导核心，成为一个

---

① 习近平：《决胜全面建成小康社会 夺取新时代中国特色社会主义伟大胜利——在中国共产党第十九次全国代表大会上的报告》（2017年10月18日），人民出版社2017年版，第61页。

必须科学回答的重大问题,这就是"中国共产党向何处去"的重大问题。习近平总书记勇于应对风险挑战,科学回答了这个重大问题,深化了对共产党执政规律的认识,把马克思主义执政党建设推进到一个新境界。

总之,人类向何处去、社会主义向何处去、当代中国向何处去、中国共产党向何处去,这些时代之问、人民之问,这些重大理论和现实问题,集中到一点,就是"新时代坚持和发展什么样的中国特色社会主义、怎样坚持和发展中国特色社会主义"这个重大时代课题。以习近平同志为主要代表的中国共产党人从理论和实践的结合上系统回答了这个重大时代课题,创立了习近平新时代中国特色社会主义思想。这一马克思主义中国化最新成果,既是中国的也是世界的,既是中国人民的行动指南也是全人类的共同思想财富。

二 丰富的思想内涵,严整的理论体系

习近平新时代中国特色社会主义思想内涵十分丰富,涵盖改革发展稳定、内政外交国防、治党治国治军等各个领域、各个方面,构成了一个系统完整、逻辑严密、相互贯通的思想理论体系。

(一)坚持和发展新时代中国特色社会主义,是习近平新时代中国特色社会主义思想的核心要义

中国特色社会主义,是我们党紧密联系中国实际、深入探索创新取得的根本成就,是改革开放以来党的全部理

论和实践的主题。中华人民共和国成立后，以毛泽东同志为核心的第一代中央领导集体，团结带领全党全国人民开始探索适合中国国情的社会主义建设道路。改革开放以来，以邓小平同志为核心的第二代中央领导集体、以江泽民同志为核心的第三代中央领导集体、以胡锦涛同志为总书记的党中央，紧紧围绕着坚持和发展中国特色社会主义这个主题，深入分析并科学回答了"什么是社会主义、怎样建设社会主义""建设什么样的党、怎样建设党""实现什么样的发展、怎样发展"等重大问题，不断深化对中国特色社会主义建设规律的认识，创立了邓小平理论、"三个代表"重要思想、科学发展观，不断丰富中国特色社会主义理论体系。

党的十八大以来，以习近平同志为核心的党中央一以贯之地坚持这个主题，紧密结合新时代条件和新实践要求，以全新的视野，紧紧抓住并科学回答了"新时代坚持和发展什么样的中国特色社会主义、怎么坚持和发展中国特色社会主义"这一重大时代课题，创立了习近平新时代中国特色社会主义思想，深刻揭示了新时代中国特色社会主义的本质特征、发展规律和建设路径，为新时代坚持和发展中国特色社会主义提供了科学指引和基本遵循。

（二）"八个明确"是习近平新时代中国特色社会主义思想的主要内容

习近平总书记创造性地把马克思主义基本原理同当代中国具体实践有机结合起来，对新时代坚持和发展中国特色社会主义的总目标、总任务、总体布局和战略布局及发展方向、发展方式、发展动力、战略步骤、外部条件、政治保证等一系列基本问题进行了系统阐述，做出了"八个明确"的精辟概括，构成了习近平新时代中国特色社会主义思想的主要内容。其中，第一个明确从国家发展的层面上，阐明了坚持和发展中国特色社会主义的总目标、总任务和战略步骤。第二个明确从人和社会发展的层面上，阐明了新时代中国社会主要矛盾，以及通过解决这个主要矛盾促进人的全面发展、全体人民共同富裕的社会理想。第三个明确从总体布局和战略布局的层面上，阐明了新时代中国特色社会主义事业的发展方向和精神状态。第四至第七个明确分别从改革、法治、军队、外交方面，阐明了新时代坚持和发展中国特色社会主义的改革动力、法治保障、军事安全保障和外部环境保障等。第八个明确从最本质特征、最大优势和最高政治领导力量角度，阐明了新时代坚持和发展中国特色社会主义的根本政治保证。

"八个明确"涵盖了新时代坚持和发展中国特色社会主义的最核心、最重要的理论和实践问题。既包括中国特色社会主义最本质特征，又包括决定党和国家前途命运的根本力量；既包括中国大踏步赶上时代的法宝，又包括解决中国一切问题的基础和关键；既包括社会主义政治发展的必然要求，又包括中国特色社会主义的本质要求和重要保障；既包括国家和民族发展中更基本、更深沉、更持久的力量，又包括发展的根本目的；既包括中华民族永续发展的千年大计，又包括我们党治国理政的重大原则；既包括实现"两个一百年"奋斗目标的战略支撑，又包括实现中华民族伟大复兴的必然要求；既包括实现中国梦的国际环境和稳定的国际秩序，又包括我们党最鲜明的品格。这些内容逻辑上层层递进，内容上相辅相成，集中体现了习近平新时代中国特色社会主义思想的系统性、科学性、创新性。

（三）"十四个坚持"是新时代坚持和发展中国特色社会主义的基本方略

"十四个坚持"是习近平新时代中国特色社会主义思想的重要组成部分，是新时代坚持和发展中国特色社会主义的基本方略。其主要内容就是：坚持党对一切工作的领导，坚持以人民为中心，坚持全面深化改革，坚持新发展理念，坚持人民当家作主，坚持全面依法治国，坚持社会主义核心价值体系，坚持在发展中保障和改善民生，坚持人与自然和谐共生，坚持总体国家安全观，坚持党对人民军队的绝对领导，坚持"一国两制"和推进祖国统一，坚持推动构建人类命运共同体，坚持全面从严治党。

"十四个坚持"基本方略，从新时代中国特色社会主义的实践要求出发，包括中国全方位的发展要求，深化了对共产党执政规律、社会主义建设规律、人类社会发展规律的认识。体现了坚持党对一切工作的领导和坚持全面从严治党的极端重要性，紧紧扭住和高度聚焦中国共产党是当今中国最高政治领导力量。充分体现了坚持以人民为中心的根本立场和坚持全面深化改革的根本方法。包含了中国特色社会主义"五位一体"总体布局和"四个全面"战略布局的基本要求，突出了关键和特殊领域的基本要求，即坚持总体国家安全观体现了国家安全领域的基本要求，坚持党对人民军队的绝对领导体现了军队和国防建设方面的基本要求，坚持"一国两制"和推进祖国统一体现了港澳台工作方面的基本要求，坚持推动构建人类命运共同体体现了外交工作方面的基本要求。总的来看，"十四个坚持"基本方略，从行动纲领和重大对策措施的层面上，对经济、政治、法治、科技、文化、教育、民生、民族、宗教、社会、生态文明、国家安全、国防和军队、"一国两制"和祖国统一、统一战线、外交、党的建设等各方面内容做出了科学回答和战略部署，形成了具有实践性、操作性的根本要求，是实现"两个一百年"奋斗目标、实现中华民族伟大复兴中国梦的"路线图"和"方法论"，是科学的行动纲领和实践遵循。

（四）习近平新时代中国特色社会主义思想是一个严整的理论体系

习近平新时代中国特色社会主义思想坚持马克思主义基本立场、观点和方法，扎根于中国特色社会主义的生动实践，聚焦时代课题、擘画时代蓝图、演奏时代乐章，构建起系统完备、逻辑严密、内在统一的科学理论体系。它有着鲜明的人民立场和科学逻辑，蕴含着丰富的思想方法和工作方法，体现了坚持马克思主义与发展马克思主义的辩证统一，体现了把握事物发展客观规律性与发挥人的主观能动性的辩证统一，体现了立足中国国情与把握世界发展大势的辩证统一，书写了马克思主义发展新篇章。

习近平新时代中国特色社会主义思想内容极其丰富，

既是科学的理论指南,又是根本的行动纲领。"八个明确"侧重于回答新时代坚持和发展什么样的中国特色社会主义的问题,科学阐述了新时代中国特色社会主义发展中生产力与生产关系、经济基础与上层建筑、发展目标与实践进程等的辩证关系,涵盖了经济建设、政治建设、文化建设、社会建设、生态文明建设以及国防、外交、党的建设各个领域,是架构这一科学理论体系的四梁八柱。"十四个坚持"侧重于回答新时代怎么坚持和发展中国特色社会主义的问题,根据新时代的实践要求,从领导力量、发展思想、根本路径、发展理念、政治制度、治国理政、思想文化、社会民生、绿色发展、国家安全、军队建设、祖国统一、国际关系、党的建设等方面,做出深刻的理论分析和明确的政策指导,是习近平新时代中国特色社会主义思想的理论精髓和核心要义的具体展开,同党的基本理论、基本路线一起,构成党和人民事业发展的根本遵循。

总之,习近平新时代中国特色社会主义思想贯通历史、现实和未来,是扎根中国大地、反映人民意愿、顺应时代发展进步要求的科学理论体系。它坚持"实事求是,一切从实际出发","坚持问题导向","聆听时代声音",坚持以我们正在做的事情为中心,以解决人民群众最关心、最直接、最现实的利益问题为着力点,顺利推进中国特色社会主义伟大事业。它始终面向党和国家事业长远发展,形成了从全面建成小康社会到基本实现现代化、再到全面建成社会主义现代化强国的战略安排,发出了实现中华民族伟大复兴中国梦的最强音。

三 为发展马克思主义做出原创性贡献

习近平总书记指出："新中国成立以来特别是改革开放以来，中国发生了深刻变革，置身这一历史巨变之中的中国人更有资格、更有能力揭示这其中所蕴含的历史经验和发展规律，为发展马克思主义作出中国的原创性贡献。"① 习近平新时代中国特色社会主义思想，是发展创新马克思主义的典范，贯通马克思主义哲学、政治经济学、科学社会主义，体现了马克思主义基本原理与当代中国具体实际的有机结合，体现了对中华优秀传统文化、人类优秀文明成果的继承发展，赋予了马克思主义鲜明的实践特色、理论特色、民族特色、时代特色，是当代中国马克思主义、21世纪马克思主义，为丰富和发展马克思主义做出了中国的原创性贡献。

（一）赋予辩证唯物主义和历史唯物主义新内涵

习近平总书记强调，辩证唯物主义和历史唯物主义是马克思主义的世界观、方法论，是马克思主义全部理论的基石，马克思主义哲学是共产党人的看家本领，"必须不断接受马克思主义哲学智慧的滋养"②。习近平新时代中国

---

① 《习近平谈治国理政》第2卷，外文出版社2017年版，第66页。
② 习近平：《辩证唯物主义是中国共产党人的世界观和方法论》，《求是》2019年第1期。

特色社会主义思想，创造性地将辩证唯物主义和历史唯物主义运用于党和国家的一切工作中，丰富发展了马克思主义哲学。比如，习近平总书记强调要学习和实践人类社会发展规律的思想，提出共产主义远大理想信念是共产党人的政治灵魂、精神支柱，实现共产主义是由一个一个阶段性目标达成的历史过程，"我们现在的努力以及将来多少代人的持续努力，都是朝着最终实现共产主义这个大目标前进的"[①]，把共产主义远大理想同中国特色社会主义共同理想统一起来、同我们正在做的事情统一起来；强调学习和实践坚守人民立场的思想，提出始终把人民立场作为根本立场，把为人民谋幸福作为根本使命，坚持全心全意为人民服务的根本宗旨，贯彻群众路线，尊重人民主体地位和首创精神，始终保持同人民群众的血肉联系，凝聚起众志成城的磅礴力量，团结带领人民共同创造历史伟业，不断促进人的全面发展、社会全面进步；学习和实践生产力和生产关系的思想，提出生产力是推动社会进步的最活跃、最革命的要素，社会主义的根本任务是解放和发展生产力，坚持发展为第一要务，自觉通过调整生产关系激发社会生产力发展活力，自觉通过完善上层建筑适应经济基础发展要求，让中国特色社会主义更加符合规律地向前发展；强调运用社会矛盾运动学说，揭示新时代中国社会主要矛盾是人民日益增长的美好生活需要和不平衡不充分的

---

① 习近平：《关于坚持和发展中国特色社会主义的几个问题（2013年1月5日）》，载《十八大以来重要文献选编》（上），中央文献出版社2014年版，第115页。

发展之间的矛盾；强调学习掌握唯物辩证法的根本方法，丰富和发展马克思主义方法论，增强战略思维、历史思维、辩证思维、创新思维、法治思维、底线思维能力，等等。这些新思想新观点新方法，在新的时代条件下赋予了辩证唯物主义和历史唯物主义基本原理和方法论新的时代内涵，光大了马克思主义哲学的实践性品格，将马克思主义哲学的创造性运用提升到一个新的境界，为中国人民认识世界、改造世界提供了强大的精神力量，发挥了改造世界的真理伟力。

（二）谱写马克思主义政治经济学新篇章

习近平总书记指出："学好马克思主义政治经济学基本原理和方法论，有利于我们掌握科学的经济分析方法，认识经济运动过程，把握经济社会发展规律，提高驾驭社会主义市场经济能力，更好回答中国经济发展的理论和实践问题。"[①] 习近平总书记立足中国国情和发展实践，深入研究世界经济和中国经济面临的新情况新问题，把马克思主义政治经济学基本原理同新时代中国经济社会发展实际相结合，提炼和总结中国经济发展实践的规律性成果，把实践经验上升为系统化的经济学理论，形成习近平新时代中国特色社会主义经济思想。比如，提出坚持发展为了人民的马克思主义政治经济学的根本立场，坚持以人民为中

---

① 习近平：《不断开拓当代中国马克思主义政治经济学新境界》（2015年11月23日），载习近平《论坚持全面深化改革》，中央文献出版社2018年版，第187页。

心的发展思想，坚定不移走共同富裕道路，推进全民共享、全面共享、共建共享和渐进共享，最终实现全体人民共同富裕，发展了马克思主义关于社会主义生产本质和目的的理论；创造性提出并贯彻创新、协调、绿色、开放、共享的新发展理念，集中反映了我们党对中国经济社会发展规律认识的深化，创新了马克思主义发展观；坚持和完善中国社会主义基本经济制度和分配制度，提出毫不动摇巩固和发展公有制经济，毫不动摇鼓励、支持、引导非公有制经济的发展，完善按劳分配为主体、多种分配方式并存的分配制度，使改革发展成果更多更公平惠及全体人民，实现效率和公平有机统一，发展了马克思主义所有制理论和分配理论；提出完善社会主义市场经济体制，使市场在资源配置中起决定性作用，更好发挥政府作用，实现了我们党对中国特色社会主义建设规律认识的新突破，标志着社会主义市场经济发展进入了一个新阶段；着眼于中国经济由高速增长阶段转向高质量发展阶段的深刻变化，提出积极适应、把握、引领经济发展新常态，坚持质量第一、效益优先，以供给侧结构性改革为主线，推动经济发展质量变革、效率变革、动力变革，建设现代化经济体系，发展了社会主义经济建设理论；站在全面建成小康社会、实现中华民族伟大复兴中国梦的战略高度，把脱贫攻坚摆到治国理政突出位置，提出精准扶贫、精准脱贫等重要思想，推动中国减贫事业取得巨大成就，对世界减贫做出了重大贡献；坚持对外开放基本国策，提出发展更高层次的开放型经济，积极参与全球经济治理，推进"一带一路"建设，深化了社会主义对外开放理论，等等。这一系列新思想新理念新论断，创造性地坚持和发展马克思主义政治经济学基本原理和方法论，实现了中国特色社会主义政治经济学学术体系、话语体系、方法论体系的创新发展，书写了当代中国社会主义政治经济学、21世纪马克思主义政治经济学的最新篇章，打破国际经济学领域许多被奉为教条的西方经济学的理论、概念、方法和话语，为发展马克思主义政治经济学做出重大贡献。

（三）开辟科学社会主义新境界

习近平总书记指出："科学社会主义基本原则不能丢，丢了就不是社会主义。"[①] 对科学社会主义的理论思考、经验总结，对坚持和发展中国特色社会主义的担当和探索，贯穿习近平新时代中国特色社会主义思想形成和发展的全过程。习近平新时代中国特色社会主义思想贯穿科学社会主义基本原则，推进理论创新、实践创新、制度创新、文化创新以及各方面创新，提出一系列关于科学社会主义的新思想。比如，把科学社会主义基本原则同中国具体实际、历史文化传统、时代要求紧密结合起来，提出"中国特色社会主义是社会主义而不是其他什么主义"[②]，是科学社会主义理论逻辑和中国社会发展历史逻辑的辩证统一，是根植于中国大地、反映中国人民意愿、适应中国和时代

[①] 习近平：《关于坚持和发展中国特色社会主义的几个问题（2013年1月5日）》，载《十八大以来重要文献选编》（上），中央文献出版社2014年版，第109页。

[②] 同上。

发展进步要求的科学社会主义；明确中国特色社会主义事业总体布局是"五位一体"、战略布局是"四个全面"，强调坚定"四个自信"，明确全面深化改革是坚持和发展中国特色社会主义的根本动力等，丰富发展了马克思主义关于社会主义全面发展的认识；将科学社会主义基本原则运用于解决当代中国实践问题，创造性地提出中国特色社会主义进入新时代、建设社会主义现代化强国的思想，丰富发展了社会主义发展阶段理论；创造性地提出坚持和完善中国特色社会主义制度、不断推进国家治理体系和治理能力现代化的思想，创建了科学社会主义关于国家治理体系和治理能力现代化的崭新理论，丰富发展了马克思主义国家学说和社会治理学说；站在人类历史发展进程的高度，正确把握国际形势的深刻变化，顺应和平、发展、合作、共赢的时代潮流，高瞻远瞩地提出构建人类命运共同体的重大思想，建设持久和平、普遍安全、共同繁荣、开放包容、清洁美丽的世界，丰富发展了马克思主义关于未来社会发展的理论；创造性地提出中国特色社会主义最本质的特征和中国特色社会主义制度的最大优势是中国共产党的领导，党是最高政治领导力量，新时代党的建设总要求、新时代党的组织路线，突出政治建设在党的建设中的重要地位，持之以恒全面从严治党等重大思想，科学地解答了马克思主义执政党长期执政面临的一系列重大问题，深化了对共产党执政规律的认识，丰富发展了马克思主义政党建设理论，等等。这些重大理论观点，是习近平总书记总结世界社会主义500多年历史，科学社会主义170多年历史，特别是中华人民共和国近70年社会主义建设正反经验得出的重要结论，回答了在 21 世纪如何坚持和发展科学社会主义等重大理论和实践问题，丰富和发展了科学社会主义基本原理，彰显了科学社会主义的鲜活生命力，使社会主义的伟大旗帜始终在中国大地上高高飘扬，把科学社会主义推向一个新的发展阶段。

实践没有止境，理论创新也没有止境。习近平总书记指出："世界每时每刻都在发生变化，中国也每时每刻都在发生变化，我们必须在理论上跟上时代，不断认识规律，不断推进理论创新、实践创新、制度创新、文化创新以及其他各方面创新。"[①] 今天，时代变化和中国发展的广度和深度远远超出了马克思主义经典作家当时的想象，这就要求我们坚持用马克思主义观察时代、解读时代、引领时代，用鲜活丰富的当代中国实践来推动马克思主义发展，以更加宽阔的眼界审视马克思主义在当代发展的现实基础和实践需要，继续发展 21 世纪马克思主义，不断开辟马克思主义发展新境界，使马克思主义放射出更加灿烂的真理光芒。

四　坚持用习近平新时代中国特色社会主义思想统领哲学社会科学工作

习近平总书记指出："坚持以马克思主义为指导，是

[①] 习近平：《决胜全面建成小康社会　夺取新时代中国特色社会主义伟大胜利——在中国共产党第十九次全国代表大会上的报告》（2017 年 10 月 18 日），人民出版社 2017 年版，第 26 页。

当代中国哲学社会科学区别于其他哲学社会科学的根本标志，必须旗帜鲜明加以坚持。"① 不坚持以马克思主义为指导，哲学社会科学就会失去灵魂、迷失方向，最终也不能发挥应有作用。习近平新时代中国特色社会主义思想是闪耀真理光辉、凝结时代精华的当代中国马克思主义，是新时代哲学社会科学的最高成果。坚持习近平新时代中国特色社会主义思想，就是真正坚持和发展马克思主义。用习近平新时代中国特色社会主义思想武装头脑、指导实践、推动工作，是做好一切工作的重要前提。坚持以习近平新时代中国特色社会主义思想为统领，中国哲学社会科学就有了定盘星和主心骨，就能保证哲学社会科学研究坚持正确的政治方向、学术导向和价值取向，就能与时代同步伐、与人民齐奋进，实现哲学社会科学的大繁荣大发展。

（一）学懂弄通做实习近平新时代中国特色社会主义思想

学习宣传贯彻习近平新时代中国特色社会主义思想是哲学社会科学界头等政治任务和理论任务。担负起新时代赋予的构建中国特色哲学社会科学崇高使命，必须做到：一要学懂，深入学习领会这一思想蕴含的核心要义、丰富内涵、重大意义，深刻领悟这一思想对丰富发展马克思主义理论宝库做出的原创性贡献，深刻把握这一思想对哲学社会科学工作的指导意义；二要弄通，学习贯穿习近平新

---

① 习近平：《在哲学社会科学工作座谈会上的讲话》（2016年5月17日），人民出版社2016年版，第8页。

时代中国特色社会主义思想的立场观点方法，既要知其然又要知其所以然，体会习近平总书记为什么这么讲，站在什么样的高度来讲；三要落实，全面贯彻习近平总书记在哲学社会科学工作座谈会上的重要讲话和致中国社会科学院建院40周年、中国社会科学院中国历史研究院成立贺信精神，把习近平新时代中国特色社会主义思想落实到哲学社会科学各个领域、各个方面，切实贯穿到学术研究、课堂教学、成果评价、人才培养等各个环节，促进党的创新理论与各个学科、概念、范畴之间的融通，使党的重大理论创新成果真正融入哲学社会科学中去，推出系统性与学理性并重、说理透彻与文风活泼兼备的高水平研究成果，书写研究阐释当代中国马克思主义、21世纪马克思主义的学术经典，为推进马克思主义中国化时代化大众化做出新贡献。

（二）坚持以研究回答新时代重大理论和现实问题为主攻方向

问题是时代的声音。习近平总书记反复强调："当代中国的伟大社会变革，不是简单延续我国历史文化的母版，不是简单套用马克思主义经典作家设想的模板，不是其他国家社会主义实践的再版，也不是国外现代化发展的翻版，不可能找到现成的教科书。"① 建设具有中国特色、中国风格、中国气派的哲学社会科学，必须立足中国实

---

① 习近平：《在哲学社会科学工作座谈会上的讲话》（2016年5月17日），人民出版社2016年版，第21页。

际，以我们正在做的事情为中心，坚持问题导向，始终着眼党和国家工作大局，聚焦新时代重大理论和现实问题，聚焦人民群众关注的热点和难点问题，聚焦党中央关心的战略和策略问题，特别是习近平总书记提出的一系列重大问题，例如，如何巩固马克思主义在意识形态领域的指导地位，培育和践行社会主义核心价值观，巩固全党全国各族人民团结奋斗的共同思想基础；如何贯彻落实新发展理念、加快推进供给侧结构性改革、转变经济发展方式、提高发展质量和效益；如何更好保障和改善民生、促进社会公平正义；如何提高改革决策水平、推进国家治理体系和治理能力现代化；如何加快建设社会主义文化强国、增强文化软实力、提高中国在国际上的话语权；如何不断提高党的领导水平和执政水平、增强拒腐防变和抵御风险能力等，在研究这些问题上大有作为，推出更多对中央决策有重要参考价值、对事业发展有重要推动作用的优秀成果，揭示中国社会发展、人类社会发展的大逻辑大趋势，为实现中华民族伟大复兴的中国梦提供智力支持。

（三）加快构建中国特色哲学社会科学学科体系、学术体系、话语体系

哲学社会科学的特色、风格、气派，是发展到一定阶段的产物，是成熟的标志，是实力的象征，也是自信的体现。构建中国特色哲学社会科学，是新时代繁荣发展中国哲学社会科学事业的崇高使命，是广大哲学社会科学工作者的神圣职责。哲学社会科学界要以高度的政治自觉和学术自觉，以强烈的责任感、紧迫感和担当精神，在加快构

建"三大体系"上有过硬的举措、实质性进展和更大作为。要按照习近平总书记在哲学社会科学工作座谈会上的重要讲话中提出的指示要求，按照立足中国、借鉴国外，挖掘历史、把握当代，关怀人类、面向未来的思路，体现继承性、民族性，体现原创性、时代性，体现系统性、专业性，构建中国哲学社会科学学科体系、学术体系、话语体系，形成全方位、全领域、全要素的哲学社会科学体系，为建设具有中国特色、中国风格、中国气派的哲学社会科学奠定基础，增强中国哲学社会科学研究的国际影响力，提升国家的文化软实力，让世界知道"学术中的中国""理论中的中国""哲学社会科学中的中国"。

（四）弘扬理论联系实际的马克思主义学风

繁荣发展中国哲学社会科学，必须解决好学风问题，加强学风建设。习近平总书记指出："理论一旦脱离了实践，就会成为僵化的教条，失去活力和生命力。"[①] 哲学社会科学工作者要理论联系实际，大力弘扬崇尚精品、严谨治学、注重诚信、讲求责任的优良学风，营造风清气正、互学互鉴、积极向上的学术生态；要树立良好学术道德，自觉遵守学术规范，讲究博学、审问、慎思、明辨、笃行，崇尚"士以弘道"的价值追求，真正把做人、做事、做学问统一起来；要有"板凳要坐十年冷，文章不写一句空"的执着坚守，耐得住寂寞，经得起诱惑，守得住底

---

① 习近平：《辩证唯物主义是中国共产党人的世界观和方法论》，《求是》2019年第1期。

线,立志做大学问、做真学问;要把社会责任放在首位,严肃对待学术研究的社会效果,自觉践行社会主义核心价值观,做真善美的追求者和传播者,以深厚的学识修养赢得尊重,以高尚的人格魅力引领风气,在为祖国、为人民立德立言中成就自我、实现价值,成为先进思想的倡导者、学术研究的开拓者、社会风尚的引领者、中国共产党执政的坚定支持者。

(五)坚持和加强党对哲学社会科学的全面领导

哲学社会科学事业是党和人民的重要事业,哲学社会科学战线是党和人民的重要战线。加强和改善党对哲学社会科学工作的全面领导,是出高质量成果、高水平人才,加快构建"三大体系"的根本政治保证。要树牢"四个意识",坚定"四个自信",坚决做到"两个维护",坚定不移地在思想上政治上行动上同以习近平同志为核心的党中央保持高度一致,坚定不移地维护习近平总书记在党中央和全党的核心地位,坚定不移地维护党中央权威和集中统一领导,确保哲学社会科学始终围绕中心,服务大局;要加强政治领导和工作指导,尊重哲学社会科学发展规律,提高领导哲学社会科学工作本领,一手抓繁荣发展、一手抓引导管理;要认真贯彻党的知识分子政策,尊重劳动、尊重知识、尊重人才、尊重创造,做到政治上充分信任、思想上主动引导、工作上创造条件、生活上关心照顾,多为他们办实事、做好事、解难事;要切实贯彻百花齐放、百家争鸣方针,开展平等、健康、活泼和充分说理的学术争鸣,提倡不同学术观点、不同风格学派相互切磋、平等讨论；要正确区分学术问题和政治问题，不要把一般的学术问题当成政治问题，也不要把政治问题当作一般的学术问题，既反对打着学术研究旗号从事违背学术道德、违反宪法法律的假学术行为，也反对把学术问题和政治问题混淆起来、用解决政治问题的办法对待学术问题的简单化做法。

"群才属休明，乘运共跃鳞。"中国特色社会主义进入新时代，也是哲学社会科学繁荣发展的时代，是哲学社会科学工作者大有可为的时代。广大哲学社会科学工作者，要坚持以习近平新时代中国特色社会主义思想为指导，发愤图强，奋力拼搏，书写新时代哲学社会科学发展新篇章，为实现"两个一百年"奋斗目标、实现中华民族伟大复兴的中国梦做出新的更大贡献。

出版前言

党的十八大以来,以习近平同志为主要代表的中国共产党人,顺应时代发展,站在党和国家事业发展全局的高度,围绕坚持和发展中国特色社会主义,从理论和实践结合上系统回答了新时代坚持和发展什么样的中国特色社会主义、怎样坚持和发展中国特色社会主义这个重大时代课题,创立了习近平新时代中国特色社会主义思想。习近平新时代中国特色社会主义思想,内容丰富、思想深刻,涉及生产力和生产关系、经济基础和上层建筑各个环节,涵盖经济建设、政治建设、文化建设、社会建设、生态文明建设、党的建设以及国防和军队建设、外交工作等领域,形成了系统完整、逻辑严密的科学理论体系。习近平新时代中国特色社会主义思想是对马克思列宁主义、毛泽东思想、邓小平理论、"三个代表"重要思想、科学发展观的继承和发展,是马克思主义中国化的最新成果,是当代中国马克思主义、21世纪马克思主义,是全党全国人民为实现"两个一百年"奋斗目标和中华民族伟大复兴而奋斗的行动指南。深入学习、刻苦钻研、科学阐释习近平新时代中国特色社会主义思想是新时代赋予中国哲学社会科学工作者的崇高使命与责任担当。

2015年年底，为了深入学习贯彻落实习近平总书记系列重要讲话精神和治国理政新理念新思想新战略，中国社会科学出版社赵剑英社长开始策划组织《习近平总书记系列重要讲话精神和治国理政新理念新思想新战略学习丛书》的编写出版工作。中国社会科学院党组以强烈的政治意识、大局意识、核心意识、看齐意识，高度重视这一工作，按照中央的相关部署和要求，组织优秀精干的科研力量对习近平总书记系列重要讲话精神和治国理政新理念新思想新战略进行集中学习、深入研究、科学阐释，开展该丛书的撰写工作。

2016年7月，经全国哲学社会科学工作办公室批准，《习近平总书记系列重要讲话精神和治国理政新理念新思想新战略学习丛书》的写作出版，被确立为国家社会科学基金十八大以来党中央治国理政新理念新思想新战略研究专项工程项目之一，由时任中国社会科学院院长、党组书记王伟光同志担任首席专家。国家社会科学基金十八大以来党中央治国理政新理念新思想新战略研究专项工程项目于2016年4月设立，包括政治、经济、文化、军事等13个重点研究方向。本课题是专项工程项目中唯一跨学科、多视角、全领域的研究课题，涉及除军事学科之外12个研究方向，相应成立了12个子课题组。

党的十九大召开之前，作为向十九大献礼的项目，课题组完成了第一批书稿，并报中央宣传部审批。党的十九大召开之后，课题组根据习近平总书记最新重要讲话和党的十九大精神，根据中宣部的审读意见，对书稿进行了多次修改完善，并将丛书名确立为《习近平新时代中国特色社会主义思想学习丛书》。

中国社会科学院院长、党组书记谢伏瞻同志对本课题的研究和丛书的写作、修改做出明确指示,并为之作序。王伟光同志作为课题组首席专家,主持制定总课题和各子课题研究的基本框架、要求和实施方案。中国社会科学院副院长、党组副书记王京清同志一直关心本丛书的研究和写作,对出版工作予以指导。中国社会科学院副院长蔡昉同志具体负责课题研究和写作的组织协调与指导。中国社会科学院科研局局长马援等同志,在项目申报、经费管理等方面给予了有力支持。中国社会科学出版社作为项目责任单位,在本丛书总策划,党委书记、社长赵剑英同志的领导下,以高度的政治担当意识和责任意识,协助院党组和课题组专家认真、严谨地做好课题研究管理、项目运行和编辑出版等工作。中国社会科学出版社总编辑助理王茵同志、重大项目出版中心主任助理孙萍同志,对项目管理、运行付出了诸多辛劳。

在三年多的时间里,课题组近一百位专家学者系统深入学习习近平同志在不同历史时期所发表的重要讲话和著述,深入研究、精心写作,召开了几十次的理论研讨会、专家审稿会,对书稿进行多次修改,力图系统阐释习近平新时代中国特色社会主义思想的时代背景、理论渊源、实践基础、主题主线、主要观点和核心要义,努力从总体上把握习近平新时代中国特色社会主义思想内在的理论逻辑和精神实质,全面呈现其当代中国马克思主义、21世纪马克思主义的理论形态及其伟大的理论和实践意义,最终形成了总共约300万字的《习近平新时代中国特色社会主义思想学习丛书》，共 12 册。

  （1）《开辟当代马克思主义哲学新境界》
  （2）《深入推进新时代党的建设新的伟大工程》
  （3）《坚持以人民为中心的新发展理念》
  （4）《构建新时代中国特色社会主义政治经济学》
  （5）《全面依法治国　建设法治中国》
  （6）《建设新时代社会主义文化强国》
  （7）《实现新时代中国特色社会主义文艺的历史使命》
  （8）《生态文明建设的理论构建与实践探索》
  （9）《走中国特色社会主义乡村振兴道路》
  （10）《习近平新时代中国特色社会主义外交思想研究》
  （11）《习近平新时代治国理政的历史观》
  （12）《全面从严治党永远在路上》

  习近平新时代中国特色社会主义思想博大精深、内涵十分丰富，我们虽已付出最大努力，但由于水平有限，学习体悟尚不够深入，研究阐释定有不少疏漏之处，敬请广大读者提出宝贵的指导意见，以期我们进一步修改完善。

  最后，衷心感谢所有参与本丛书写作和出版工作的专家学者、各级领导以及编辑、校对、印制等工作人员。

《习近平新时代中国特色社会主义思想学习丛书》课题组

首席专家　王伟光

中国社会科学出版社

2019 年 3 月

目 录

第一章 总论：构建新时代中国特色社会主义政治经济学 …………………………… （1）

第一节 中国特色社会主义新时代 …………………… （3）
一 中国发展新的历史方位 …………………………… （4）
二 从站起来、富起来到强起来 ……………………… （8）
三 科学社会主义焕发出强大生机活力 …………… （10）
四 发展中国家走向现代化的新选择 ……………… （12）

第二节 构建中国特色社会主义政治经济学的指导原则 …………………………… （14）
一 以马克思主义政治经济学为指导 ……………… （15）
二 立足中华五千年文明史 ………………………… （27）
三 总结提炼改革开放发展的伟大实践 …………… （32）
四 借鉴西方经济学的有益成分 …………………… （43）

第三节 主体内容 …………………………………… （48）
引言：习近平新时代中国特色社会主义思想 …… （48）
一 以人民为中心的发展思想 ……………………… （51）
二 新时代社会主要矛盾变化 ……………………… （56）
三 社会主义的根本任务是解放和发展生产力 …… （59）

四　社会主义与市场经济的有机结合 …………（64）
　　五　正确处理政府与市场的关系，发挥市场的
　　　　决定性作用 ………………………………（70）
　　六　协调利益矛盾，调动各方面积极性 ………（77）
　　七　促进公平正义，实现共同富裕 ……………（79）

第二章　认识论与方法论 ……………………………（84）
第一节　学习和掌握马克思主义哲学 ……………（84）
　　一　学习和掌握辩证唯物主义 …………………（85）
　　二　学习和掌握历史唯物主义 …………………（89）
第二节　保持历史耐心和战略定力 ………………（93）
　　一　保持历史耐心 ………………………………（93）
　　二　保持战略定力 ………………………………（98）
第三节　稳中求进的工作总基调 …………………（104）
　　一　"稳"与"进"的辩证法 …………………（104）
　　二　以"稳定"立大格局 ………………………（106）
　　三　以"进取"定新方位 ………………………（108）
第四节　提高创新思维 ………………………………（109）
第五节　守住底线思维 ………………………………（114）
第六节　坚持问题导向与目标导向相结合 ………（119）
第七节　试点是改革的重要方法 …………………（123）

第三章　遵循经济发展新常态的大逻辑 ……………（127）
第一节　全面认识新常态 ……………………………（128）
　　一　中国新常态不同于全球新平庸 ……………（128）

二　新常态不是避风港 …………………………………（130）
第二节　时间维度：大历史视野下的
　　　　兴衰更替 …………………………………………（134）
一　新常态与潜在增长率 …………………………………（135）
二　新常态的大历史视角和阶段特征 ……………………（138）
三　以新常态超越世界经济"新平庸" ……………………（145）
第三节　空间维度：全球化新阶段与中国的
　　　　战略选择 …………………………………………（151）
一　逆全球化潮流 …………………………………………（152）
二　世界经济增长乏力 ……………………………………（156）
三　中国引领全球化的战略选择 …………………………（163）

第四章　新发展理念引领新常态 ……………………………（170）
第一节　践行新发展理念 …………………………………（170）
一　对发展规律认识的新高度 ……………………………（171）
二　着眼于发展目的和发展路径的统一 …………………（173）
三　新时代的"两步走"战略 ……………………………（175）
第二节　创新发展 …………………………………………（178）
一　创新发展的丰富内涵 …………………………………（179）
二　创新发展是世界共同主题 ……………………………（181）
三　创新是引领发展第一动力 ……………………………（184）
四　创新能力决定前途命运 ………………………………（188）
五　从模仿借鉴到自主创新 ………………………………（193）
第三节　协调发展 …………………………………………（196）
一　增强发展的整体性协调性 ……………………………（197）

二　区域协调发展、城乡发展一体化与
　　　　乡村振兴战略 ………………………………（200）
　　三　物质文明与精神文明协调发展 ……………（208）
　　四　经济建设与国防建设融合发展 ……………（211）
第四节　绿色发展 ……………………………………（213）
　　一　绿色发展要义是人与自然和谐共生 ………（215）
　　二　保护与发展的关系 …………………………（218）
　　三　推动绿色低碳循环发展 ……………………（221）
　　四　完善环境治理体系 …………………………（224）

第五节　开放发展 ……………………………………（230）
　　一　国家繁荣发展的必由之路 …………………（230）
　　二　开放发展的新阶段 …………………………（234）
　　三　形成全面开放新格局 ………………………（236）

第六节　共享发展 ……………………………………（246）
　　一　中国特色社会主义的本质要求 ……………（246）
　　二　实现共享发展的成就与挑战 ………………（252）
　　三　坚持和落实共享发展理念 …………………（255）
　　四　在发展中保障与改善民生 …………………（258）

第五章　建设现代化经济体系 ……………………（264）
第一节　建设现代化经济体系是跨越关口的
　　　　迫切要求 ……………………………………（264）
第二节　推进供给侧结构性改革 ……………………（268）
　　一　中国特色社会主义政治经济学概念 ………（268）
　　二　经济发展新常态的供给侧视角 ……………（278）

三　发展实体经济　提高供给体系质量 …………… (301)

第三节　加快完善社会主义市场经济体制 ……… (304)
　一　完善社会主义基本经济制度 ………………… (304)
　二　完善产权制度和要素市场化配置 …………… (308)
　三　创新和完善宏观调控 ………………………… (312)
　四　加快建立现代财政制度　深化金融
　　　体制改革 ………………………………………… (315)

第六章　中国智慧与中国方案 ………………………… (318)
　一　全球治理的贫困与国家的贫困 ……………… (319)
　二　中国经验与"一带一路"倡议 ………………… (322)
　三　实现现代化的中国方案 ……………………… (328)

参考文献 ……………………………………………… (333)

索引 …………………………………………………… (352)

后记 …………………………………………………… (355)

第一章

总论：构建新时代中国特色社会主义政治经济学

党的十八大以来，习近平总书记提出了创建中国特色社会主义政治经济学的历史任务，并发表了一系列重要讲话，在发展马克思主义政治经济学的基础上，高屋建瓴地阐述了创建和发展该学科的重大意义、指导原则和主体内容。党的十九大在政治上、理论上、实践上取得了一系列重大成果，就新时代坚持和发展中国特色社会主义的一系列重大理论和实践问题阐明了大政方针，就推进党和国家各方面工作制定了战略部署，是我们党在新时代开启新征程、续写新篇章的政治宣言和行动纲领。

党的十九大最重要的理论成果，就是确立了习近平新时代中国特色社会主义思想作为我们党指导思想的地位。2017年年底的中央经济工作会议首次提出习近平新时代中国特色社会主义经济思想。会议指出，5年来，我们坚持观大势、谋全局、干实事，成功驾驭了我国经济发展大局，在实践中形成了以新发展理念为主要内容的习近平新时代中国特色社会主义经济思想。习近平新时代中国特色社会主义经济思想是习近平新时代中国特色社会主义思想的重要组成部分。

习近平新时代中国特色社会主义经济思想的内涵可以用"七个坚持"来概括：（1）坚持加强党对经济工作的集中统一领导，保证我国经济沿着正确方向发展；（2）坚持以人民为中心的发展思想，贯穿到统筹推进"五位一体"总体布局和协调推进"四个全面"战略布局之中；（3）坚持适应把握引领经济发展新常态，立足大局，把握规律；（4）坚持使市场在资源配置中起决定性作用，更好发挥政府作用，坚决扫除经济发展的体制机制障碍；（5）坚持适应我国经济发展主要矛盾变化完善宏观调控，相机抉择，开准药方，把推进供给侧结构性改革作为经济工作的主线；（6）坚持问题导向部署经济发展新战略，对我国经济社会发展变革产生深远影响；（7）坚持正确工作策略和方法，稳中求进，保持战略定力、坚持底线思维，一步一个脚印向前迈进。习近平新时代中国特色社会主义经济思想，是5年来推动我国经济发展实践的理论结晶，是中国特色社会主义政治经济学的最新成果，是党和国家十分宝贵的精神财富，必须长期坚持、不断丰富发展。

习近平新时代中国特色社会主义经济思想是一个主旨鲜明、蕴涵丰富、贯通历史、回应时代的科学理论体系。习近平新时代中国特色社会主义经济思想是马克思主义政治经济学基本原理同中国经济建设实际相结合的最新理论成果，是指导中国特色社会主义经济建设的理论基础；习近平新时代中国特色社会主义经济思想是新时代中国特色社会主义政治经济学的重要构成，是马克思主义政治经济学的丰富和发展。

第一章 总论：构建新时代中国特色社会主义政治经济学

中国经济发展进程波澜壮阔，成就举世瞩目，被国际学界誉为"中国奇迹"，其中蕴藏着理论创造的巨大动力、活力、潜力。习近平总书记在继承和发展马克思主义政治经济学的基础上，结合中国经济改革和发展的实际，创造性地形成了中国特色社会主义政治经济学，具有继承性、创新性和时代性。理论工作者特别是经济学家应当立足国情和发展实践，学习习近平中国特色社会主义政治经济学，揭示经济运行的新特点、新规律，提炼和总结经济发展实践的规律性成果，把实践经验上升为系统化的经济学说，不断完善中国特色社会主义政治经济学理论体系，推进充分体现中国特色、中国风格、中国气派的经济学科建设。

第一节 中国特色社会主义新时代

在党的十九大报告中，习近平总书记强调指出，经过长期努力，中国特色社会主义进入了新时代，这是我国发展新的历史方位。中国特色社会主义进入了新时代这一重大政治判断，既不是凭空产生的，更不是一个简单的新概念表述，而是具有丰富深厚思想内涵的。

党的十九大报告从五个方面对新时代的内涵进行了深刻阐述：第一，承前启后、继往开来、在新的历史条件下继续夺取中国特色社会主义伟大胜利的时代。这一方面讲的是新时代与历史的关系，新时代主要是从党和国家事业发展角度提出的，不是历史学的时代划分概念，不是要割裂历史、另起炉灶，而是要站在前人的肩膀上继续前进。第二，决胜全面建成小康社会，进而全面建设社会主义现代化强国的时代。这一方面讲的是新时代的历史任务,新时代就是围绕任务开启新的征程。第三,全国各族人民团结奋斗、不断创造美好生活、逐步实现全体人民共同富裕的时代。这一方面讲的是新时代与人民的关系,新时代靠人民创造,由人民享有。第四,全体中华儿女勠力同心、奋力实现中华民族伟大复兴中国梦的时代。这一方面讲的是新时代与中华民族的关系,新时代的目标就是实现中华民族伟大复兴。第五,我国日益走近世界舞台中央、不断为人类作出更大贡献的时代。这一方面讲的是新时代与世界的关系,新时代中国在国际上的地位越来越重要,应该发挥更大作用。

党的十九大报告指出,中国特色社会主义进入新时代,意味着近代以来久经磨难的中华民族迎来了从站起来、富起来到强起来的伟大飞跃,迎来了实现中华民族伟大复兴的光明前景;意味着科学社会主义在21世纪的中国焕发出强大生机活力,在世界上高高举起了中国特色社会主义伟大旗帜;意味着中国特色社会主义道路、理论、制度、文化不断发展,拓展了发展中国家走向现代化的途径,给世界上那些既希望加快发展又希望保持自身独立性的国家和民族提供了全新选择,为解决人类问题贡献了中国智慧和中国方案。

一 中国发展新的历史方位

中国特色社会主义进入了新时代,这是党的十九大作出的一个重大政治判断。这一判断,明确了我国发展新的历史方位,赋予党的历史使命、理论遵循、目标任务以新的时代内涵，为我们深刻把握当代中国发展变革的新特征，增强贯彻落实习近平新时代中国特色社会主义思想的自觉性和坚定性，提供了时代坐标和科学依据。

中国共产党是顺应时代潮流诞生的，也是在把握时代脉搏的历史进程中发展、壮大和成熟的。在当代中国，坚持和发展中国特色社会主义，必须把握时代特点、直面时代课题，在体现时代性、把握规律性、富于创造性中不断展现蓬勃的生机活力。中国特色社会主义进入了新时代这一重大政治判断，正是在准确把握我国发展所处新的历史方位基础上作出的，具有充分的时代依据、理论依据和实践依据。

这一判断首先基于中国特色社会主义进入新的发展阶段。党的十八大以来，以习近平同志为核心的党中央科学把握国内外发展大势，顺应实践要求和人民愿望，以巨大的政治勇气和强烈的责任担当，举旗定向、谋篇布局，迎难而上、开拓进取，取得改革开放和社会主义现代化建设的历史性成就，推动党和国家事业发生历史性变革。这些变革力度之大、范围之广、效果之显著、影响之深远，在党的历史上、在新中国发展史上、在中华民族发展史上都具有开创性意义。这表明，在新中国成立以来特别是改革开放以来我国发展取得的重大成就基础上，我国发展站到新的历史起点上，中国特色社会主义进入新的发展阶段。这个新的发展阶段，既同改革开放四十年来的发展一脉相承，又有很多与时俱进的新特征，比如党的理论创新实现了新飞跃，党的执政方式和执政方略有重大创新，党推动发展的理念和方式有重大转变，我国发展的环境和条件有重大变化，对发展水平和质量的要求比以往更高，等等。

科学认识和全面把握中国特色社会主义新的发展阶段，需要从新的历史方位、新的时代坐标来思考来谋划。

这一判断基于我国社会主要矛盾发生了新变化。习近平总书记在党的十九大报告中指出，我国社会主要矛盾已经由人民日益增长的物质文化需要同落后的社会生产之间的矛盾，转化为人民日益增长的美好生活需要和不平衡不充分的发展之间的矛盾。这个论断，反映了我国发展的实际状况，揭示了制约我国发展的症结所在，指明了解决当代中国发展问题的根本着力点。经过改革开放四十年的努力，我国稳定解决了十几亿人的温饱问题，总体上实现了小康，不久将全面建成小康社会，人民美好生活需要日益广泛，不仅对物质文化生活提出了更高要求，而且对民主、法治、公平、正义、安全、环境等方面的要求日益增长。同时，我国社会生产力水平显著提高，社会生产能力在很多方面进入世界前列，当前和今后面临的突出问题是发展不平衡不充分。发展不平衡，主要指各区域各领域各方面发展不够平衡，制约了全国水平的提升；发展不充分，主要指一些地区、一些领域、一些方面还存在发展不足的问题，发展的任务仍然很重。这已经成为满足人民美好生活需要的主要制约因素。我国社会主要矛盾发生变化，对我国发展全局必将产生广泛而深刻的影响。科学认识和全面把握我国社会主要矛盾的变化，也需要从新的历史方位、新的时代坐标来思考来谋划。

这一判断同时基于党的奋斗目标有了新要求。从党的十九大到党的二十大，是"两个一百年"奋斗目标的历史交汇期，我们既要全面建成小康社会，实现第一个百年奋斗目标，又要乘势而上开启全面建设社会主义现代化国家新征程，向第二个百年奋斗目标进军，使命光荣、责任重大，有必要进一步进行顶层设计和精心谋划。党的十九大综合分析国际国内形势和我国发展条件，对决胜全面建成小康社会提出明确要求，将实现第二个百年奋斗目标分为两个阶段安排。从2020—2035年，在全面建成小康社会的基础上，再奋斗15年，基本实现社会主义现代化；在基本实现现代化的基础上，再奋斗15年，到21世纪中叶把我国建成富强民主文明和谐美丽的社会主义现代化强国。这是新时代中国特色社会主义发展的战略安排，不仅使实现"两个一百年"奋斗目标的路线图、时间表更加清晰，而且意味着原定的我国基本实现现代化的目标将提前15年完成，第二个百年奋斗目标则充实提升为把我国建成富强民主文明和谐美丽的社会主义现代化强国。科学认识和把握这一既鼓舞人心又切实可行的奋斗目标、宏伟新蓝图，同样需要从新的历史方位、新的时代坐标来思考来谋划。

这一判断还基于我国面临的国际环境发生了新变化。世界正处于大发展大变革大调整时期，我国发展仍处于重要战略机遇期，前景十分光明，挑战也十分严峻。我国正处在从大国走向强国的关键时期，"树大招风"效应日益显现，外部环境更加复杂，一些国家和国际势力对我们的阻遏、忧惧、施压有所增大，这同样是需要面对的重大问题。现在，我国发展同外部世界的交融性、关联性、互动性不断增强，中国正日益走近世界舞台中央。作出中国特色社会主义进入新时代的判断，也充分考量了国际局势和周边环境的新变化。

总体来说，中国特色社会主义进入了新时代这一重大政治判断，是在科学把握时代趋势和国际局势重大变化，科学把握世情国情党情深刻变化，科学把握实现"两个一百年"奋斗目标历史交汇期已经遇到、将要遇到、可能遇到和难以预料的新情况新问题新矛盾基础上作出的。这一判断，符合中国特色社会主义实际，是改革开放以来我国社会发展进步的必然结果，是我国社会主要矛盾运动的必然结果，更是党的十八大之后5年来全党全国人民推进党和国家事业发生历史性变革的必然结果，也是我们党团结带领全国各族人民开创光明未来的必然要求。

二 从站起来、富起来到强起来

中国特色社会主义进入新时代，意味着近代以来久经磨难的中华民族迎来了从站起来、富起来到强起来的伟大飞跃，迎来了实现中华民族伟大复兴的光明前景。

新中国成立以来，社会主义政治经济学经历了以1956年中国社会主义经济制度确立为标志的"站起来"政治经济学发展时期，以1978年党的十一届三中全会为起点的"富起来"政治经济学发展时期，以及以2012年党的十八大后提出实现中华民族伟大复兴中国梦奋斗目标为界标的"强起来"政治经济学发展时期。

1956年召开的党的八大指出，我们国内的主要矛盾"已经是人民对于建立先进的工业国的要求同落后的农业国的现实之间的矛盾，已经是人民对于经济文化迅速发展的需要同当前经济文化不能满足人民需要的状况之间的矛盾"，集中力量解决这一主要矛盾成为"党和全国人民的当前的主要任务"。这一主要矛盾决定了，经济社会发展的主要任务必然是建立基本的国民经济体系，确立"站起来"的经济基础。

1981年召开的党的十一届六中全会指出"我国所要解决的主要矛盾，是人民日益增长的物质文化需要同落后的社会生产之间的矛盾"，强调"党和国家工作的重点必须转移到以经济建设为中心的社会主义现代化建设上来，大大发展社会生产力，并在这个基础上逐步改善人民的物质文化生活"。1987年，党的十三大制定了"三步走"经济发展战略，彰显"富起来"的战略取向。

党的十八大以来，中国特色社会主义进入新时代。党的十九大作出"我国社会主要矛盾已经转化为人民日益增长的美好生活需要和不平衡不充分的发展之间的矛盾"的判断。新时代社会主要矛盾的变化是关系全局的历史性变化，解决这一矛盾，成为新时代中国特色社会主义的主要任务，对党和国家工作提出了各个方面的新要求。与"强起来"主题相适应，党的十九大规划了"强起来"的整体战略和战略步骤。在经济社会整体发展上，到中国共产党成立100年时，实现经济更加发展、民主更加健全、科教更加进步、文化更加繁荣、社会更加和谐、人民生活更加殷实的全面小康社会目标；然后分两个阶段，到21世纪中叶中华人民共和国成立100年时，基本实现现代化，把我国建成社会主义现代化国家。这两个阶段，一是从2020—2035年，在全面建成小康社会的基础上，基本实现社会主义现代化；二是从2035年到21世纪中叶，在基本实现现代化的基础上，把我国建成富强民主文明和谐美丽的社会主义现代化强国。

三 科学社会主义焕发出强大生机活力

中国特色社会主义进入新时代，意味着科学社会主义在21世纪的中国焕发出强大生机活力，在世界上高高举起了中国特色社会主义伟大旗帜。

揭示社会主义与市场经济之间的内在联系，将两者有机结合起来，是中国共产党人对马克思主义政治经济学发展作出的理论贡献。1979年，邓小平同志指出："说市场经济只存在于资本主义社会，只有资本主义的市场经济，这肯定是不正确的。社会主义为什么不可以搞市场经济，这个不能说是资本主义。"[①] 此后，又几次强调"社会主义和市场经济之间不存在根本矛盾"[②]，"社会主义也可以搞市场经济"[③]，"这是社会主义利用这种方法来发展社会生产力。把这当作方法，不会影响整个社会主义，不会重新回到资本主义"[④]。特别是在1992年南方谈话中，邓小平进一步提出了"计划经济不等于社会主义，资本主义也有计划；市场经济不等于资本主义，社会主义也有市场"的

---

① 《社会主义也可以搞市场经济》，《邓小平文选》第二卷，人民出版社1994年版，第236页。

② 《社会主义和市场经济不存在根本矛盾》，《邓小平文选》第三卷，人民出版社1993年版，第148页。

③ 《社会主义也可以搞市场经济》，《邓小平文选》第二卷，人民出版社1994年版，第231—236页。

④ 同上书，第236页。

"两个不等于"论断，并阐明"社会主义的本质是解放生产力，发展生产力，消灭剥削，消除两极分化，最终达到共同富裕"①。

如果我们将解放和发展生产力、实现共同富裕作为社会主义的本质的话，社会主义与市场经济之间就不存在根本矛盾。一方面，从解放和发展社会生产力来看，市场经济通过鼓励人们在各个方向上的自由探索，来调动亿万人民的聪明才智，提高生产效率与资源配置效率，不断创造财富，推动生产力发展。正如习近平总书记所言，"理论和实践都证明，市场配置资源是最有效率的形式"②；另一方面，从逐步实现共同富裕角度来看，市场机制通过促进资本积累与技术进步，不断推动就业岗位增加与居民收入增长，这显然有利于共同富裕目标的实现。

以邓小平同志讲话精神为指引，1992年召开的党的十四大把建立社会主义市场经济体制确立为经济改革的目标。习近平总书记指出，这是我们党在建设中国特色社会主义进程中的一个重大理论和实践创新，解决了世界上其他社会主义国家长期没有解决的一个重大问题。③

习近平总书记进一步指出，20多年来，我们围绕建

---

① 《在武昌、深圳、珠海、上海等地的谈话要点》（1992年1月18日至2月21日），《邓小平文选》第三卷，人民出版社1993年版，第373页。

② 习近平：《关于〈中共中央关于全面深化改革若干重大问题的决定〉的说明》，《人民日报》2013年11月16日第1版。

③ 习近平：《切实把思想统一到党的十八届三中全会精神上来》，《求是》2014年第1期。

立社会主义市场经济体制这个目标，推进经济体制以及其他各方面体制改革，使我国成功实现了从高度集中的计划经济体制到充满活力的社会主义市场经济体制、从封闭半封闭到全方位开放的伟大历史转折，实现了人民生活从温饱到小康的历史性跨越，实现了经济总量跃居世界第二的历史性飞跃，极大调动了亿万人民的积极性，极大促进了社会生产力发展，极大增强了党和国家生机活力。[①] 实践证明，根据我国国情建设社会主义市场经济体制的方向是完全正确的，中国特色社会主义经济建设的伟大成就是举世瞩目的。它显示着科学社会主义理论方法的强大力量，昭示着中国特色社会主义理论体系的光明前景。

四 发展中国家走向现代化的新选择

中国特色社会主义进入新时代，意味着中国特色社会主义道路、理论、制度、文化不断发展，拓展了发展中国家走向现代化的途径，给世界上那些既希望加快发展又希望保持自身独立性的国家和民族提供了全新选择，为解决人类问题贡献了中国智慧和中国方案。

中国共产党的历史使命是为中国人民谋幸福，为中华民族谋复兴，同时也是胸怀世界，为人类进步事业奋斗的。这与西方政党和国家不言而喻的"没有永远的朋友，只有永远的利益"外交理念，有着本质上的不同。早在

---

① 习近平：《切实把思想统一到党的十八届三中全会精神上来》，《求是》2014年第1期。

第一章 总论：构建新时代中国特色社会主义政治经济学

1956年，在为纪念孙中山诞辰90周年而发表的文章中，毛泽东就指出：中国应当对于人类有较大的贡献。1979年邓小平在向来访的日本客人解释小康社会时指出：有了这个（经济）总量，就可以做一点我们想做的事情了，也可以对人类作出比较多一点的贡献。根据时任译员的同志回忆，在编入《邓小平文选》第二卷时，这句话被正式表述为："到了那个时候，我们有可能对第三世界的贫穷国家提供更多一点的帮助。"①

2016年中国GDP总量达到11.2万亿美元，占世界经济总量的14.8%，稳居世界第二大经济体地位，人均国民总收入（GNI）达到8260美元。按照世界银行最新划分，即低于1005美元为低收入国家，1006—3955美元为中等偏下收入国家，3956—12235美元为中等偏上收入国家，12236美元以上为高收入国家，中国属于中等偏上收入国家，按照目前的增长速度，预期在2022年或2023年跨入高收入国家的行列。显而易见的是，中国的经济发展水平与毛泽东和邓小平时代相比，早已不可同日而语。我们已经具备了更强的能力对人类作出新的更大的贡献。

伟大的实践孕育伟大的理论。对中国改革开放发展和分享成功实践的理论总结和升华，是习近平新时代中国特色社会主义思想的一个重要来源。不仅指导中国决胜全面建成小康社会、开启全面建设社会主义现代化国家新征程，也以其对人类社会发展规律认识的理论创新成果，为

---

① 《中国本世纪的目标是实现小康》（一九七九年十二月六日），《邓小平文选》第二卷，人民出版社1994年版，第237页。

解决一系列全球问题特别是经济社会发展问题，贡献了中国智慧和中国方案。

第二节　构建中国特色社会主义政治经济学的指导原则

习近平总书记指出，在加快构建中国特色哲学社会科学中，要善于融通古今中外各种资源，特别是要把握好三个方面的资源。一是马克思主义的资源，包括马克思主义基本原理，马克思主义中国化形成的成果及其文化形态，如党的理论和路线方针政策，中国特色社会主义道路、理论体系、制度，我国经济、政治、法律、文化、社会、生态、外交、国防、党建等领域形成的哲学社会科学思想和成果。这是中国特色哲学社会科学的主体内容，也是中国特色哲学社会科学发展的最大增量。二是中华优秀传统文化的资源，这是中国特色哲学社会科学发展十分宝贵、不可多得的资源。三是国外哲学社会科学的资源，包括世界所有国家哲学社会科学取得的积极成果，这可以成为中国特色哲学社会科学的有益滋养。[①]

在构建中国特色社会主义政治经济学方面，我们正处在承前启后、继往开来的关键时期，明确学科发展的指导原则至关重要。习近平总书记指出，坚持和发展中国特色社会主义政治经济学，要以马克思主义政治经济学为指

[①] 习近平：《在哲学社会科学工作座谈会上的讲话》，《人民日报》2016年5月19日第2版。

导，总结和提炼我国改革开放和社会主义现代化建设的伟大实践经验，同时借鉴西方经济学的有益成分。中国特色社会主义政治经济学只能在实践中丰富和发展，又要经受实践的检验，进而指导实践。要加强研究和探索，加强对规律性认识的总结，不断完善中国特色社会主义政治经济学理论体系，推进充分体现中国特色、中国风格、中国气派的经济学科建设。①

可见，中国特色社会主义政治经济学理论体系必然是一个兼容并包、海纳百川、博采众长的开放体系，古今中外的一切优秀文明成果皆可为我所用。那么，哪些核心要素使中国特色社会主义政治经济学区别于其他经济学体系呢？下面，我们将按照习近平总书记的讲话精神，分别从以马克思主义政治经济学为指导、立足中华五千年文明史、总结提炼改革开放发展的伟大实践、借鉴西方经济学的有益成分四个方面来阐释习近平新时代中国特色社会主义经济思想中有关中国特色社会主义政治经济学的指导原则。

一　以马克思主义政治经济学为指导

中国特色社会主义道路必须坚持马克思主义的理论指导，中国特色社会主义政治经济学理论体系亦必须以马克思主义的基本原理和方法论为指导来构建。马克思主义政治经济学是一套深刻、宽广、辩证、开放的理论体系，具

---

① 《习近平主持召开经济形势专家座谈会强调 坚定信心增强定力 坚定不移推进供给侧结构性改革》，《人民日报》2016年7月9日第1版。

有以狭窄、封闭、细致、精密为主要特征的西方主流经济学说所无法比拟的巨大优势。在此基础上，我们也要吸收西方经济学在具体问题分析和某些研究方法上的优点，结合中国实际，对马克思主义理论进行继承与发展，从而更加全面、科学、深刻地解释经济现象，揭示经济运动过程的基本规律。

理解马克思主义理论形成的历史背景是正确认识马克思主义政治经济学理论品质的基本前提。正如习近平总书记指出的，人类社会每一次重大跃进，人类文明每一次重大发展，都离不开哲学社会科学的知识变革和思想先导。马克思主义政治经济学的诞生和发展离不开人类文明演进与哲学社会科学大发展的历史大背景。可以说，没有18、19世纪欧洲哲学社会科学的发展，就没有马克思主义形成和发展。①

从西方哲学社会科学发展的历史看，古希腊、古罗马时期，产生了苏格拉底、柏拉图、亚里士多德、西塞罗等人的思想学说。文艺复兴时期，产生了但丁、薄伽丘、达·芬奇、拉斐尔、哥白尼、布鲁诺、伽利略、莎士比亚、托马斯·莫尔、康帕内拉等一批文化和思想大家。他们中的很多人是伟大的科学家或文艺巨匠，但他们的作品深刻反映了对社会构建的思想认识。英国资产阶级革命、法国资产阶级革命、美国独立战争前后，产生了霍布斯、洛克、伏尔泰、孟德斯鸠、卢梭、狄德罗、爱尔维修、潘

---

① 习近平：《在哲学社会科学工作座谈会上的讲话》，《人民日报》2016年5月19日第2版。

恩、杰弗逊、汉密尔顿等一大批资产阶级思想家，形成了反映新兴资产阶级政治诉求的思想和观点。

马克思主义的诞生是人类思想史上的一个伟大事件，马克思批判吸收了康德、黑格尔、费尔巴哈等人的哲学思想，圣西门、傅立叶、欧文等人的空想社会主义思想，亚当·斯密、大卫·李嘉图等人的古典政治经济学思想，并在对所处时代和世界深刻考察、对人类社会发展规律深刻把握的基础上，最终升华形成了马克思主义①。

马克思主义政治经济学是马克思主义的重要组成部分，也是我们坚持和发展马克思主义的必修课。面对极其复杂的国内外经济形势，面对纷繁多样的经济现象，学习马克思主义政治经济学基本原理和方法论，有利于我们掌握科学的经济分析方法，认识经济运动过程，把握社会经济发展规律，提高驾驭社会主义市场经济的能力，更好地回答我国经济发展的理论和实践问题，提高领导我国经济发展的能力和水平。学习马克思主义政治经济学，是为了更好地指导我国经济发展实践，既要坚持其基本原理和方法论，更要同我国经济发展实际相结合，不断形成新的理论成果。②

马克思主义政治经济学的集大成之作是《资本论》，它是马克思主义政治经济学作为完整的科学理论体系得以形成

---

① 习近平：《在纪念马克思诞辰 200 周年大会上的讲话》，《人民日报》2018 年 5 月 5 日第 2 版。

② 《习近平在中共中央政治局第二十八次集体学习时强调 立足我国国情和我国发展实践 发展当代中国马克思主义政治经济学》，《人民日报》2015 年 11 月 25 日第 1 版。

和确立的重要标志。学好《资本论》对于建设社会主义市场经济有着重要的指导意义。在这部以"政治经济学批判"为副标题的巨著中,马克思运用辩证唯物主义和历史唯物主义的科学世界观和方法论,在科学总结、批判地继承前人经济思想成果的基础上,对资本主义生产进行了深入分析,揭示了资本主义经济发展的内在规律和人类经济社会发展的一般趋势,书中所阐述的一系列理论经受了一个多世纪以来的社会实践检验,至今仍然闪耀着真理的光辉。①

从国际金融危机看,许多西方国家经济持续低迷、两极分化加剧、社会矛盾加深,说明资本主义固有的生产社会化和生产资料私人占有之间的矛盾依然存在,但表现形式、存在特点有所不同。国际金融危机发生后,不少西方学者也在重新研究马克思主义政治经济学,研读《资本论》,借以反思资本主义的弊端。②

马克思在《资本论》第一卷的序言中开宗明义地说:"我要在本书研究的,是资本主义生产方式以及和它相适应的生产关系和交换关系。"③ 在《资本论》第一卷第一篇中,马克思还进一步指出:"资本主义生产方式占统治地位的社会的财富,表现为'庞大的商品堆积',单个的商品表现为这种财富的元素形式。因此,我们的研究就从

---

① 习近平:《社会主义市场经济和马克思主义经济学的发展与完善》,《经济学动态》1998年第7期。
② 习近平:《在哲学社会科学工作座谈会上的讲话》,《人民日报》2016年5月19日第2版。
③ 马克思:《资本论》第一卷,中共中央马克思恩格斯列宁斯大林著作编译局译,人民出版社2004年版,第8页。

分析商品开始。"① 此后，马克思在《资本论》第三卷中又得出以下结论："在商品中，特别是在作为资本产品的商品中，已经包含着作为整个资本主义生产方式的特征的社会生产规定的物化和生产的物质基础的主体化。"②

尽管理论界对"资本主义生产方式"的内涵有着一些不同认识，例如，有的认为马克思所说的资本主义生产方式包括生产力和生产关系两方面的内容，有的认为是专指资本主义的生产关系，还有的则认为是生产关系与交换关系的统一，等等。尽管马克思在《资本论》全书中没有一处提到过"市场经济"这个名词，但从马克思的论述中，我们完全可以看出，马克思《资本论》所研究的主要对象是以市场经济为基础的资本主义生产。因为马克思已准确无误地阐明《资本论》中所研究的是资本主义生产方式以及和它相适应的生产关系和交换关系，这是一个综合体，并不是当中的某一个方面，其中也包括把社会生产力及其发展形式的一定阶段作为自己存在和发展的历史条件，而能够全面涵盖这些内容的只能是资本主义生产。

实际上，马克思在以后的修改中也确实将许多有关资本主义生产方式的表述，改成"资本主义生产"一词。同时，马克思还阐明，商品流通是资本的起点，"现在每一个新资本最初仍然是作为货币出现在舞台上，也就是出现

---

① 马克思：《资本论》第一卷，中共中央马克思恩格斯列宁斯大林著作编译局译，人民出版社2004年版，第47页。
② 马克思：《资本论》第三卷，中共中央马克思恩格斯列宁斯大林著作编译局译，人民出版社2004年版，第996—997页。

在市场上——商品市场、劳动市场或货币市场上，经过一定的过程，这个货币就转化为资本"①。市场化的商品经济就是市场经济，而高度资本化的市场经济就是资本主义市场经济。

马克思在《资本论》中，运用唯物辩证法，以研究商品和货币为切入点，深入考察了社会资本的再生产与总过程，从微观和宏观两个方面全面、深刻地认识和把握了人类经济活动尤其是资本主义经济活动的内在本质联系及其发展趋势，阐明和揭示了资本主义生产的一系列基本原理和运行规律，诸如价值与使用价值原理、劳动的二重性原理、剩余价值理论、分配原理、消费原理、社会生产两大部类原理和价值规律、供求规律、竞争规律、资本增值规律、积累规律、社会资本再生产过程中的社会总产品实现规律等。这些原理和规律构成马克思主义政治经济学的骨骼和血脉，形成了一个完整的科学理论体系。

马克思在《资本论》中所揭示的原理和规律是科学的，主要是从立场和方法论上给我们以指导，然而，其中一些原理和规律也具有一定的社会共性，诸如劳动的二重性原理、社会生产两大部类原理、供求原理和生产关系要适应生产力发展的原理等，就是既适用于资本主义市场经济，也适用于社会主义市场经济。但是，由于马克思的《资本论》毕竟是以资本主义生产为研究对象的，它所揭示的许多原理一方面符合资本主义的生产实际；另一方面

---

① 马克思：《资本论》第一卷，中共中央马克思恩格斯列宁斯大林著作编译局译，人民出版社2004年版，第172页。

又不可避免地带有明显的适用范围。

例如,对于以产品经济为基础的社会主义计划经济来说,《资本论》所阐明、揭示的许多原理和规律,则不能加以简单套用。改革开放之前的经济学家们,既要承认马克思在《资本论》中所揭示的关于资本主义生产的原理和规律是普遍的真理,却又在尝试用这些"放之四海而皆准"的真理去指导社会主义计划经济实践时,颇感捉襟见肘。

为摆脱这种"两难境地",计划经济理论家将马克思关于资本主义生产的经济理论和基本概念按照自己的需要进行机械的改造。例如,将商品经济换为产品经济、将资本改为资金、将剩余价值变成利润等,使之成为用来指导计划经济实践的所谓社会主义经济理论。应当承认,马克思在对市场经济的自发性、无序性等弊端进行分析时,曾提出过在共产主义社会"必须预先计算好,能把多少劳动、生产资料和生活资料用在这样一些产业部门而不致受任何损害"这样一种对社会主义生产进行计划的设想,是指共产主义社会的事情,并不是社会主义初级阶段就要这样做。而且,马克思在这里仅仅是一种设想,并未形成完整的理论。

由此可见,所谓社会主义计划经济的理论,实际上是后人将自己的思想和认识硬加到了马克思的头上,把不是马克思的东西说成是马克思的,或者脱离发展阶段,套用马克思关于社会主义更高阶段的设想,因而也就不可能去有效地指导社会主义经济建设的具体实践。

如果说马克思在《资本论》中揭示的关于资本主义生

产的基本原理和规律,以及马克思对社会主义经济的一些设想,在被援引来指导和解释社会主义计划经济时,实践中未能取得预期效果的话,那么,其关于市场经济特征和运行规律的论述,对于我们当前正在大力发展的社会主义市场经济,则具有极为重要的指导意义。

这是因为,无论是私有制的市场经济,还是以公有制为主体的市场经济,只要市场经济是作为一种经济运行机制或经济管理体制在发挥作用,市场经济的一般性原理及内在发展规律都具有共通性,诸如价值规律、竞争规律、供求规律、积累规律、社会资本再生产的社会总产品实现规律以及利润最大化原理、提高利润率和积累率的方法、竞争与垄断理论、经济危机理论等,对于社会主义市场经济的实践,则都具有适用性。

马克思在《资本论》中所揭示的科学原理,对于认识当代资本主义经济并未过时。与此同时,在发展社会主义市场经济的实践中,也要求我们必须深刻地学习和掌握《资本论》所阐述的科学原理,并善于运用这些科学理论去指导好发展社会主义市场经济的伟大实践。[①] 正是在这一意义上,习近平总书记指出,马克思主义的政治经济学理论体系依然闪烁着真理的光芒。

需要特别强调,马克思所能做到的只是揭示和批判到他那个时代为止的资本主义市场经济的实践;从这个意义上说,《资本论》并没有穷尽真理,只是开辟了通向真理

---

① 习近平:《对发展社会主义市场经济的再认识》,《东南学术》2001 年第 4 期。

的道路。一百多年来，人类的科技水平日新月异，社会主义实践在全球范围内展开，资本主义制度的缺陷也得到了很大程度上的修补，市场制度的各种具体机制也趋于精细化、复杂化、多样化。西方经济学家中的代表人物，如凯恩斯、熊彼特、萨缪尔森、弗里德曼、卢卡斯等人，在这些领域的理论架构探索或政策方案设计方面作出了重要的贡献。特别要看到，当代的西方马克思主义者力图从生产过程与再生产过程当中的利益矛盾出发来考察资本主义经济，在论证的严谨性、资料占有的丰富性和观点的新颖性上都有独到之处。

马克思主义政治经济学不是静止的，而在20世纪和21世纪，与现实的变化相对应，与时俱进地获得了广泛、深刻和长足的发展。在新的时代背景下，马克思主义政治经济学依然彰显出强大的生命力和独特的理论优势。

第一，马克思主义政治经济学为我们奠定了根本立场。马克思主义政治经济学从不隐瞒自己的政治主张、根本立场和价值取向。建设中国特色社会主义政治经济学，必须政治导向明确，根本立场旗帜鲜明，服务于以人民为中心的经济社会发展，建设探索中国特色社会主义道路和中华民族伟大复兴之路。之所以使用政治经济学这样一个学科概念，是要强调经济与政治的关系。

虽然从表面看，许多西方经济学流派似乎不讲意识形态和价值取向，但实际上，在西方国家，经济与政治、经济学与政治学，从来也没有截然脱钩。从理论层面看，强调制度重要性的政治学与强调个体选择方法的西方主流经济学正在重新融合成为政治经济学，经济学的分析方法已全面运用于对政治现象的研究中。从现实层面看，经济学为政治服务的倾向也十分明显。

例如，在经济全球化过程中，发展中国家未能同等和充分受益的呼声并没有引起工业化国家政治家们的重视，而国内中产阶级和低收入群体受损后，表达出强烈的不满乃至形成反移民、反贸易和投资协定、退出一体化机制等呼声，以致威胁到政治家的选票时，后者往往表现出反全球化的政治倾向，而一些经济理论也闻风而动，及时提供理论依据。正因为如此，法国经济学家皮凯蒂表示不喜欢"经济科学"这一表述，而更喜欢"政治经济学"这一表述，因为后者传递了经济学和其他社会科学的唯一区别：其政治、规范和道德目的。[①]

第二，马克思主义政治经济学力图透过经济现象，从人与自然之间的关系背后，着力分析基本经济因素，从而揭示出市场经济中特殊的人与人之间的关系，进而实现探求事物本质的目的。这一过程也是建立联结基本关系与运行机制和现象形态的桥梁的理论探索过程，其深刻性是侧重于研究稀缺资源如何实现优化配置等具体问题的西方主流经济学所难以企及的。

第三，马克思主义政治经济学格外重视经济利益矛盾的分析，强调经济利益矛盾的发展演变是决定经济关系变化趋势的直接原因。马克思理论体系当中的资本主义积累一般规律、资本集中趋势、利润率下降趋势等理论要素均

---

① ［法］皮凯蒂：《21世纪资本论》，中信出版社2014年版，第592页。

是以各种利益矛盾的发展为理论基础的。实事求是地分析经济社会运行中的各种经济利益矛盾及其作用，构成了马克思主义政治经济学的重要精神实质。在社会主义市场经济当中，理论工作者同样需要根据特定的经济关系，对新形势下的经济利益矛盾的发展趋势和结果进行理论分析和实证分析，探究有效的激励机制、监督机制与协调机制，为政策制定提供科学依据。

相对而言，新古典主义经济理论内核则展示了市场机制的完美性和均衡性：市场中所有的决策者都是经济人（其内涵是追求货币利益最大化、拥有完备的信息和知识、偏好稳定、计算能力精确），都按照完全理性的方式进行选择，在市场机制的指引下，通过积累适量信息和其他市场投入要素，导致均衡状态的出现（也就是使得每个人的基于一组稳定偏好的效用达至最大）。这表明市场机制足以协调所有个人利益，达至帕累托最优。

然而，西方主流经济学这一结构精妙的架构，却显然无法解释现实当中广泛存在的外部性、公共品、垄断、分配失衡等各种利益矛盾现象。这也进一步凸显了将马克思主义政治经济学作为分析中国问题的"底盘"的必要性。虽然法国经济学家皮凯蒂自己并不承认，他也的确不是马克思主义经济学家，但是，他对于西方国家收入分配的分析，无疑受到了马克思《资本论》的巨大影响，以至于他除了把自己的篇幅巨大的专著称作《21世纪资本论》之外，似乎别无选择。

第四，马克思主义政治经济学既重视研究生产方式对生产关系的影响，又重视研究生产关系对生产力的反作用。在社会主义政治经济学中，必须秉持马克思主义的这一理论立场，将对社会生产力发展的研究放在与对生产关系的研究同等重要的地位，大力发展社会主义国家的生产力，体现社会主义制度的优越性，而绝不能有所偏废。一旦偏颇于某一方面而忽略另一方面，就会导致社会主义制度优越性不能显现出来，甚至会像苏联和东欧国家那样，导致社会主义经济的实践失败。前车之鉴，教训惨痛。当然，有关生产关系与上层建筑的研究也需要与时俱进，以不断适应先进生产力的发展需要。

第五，马克思主义理论结构具有鲜明的开放性和包容性，它将经济分析的视野置于更广阔的背景之下，把技术、制度、偏好、人口、预期等各类因素视为内生变量，力图为分析各种因素提供基本的理论结构和分析方法。我们每一个人在阅读《资本论》的时候，都无不惊异和折服于马克思经济学的博大精深和海纳百川。这也是封闭的新古典主义经济学所无法企及的独特优势。

例如，西方经济学家曾经声称，自以卢卡斯为代表的理性预期学派出现，宏观经济学开始具有微观基础。但是，事实上西方宏观经济学仍然抽象地把经济危机简单地归结为想象出来的宏观经济变量，形成了一系列与事实不一致的理论结论和政策主张，从而使这一学科陷入巨大的危机。[①] 而马克思早在《资本论》中就引用了下面的比喻，

---

① Paul Romer, "The Trouble with Macroeconomics", delivered January 5, 2016 as the Commons Memorial Lecture of the Omicron Delta Epsilon Society Forthcoming in *The American Economist*.

形象地描述了资本主义生产方式中的微观动机:一旦有适当的利润,资本就胆大起来。如果有10%的利润,它就保证到处被使用;有20%的利润,它就活跃起来;有50%的利润,它就铤而走险;为了100%的利润,它就敢践踏一切人间法律;有300%的利润,它就敢犯任何罪行,甚至冒绞首的危险。①

总而言之,马克思主义政治经济学原理奠定了我们分析当代中国经济现象的指导思想和逻辑基础。与此同时,它并不是教条,也没有穷尽一切真理。正如恩格斯深刻指出的:"马克思的整个世界观不是教义,而是方法;它提供的不是现成的教条,而是进一步研究的出发点和供这种研究使用的方法。"② 马克思主义政治经济学既为我们观察、提炼、分析现实问题提供了方法论指导和分析框架,构成创建中国特色社会主义政治经济学的理论基石,也给我们留出了继承和发展的余地。

二 立足中华五千年文明史

习近平总书记指出,中华文明历史悠久,从先秦子学、两汉经学、魏晋玄学,到隋唐佛学、儒释道合流、宋明理学,经历了数个学术思想繁荣时期。在漫漫历史长河中,中华民族产生了儒、释、道、墨、名、法、阴阳、农、杂、兵

---

① 马克思:《资本论》第一卷,中共中央马克思恩格斯列宁斯大林著作编译局译,人民出版社2004年版,第871页。
② 习近平:《在纪念马克思诞辰200周年大会上的讲话》,《人民日报》2018年5月5日第2版。

等各家学说，涌现了老子、孔子、庄子、孟子、荀子、韩非子、董仲舒、王充、何晏、王弼、韩愈、周敦颐、程颢、程颐、朱熹、陆九渊、王守仁、李贽、黄宗羲、顾炎武、王夫之、康有为、梁启超、孙中山、鲁迅等一大批思想大家，留下了浩如烟海的文化遗产。中国古代大量鸿篇巨制中包含着丰富的哲学社会科学内容、治国理政智慧，为古人认识世界、改造世界提供了重要依据，也为中华文明提供了重要内容，为人类文明作出了重大贡献。①

　　经济学界早已认识到，在五千年的悠久文明历史中，中华民族的先哲们的卷帙浩繁著述中同样积累了深刻而丰富的经济思想，与西方世界的古希腊、古罗马经济思想交相辉映、各具特色。孔子、孟子、管子、墨子等先秦诸子，司马迁等史学家，范蠡、桑弘羊等理财能手，严复、梁启超等近代思想家都留下了宝贵的经济思想遗产，至今仍闪烁着光芒。这一点在国际学界也得到了普遍认可。

　　例如，20世纪的西方经济学大师熊彼特在其鸿篇巨制《经济分析史》中发现，人类最早在经济分析方面努力的痕迹可在古代中国找到，我们可以从孔子和孟子的著述中编出一套经济政策的完整体系。实际上，许多中国经济思想史专家指出，中国古代经济思想在西方各国，的确曾产生了相当大的影响，其影响远较罗马学说、基督教思想、《圣经》等重要，尤以对于法国重农学派的影响最为显

---

① 习近平：《在哲学社会科学工作座谈会上的讲话》，《人民日报》2016年5月19日第2版。

著①，而后者被公认为是以亚当·斯密为标志的现代意义上经济学的重要来源。20世纪上半叶中国的一些严肃的经济分析著作，如李肇义的《中国公元前3世纪的主流经济思想及其对重农学说的影响》和陈焕章的《孔门理财学》等，则更加清晰地揭示了中国古代经济思想的学术价值和现实意义。

中国古代的经济思想有着与西方大异其趣的独特理论风格。仅以"经济"一词内涵的中西差异为例，就可以管中窥豹。西方的"经济"含义比较微观，所含范围很窄。根据熊彼特的考证，"欧洲人的文化祖先古希腊人留给我们的遗产中，初步的经济分析是一个微小的，甚至很微小的成分。……他们的经济学未能取得独立的地位，甚至没有与其他学科相区别的标签：他们的所谓经济，仅指管理家庭的实际智慧……他们把经济推理与他们有关国家与社会的一般哲学思想糅在一起，很少为经济课题本身而研究经济课题。……遗留给我们的希腊经济思想，也许在柏拉图与亚里士多德著作中可以发现一鳞半爪"②。可见，西方人所使用的"经济"概念主要局限在家庭理财层面，并无国家繁荣层面的含义。这或许与西方人先有政府，后有国家，其国家观念形成较晚有关。

在中国，先秦时期就已经形成天下为公的家国天下观和民为邦本的国家政治经济观，国家观念的形成远早于西

---

① 参见唐庆增《中国经济思想史》，商务印书馆2010年版。
② [美] 约瑟夫·熊彼特：《经济分析史》第一卷，商务印书馆1996年版，第91页。

方。于是，中国古代的经济思想家也将国家财富的创造与分配作为关注的焦点。"经济"一词也被赋予经世济民的含义。根据中国经济思想史专家的考证，早在4世纪初的西晋已正式使用"经济"概念，《晋书》中便有记载。宋以来"经济"不仅普遍使用，而且出现了不少以此命名的书籍。"经济"的内涵基本不出"经国济民"等传统含义，并有不少是供科考用的，说明入仕要求懂"经济"。

中国虽很早就有"食货""货殖""理财""富国"等比"经济"具体得多的语词，但在"讳言财利"的时代，其宏观性、整体性、政治性特征，决定了"经济"具有远较"财利"重要的意义。最早使用"经济之学"的是《朱子语类》，而到了清代，"经济"不仅有"学"之名，还有"学"之实，是学校的习学科目，而且还被列为制举特科。①

当然，作为一门科学的经济学，在中国还是接受了"西学"之后的事，然而却不能说这门学问完全是或只源于"西学"。上述历史回顾表明，中国古代的经济思想有着深刻的东方文明烙印，刻画的是中国人的世界观、价值观和行为模式。

进一步分析，由于中国的文化、历史和哲学传统与西方有着明显不同，这就使得中西在对社会经济活动的几个基本问题的认识上也有着明显的不同。中国自古以来就有"天人合一"的古老哲学命题，这一命题的中心问题是

---

① 叶坦：《"中国经济学"寻根》，《中国社会科学》1998年第4期。

"天"与"人"的关系。有学者认为"天"就是大自然，也即西方哲学中所讲的物质世界及其内在运行规律；"天人合一"，就是大自然与人浑然结合为一体，也即强调人与自然的和谐统一。可以认为，"天人合一"的思想是东方思想的普遍而又基本的表述，它是有别于西方分析的思维模式的东方综合的思维模式的具体表现。① 在"天人合一"的命题中，天与人并未有主从之分，但由于传统中国哲学偏重于伦理哲学的研究，习惯于以人为出发点并以人为落脚点来认识事物，一以贯之的是一种建立在人与人关系基础之上的"人—物—人"也即"主—客—主"的思维框架，这与西方哲学的"人—物"和马克思主义哲学的"物—人"的思维框架与认识路线是明显不同的。

同时，中国儒教在数千年中形成的忠君报国、强调集体主义、崇尚民族利益的文化背景与道德规范，也与西方崇尚个人主义的文化历史氛围有着明显不同。将这种思维框架和道德规范引入社会经济活动之中，人就不再是冷冰冰的经济人，而是活生生的社会人；社会经济关系也不再是西方经济理论中那种抽象为某一种类型诸如商品、资本、劳动或人与物的单纯或单向关系，而是一种以复杂的人为主体的错综复杂的利益和感情关系；人的主观因素对社会经济活动的影响和作用也不再局限于个体的人或某个具体范围，可以随心所欲地渗透于社会活动的各个环节、各个方面。

如此看来，将中国古代经济思想的精华加以提炼整

---

① 参见季羡林《谈国学》，华艺出版社2008年版。

理后，完全可以使其在发展中国特色社会主义政治经济学的历史进程中绽放光彩。尤为重要的是，中华五千年文明所积淀下来的对于中国人在哲学思维、价值偏好、行为目标、约束条件等方面的微观作用，以及在制度文化方面的宏观影响，恰恰是"中国特色"的重要构成，是中国特色社会主义政治经济学必须涵盖和充分考量的方面。反过来说，如果不能基于中国的文化、历史与哲学传统来研究中国人的行为和中国的经济学，简单照搬西方理论，不仅可能会出现水土不服，产生"淮南为橘，淮北为枳"的现象，甚至可能对于现实问题的解释也南辕北辙。

三 总结提炼改革开放发展的伟大实践

习近平总书记指出，理论的生命力在于创新。创新是哲学社会科学发展的永恒主题，也是社会发展、实践深化、历史前进对哲学社会科学的必然要求。社会总是在发展的，新情况新问题总是层出不穷的，其中有一些可以凭老经验、用老办法来应对和解决，同时也有不少是老经验、老办法不能应对和解决的。如果不能及时研究、提出、运用新思想、新理念、新办法，理论就会苍白无力，哲学社会科学就会"肌无力"。哲学社会科学创新可大可小，揭示一条规律是创新，提出一种学说是创新，阐明一个道理是创新，创造一种解决问题的办法也是创新。①

---

① 习近平：《在哲学社会科学工作座谈会上的讲话》，《人民日报》2016年5月19日第2版。

第一章 总论：构建新时代中国特色社会主义政治经济学

党的十一届三中全会以来，在改革开放时期，我们党坚持理论创新，正确回答了什么是社会主义、怎样建设社会主义，建设什么样的党、怎样建设党，实现什么样的发展、怎样发展等重大课题，不断根据新的实践推出新的理论，为我们制定各项方针政策、推进各项工作提供了科学指导。

特别是党的十八大以来，以习近平同志为核心的党中央提出了一系列新理念、新思想和新战略，如推进国家治理体系和治理能力现代化，发展社会主义市场经济，发展社会主义民主政治，发展社会主义协商民主，建设中国特色社会主义法治体系，发展社会主义先进文化，培育和践行社会主义核心价值观，建设社会主义和谐社会，建设生态文明，构建开放型经济新体制，实施总体国家安全观，建设人类命运共同体，推进"一带一路"建设，坚持正确义利观，加强党的执政能力建设，坚持走中国特色强军之路、实现党在新形势下的强军目标，等等。这些都是我们党提出的具有原创性、时代性的概念和理论。在这个过程中，我国哲学社会科学界作出了重大贡献，也形成了不可比拟的优势。[①]

中国共产党历来重视对马克思主义政治经济学的学习、研究、运用，在新民主主义时期创造性地提出了新民主主义经济纲领，在探索社会主义建设道路过程中对发展我国经济提出了独创性的观点，如提出社会主义社会的基

---

① 习近平：《在哲学社会科学工作座谈会上的讲话》，《人民日报》2016年5月19日第2版。

本矛盾理论，提出统筹兼顾、注意综合平衡，以农业为基础、工业为主导，按农轻重顺序协调发展等重要观点。这些都是中国共产党人对马克思主义政治经济学的创造性发展。

同时，中国特色社会主义政治经济学的创立和发展进程生动体现了理论创新对改造现实世界的重要价值，也深刻揭示了理论创新源自实践探索这一颠扑不破的道理。理论联系实际是我们党的优良学风。在新形势下，必须发扬这一优良学风，从我们的成功实践入手，同时总结付出代价的教训，不断丰富和发展中国特色社会主义政治经济学体系。如上所述，我们在若干领域已经具备了创建中国特色社会主义政治经济学的实践基础，党的十八大以来，以习近平同志为核心的党中央，也进行了高屋建瓴的总结和概括，达到了新的认识高度，也将为世界经济学发展作出自己的独特贡献。

习近平总书记指出，必须坚持马克思主义的发展观点，坚持实践是检验真理的唯一标准，清醒认识世情、国情、党情的变和不变，锐意进取，大胆探索，不断有所发现、有所创造、有所前进，不断开辟马克思主义中国化新境界，让21世纪中国的马克思主义、当代中国的马克思主义放射出更加灿烂的真理光芒。① 我们要深刻领会并不折不扣地践行这些思想，不断从改革开放伟大实践中汲取营养，发展完善中国特色社会主义政治经济学，努力使中

---

① 中共中央宣传部：《习近平总书记系列重要讲话读本（2016年版）》，学习出版社、人民出版社2016年版，第37页。

国的经济学说和经济学家在世界赢得话语权。

中国经济学家立足改革开放发展实践，进行了有益的理论探索。中国的经济改革道路是独特的，是因为同时作为发展中国家和转轨中国家，在整个经济改革及其促进经济发展的过程中，中国的改革同时伴随着两个重要的转变。

第一，二元经济结构的转变。在整个改革期间，经济发展恰好是一个二元经济结构特征逐渐弱化的过程，直至消除了劳动力无限供给的特征，迎来了刘易斯转折点，经济发展进入新阶段。由于新古典经济学假设经济发展是匀质的和一元的，在解释和理解中国这种比刘易斯模型本身更加典型的二元经济时，常常显得捉襟见肘。因此，从中国国情和实际出发，借鉴以往发展理论的有益成果，创建中国特殊的发展经济学可以大有作为。

第二，从计划经济向市场经济的体制转变。从占主流地位的西方经济学理论出发，经济体制的转轨通常需要遵循某些固定的教条，即所谓"华盛顿共识"。斯蒂格利茨揭示了"华盛顿共识"作为改革目标的真实含义：以私有化、自由化和宏观经济稳定（主要是价格稳定）为主要内容的发展战略；以及基于对自由市场的坚定信念并且旨在削弱，甚至最小化政府角色的一系列政策。① 在那些改革之前就先验地有了一个蓝图的国家，无一幸免地被所谓

---

① 参见［美］斯蒂格利茨《后华盛顿共识的共识》，载黄平、崔之元主编《中国与全球化：华盛顿共识还是北京共识》，社会科学文献出版社2005年版。

"华盛顿共识"左右,形成各种激进的、"休克疗法"式的改革方案和路径。①

而越来越多的理论和经验表明,"华盛顿共识"并不适用于许多国家的特殊国情,并且往往产生误导改革和发展实践的结果。连在拉丁美洲和东欧创造并推行著名的"休克疗法"的萨克斯本人也承认,中国渐进式的改革远为成功。2003年11月,他在巴西圣保罗的一次演讲中感叹道:以中国为代表的东亚经济发展绩效,与拉丁美洲相比,其优越之处不啻天壤之别。②

中国在改革之初并没有形成一个改革蓝图和推进的时间表。因此,最初的改革除了获得来自高层决策者的政治支持之外,不可能是"自上而下"推动的。然而,恰恰是这个特点,决定了中国改革注重实际效果的渐进性质。然而,中国的改革道路也不能简单地归结为"自下而上"的推动方式。1978年在中国共产党领导层和理论界进行的真理标准大讨论,以及十一届三中全会重新确立的解放思想、实事求是的思想路线,为改革提供了坚定的政治支持。

之所以会有人把中国改革的成功归结为正确地运用了

---

① 关于在此信念下进行的"休克疗法"改革实践,可参见 Lipton, David and J. Sachs, "Privatization in Eastern Europe: The Case of Poland", *Brookings Papers on Economic Activities*, No. 2, 1990, pp. 293–341。

② 参见 Sachs, Jeffrey, *Lessons for Brazil from China's Success*, transcript, São Paulo, November 5, 2003。

第一章 总论：构建新时代中国特色社会主义政治经济学

标准经济理论①，一个原因可能在于中国在改革期间基本上保持了宏观经济的稳定，而这恰恰是许多东欧和拉丁美洲国家没有能够做到的。然而，与得出这样结论的逻辑相反，中国在改革期间实现的宏观经济稳定，也是从特殊的国情出发，形成了宏观经济调控的鲜明中国特色。

中国政府经济职能的转变也是独特的。中国改革期间，恰好是现代经济学中和经济政策领域自由主义最为甚嚣尘上的时期。如果按照流行教条的预期，在中国的改革开放和发展过程中，中央和地方政府所发挥如此积极的作用，显然是会带来灾难性结果的。但是，中国的现实是，无论是地方政府在促进经济增长方面的作用及其效果，还是中央政府在制定规划、宏观调控、协调地方和部门利益，以及实施重大发展战略方面的作用及其效果，尽管也有不成功之处以及弊端，但是，在总体上表现出了不同于任何"共识"或教条的模式和结果，并引起诸多的赞叹，引发人们尝试用新的理论解释这种现实与理论的差异。②

转轨经济通常存在一些不同于处于稳态的市场经济的特征，这对政府的经济职能提出特殊要求，也与常规状态不尽相同。首先，在一个长期远离市场经济的国家，即使已经启动了向市场经济的转变，市场配置资源的机制还尚不完备。如果市场的发育程度还不足以完全无障碍地发挥

---

① 姚洋：《作为制度重新过程的经济改革》，格致出版社、上海人民出版社2008年版，第1页。

② 参见 Oi, Jean C., "Local State Corporatism", in Oi, Jean C. (eds.), *Rural China Takes off: Institutional Foundations of Economic Reform*, Berkeley: University of California Press, 1999.

资源配置作用的话，让遗留下来的计划机制起补充的作用，则必然造成资源配置方式上的巨大冲突。相反，以特定的政府职能来弥补市场的不足，则对于未来的转轨不会产生根本性阻碍作用。

其次，在转轨时期，市场经济所必需的信用体制尚不健全。同时，市场机制本身并不具有在失信的情况下，自动保护交易各方利益的功能。在市场机制与计划手段交接过程中形成一些制度真空的情况下，市场交易各方诚信的缺失，则需要相应的政府职能加以补充和维系，即为了保持市场的运转，政府出面对相关的企业或个人进行诚信担保。

最后，在市场发育的初期，企业家尚不具备在市场经济条件下全方位施展的人力资本。作为对企业家能力的一种补充，政府有必要履行更为积极的经济职能。这就不难理解，为什么许多地方政府官员成为跑项目和进行谈判的主角。当然，这些因素都不否认随着市场制度的完善，政府经济职能面临重大的转变，并且十分紧迫，任重而道远。

以 1978 年年底中共十一届三中全会召开为标志，中国进入改革开放时代。这有两层含义。第一，改革与开放是同时发生的，也是紧密联系、相互促进的。改革是开放条件下的改革，开放也是在改革过程中得以推进。所以，国内经济发展与融入全球经济是相互交织在一起的。第二，对外开放又是具有独立和确切内容的。初期的对外开放还带有实验性和地域性，从建立经济特区、开放沿海城市和沿海省份等方面入手；及至 20 世纪 90

年代，中国为加入WTO作出努力，开始了全方位地拥抱经济全球化。

无论从经济特区的成功经验，还是从高速经济增长与深度对外开放的一致性，都可以得出结论：中国是对外开放和全球化的获益者。然而，面对全球化并非可以自然而然地获益，而是需要在以人民为中心的发展思想指导下正确应对。

在资源配置市场化和经济全球化条件下，中国劳动力的重新配置为高速经济增长，提供了充分的劳动力和人力资本供给、较高的资本回报率，以及资源重新配置效率为特征的生产率改进等必要条件，把人口红利兑现为经济增长奇迹。然而，在得出中国是全球化的获益者结论时，不应该主要从其出口产品份额和引进外资规模看，而是要依据城乡居民对改革、开放和发展成果的分享程度进行判断。

总体而言，中国城乡居民在不同时期，分别或同时通过三种形式，得以分享了经济增长的成果。第一，在典型的二元经济发展阶段，劳动力无限供给特征虽然阻碍了工资水平的提高，却保持并强化了劳动密集型产业的比较优势和国际竞争力，创造了更多的就业岗位，非农产业就业的参与程度显著提升，由此提高了城乡居民收入。第二，在2004年中国经济迎来刘易斯转折点之后[①]，普通劳动者工资和低收入家庭收入加快提高，自2009年以来，居民

---

① 参见蔡昉《破解中国经济发展之谜》，中国社会科学出版社2015年版。

收入的基尼系数和城乡居民收入差距都持续缩小。第三，与刘易斯转折点的时间点相吻合，中央和地方政府都明显加大了再分配政策力度，通过基本公共服务供给的充分化和均等化，使经济发展的共享程度进一步得到提高。

总之，我国改革开放的伟大实践中出现了大量传统经济理论难以解释的新现象、新问题，其中蕴含着极为丰富的理论宝藏。我们党把马克思主义政治经济学基本原理同改革开放新的实践结合起来，不断丰富和发展马克思主义政治经济学，形成了当代中国马克思主义政治经济学的许多重要理论成果。这些理论成果，是适应当代中国国情和时代特点的政治经济学，不仅有力指导了我国经济发展实践，而且开拓了马克思主义政治经济学新境界。[①] 以习近平同志为核心的党中央提出的一系列新理念、新思想和新战略，包含和体现了对马克思主义政治经济学的理论创新成果。

这些理论创新成果包括：关于社会主义本质的理论，关于以人民为中心的发展思想的理论，关于社会主义初级阶段基本经济制度的理论，关于树立和落实创新、协调、绿色、开放、共享的发展理念的理论，关于发展社会主义市场经济、使市场在资源配置中起决定性作用和更好发挥政府作用的理论，关于我国经济发展进入新常态的理论，关于推进供给侧结构性改革的理论，关于新型工业化、信息化、城镇化、农业现代化相互协调和同步推进的理论，

---

① 中共中央宣传部：《习近平总书记系列重要讲话读本（2016年版）》，学习出版社、人民出版社2016年版，第36页。

关于用好国际国内两个市场、两种资源的理论，关于促进社会公平正义、逐步实现全体人民共同富裕的理论，等等。

习近平总书记指出，当代中国正经历着我国历史上最为广泛而深刻的社会变革，也正在进行着人类历史上最为宏大而独特的实践创新。这种前无古人的伟大实践，必将给理论创造、学术繁荣提供强大动力和广阔空间。这是一个需要理论而且一定能够产生理论的时代，这是一个需要思想而且一定能够产生思想的时代。[①]

马克思主义政治经济学要有生命力，就必须与时俱进。立足于中国改革开放发展的成功实践，我国的经济理论工作者可以在多个领域探索中国特色社会主义政治经济学的理论架构。以如下三个方面的经济实践和理论概括作为代表，可以看到中国特色社会主义政治经济学明显具有不同于在西方占主流地位的新古典经济学，而更适合于解释中国经验、中国故事，并为发展中国家所借鉴的特征。

第一，赶超型工业化理论。工业化是人类历史上最重要的经济过程之一。不少西方学者认为，工业革命之所以首先发生在英国，主要归功于非暴力的"光荣革命"之后实行了宪政，以及启蒙运动的发展破除了封建的意识形态，等等。然而，许多发展中国家遵循同样的路径，却没有取得预期的成功，反而徘徊于贫困陷阱或中等收入陷阱。

---

① 习近平：《在哲学社会科学工作座谈会上的讲话》，《人民日报》2016年5月19日第2版。

按国际标准，中国的工业化进程已经基本完成，而我们所走的，显然是与英国和其他西方国家不同的道路：在中国共产党领导下，用暴力革命推翻了半封建半殖民地的旧中国，从旧民主主义革命、新民主主义革命，到社会主义革命和社会主义建设，再到改革开放发展至今。中国的工业化过程中，政府的积极作为、人民的自主创造、国有经济的有效转型、非公有制经济的破茧而出、全球化的深入推进，均构成中国工业化的重要动力。总结中国的成功经验，抽象概括出其成功要素和内在逻辑，形成系统化的理论体系，必定可以对世界的经济学发展贡献中国要素。

第二，人口红利理论。在计划经济时期和改革开放初期，庞大的人口基数和人口结构的年轻化被视为中国经济发展的负担，因为在经济增长潜力未被充分开发的情况下，解决这么多人的就业、吃饭问题殊为不易。而在改革开放时期，二元经济发展充分兑现了潜在的人口红利，人口转变因素则被视为过去数十年中国经济高速成长所倚重的重要源泉。当年的负担如何转化为如今的红利，转变的时代背景、决定要素、关键环节和内在逻辑等，均具有极大的挖掘价值，由此形成的系统化理论体系，将对发展经济学理论作出重要贡献，对发展中国家具有启示和示范意义。

第三，经济发展中的政府作用理论。在传统的西方经济学体系中，政府应该是越小越好，其功能最好也仅限于"守夜"。与之相对照，中国的经济发展，自古以来就离不开政府的积极作用。因此，在中国，经济持续健康发展所需要的不是小政府，而是有为政府。各级政府发挥积极作用，充分运用蕴藏于政府官员之中的企业家才能来促进市场发育，推动经济发展，正是中国经济奇迹的"密钥"。因此，全面总结中国五千年治国理政和改革开放四十年的独特经验，认真从体制机制角度分析中国政府推动经济发展的内在机理极富理论意义。中国特色的政治经济学应当包含一个从全局利益出发，阐述良治社会下政府应有的作用及其行为规范，刻画政府、企业、居民的分工与合作机制的理论模型。①

四　借鉴西方经济学的有益成分

早在1944年，毛泽东同志就说过："我们的态度是批判地接受我们自己的历史遗产和外国的思想。我们既反对盲目接受任何思想也反对盲目抵制任何思想。我们中国人必须用我们自己的头脑进行思考，并决定什么东西能在我们自己的土壤里生长起来。"②

问题是时代的声音、实践的起点。丰富和发展当代中国马克思主义，要坚持实事求是，坚持理论联系实际的马克思主义学风，坚持问题导向，注重回答人们普遍关注的问题，注重解答干部群众思想上的疙瘩。③ 理论创新只能从问题开始。从某种意义上说，理论创新的过程就是发现

---

① 《坚持马克思主义总结中国实践——专访中国社会科学院学部委员、国家金融与发展实验室理事长李扬》，《中国社会科学报》2016年8月30日第1版。

② 《同英国记者斯坦因的谈话》（1944年7月14日），《毛泽东文集》第三卷，人民出版社1996年版，第192页。

③ 中共中央宣传部：《习近平总书记系列重要讲话读本（2016年版）》，学习出版社、人民出版社2016年版，第34页。

问题、筛选问题、研究问题、解决问题的过程。马克思曾深刻指出"主要的困难不是答案，而是问题"，"问题就是时代的口号，是它表现自己精神状态的最实际的呼声"。

习近平总书记列举了亚当·斯密的《国民财富的性质和原因的研究》、马尔萨斯的《人口原理》、凯恩斯的《就业、利息和货币通论》、约瑟夫·熊彼特的《经济发展理论》、萨缪尔森的《经济学》、弗里德曼的《资本主义与自由》、西蒙·库兹涅茨的《各国的经济增长》等西方经济学的代表性著作，指出其都是时代的产物，都是思考和研究当时当地社会突出矛盾和问题的结果。[①]

从经济发展角度看，西方新古典经济学之所以成为当今占主流地位的经济学，是因为它对西方经济现实给予具有一致性的解释和预测，而工业革命发生以来的经验表明只有西方取得了工业化和经济发展的成功。在中国经验的重要性日益凸显的今天，我们既要注重从当代中国经济改革发展的伟大实践中汲取营养，也要注意吸收西方发达国家的历史经验与教训。认真研究西方发达经济体过去数百年走过的经济发展道路，总结其理论逻辑和经验教训，当可形成"后发优势"：冷静判断中国的发展阶段，借鉴它们的成功经验，避免再走它们走过的弯路。从这个意义上说，借鉴西方经济学的有益成分乃是构建中国特色社会主义政治经济学的题中应有之义。

习近平总书记对此有着精辟的论述。他认为，"他山

---

① 参见习近平《在哲学社会科学工作座谈会上的讲话》，《人民日报》2016年5月19日第2版。

之石，可以攻玉"。学习、借鉴他人的经验，是加速发展自我的有效"捷径"。从一定意义上说，理论是实践经验的高度概括和升华，是成功的秘密和失败的教训凝聚的结晶，谁善于利用这条"捷径"，谁就会很快顺利地到达成功的"彼岸"。否则，就会作茧自缚，四处碰壁而不得其门。资本主义的发展是如此，社会主义的发展也是如此。正如邓小平同志南方谈话中所强调的那样："社会主义要赢得与资本主义相比较的优势，就必须大胆吸收和借鉴人类社会创造的一切文明成果，吸收和借鉴当今世界各国包括资本主义发达国家的一切反映现代社会化生产规律的先进经营方式、管理方法。"[①]

具体到市场运行的微观层面，现代西方经济理论中的各种具体理论机制对提高经济运行效率和增进社会福利均有着积极的意义，其经验教训同样值得中国借鉴，但也应注意其适用范围，不可滥用理论。西方经济学中的模型推演、数量分析等工具，我们都可以借鉴并且创新发展，但是，要坚持正确的学术导向，注重学问为什么人而做的根本问题。

以西方经济学中的金融衍生理论和方法为例。麻省理工学院的金融学教授罗闻全研究发现，现代金融工程理论能够有效地帮助人类抗击癌症。抗癌药物的研发是一项失败概率极高的创新活动，为了分散风险，提高投资的多元

---

① 习近平：《发展经济学与发展中国家的经济发展——兼论发展社会主义市场经济对发展经济学的理论借鉴》，《福建论坛》（经济社会版）2001年第9期。

化程度，金融专家针对这一活动设计了一套资产投资组合工具，将众多的抗癌药物研发机构吸纳进来作为其投资对象，既增强了投资的吸引力，也为研发活动寻找到了稳定的资金来源，显著提高了抗癌药物研发的成功率。① 然而，金融衍生工具这一分析技术，只有在可控的范围内被负责任地使用，才能够产生积极作用；如果不加限制地任由其发展，则可能导致诸如次贷危机之类的惨烈后果，损害实体经济的健康发展。

习近平总书记对西方经济学的有用性与局限性有着深刻的认识。他指出，马克思主义经济学的发展和完善，应当吸收西方经济学有关市场经济理论的研究成果。西方经济学虽然是从资本主义私有制的角度研究市场经济的，但它们也分别从不同层次、角度对市场经济的一般原理和规律进行了探讨和研究，形成了一些适合于不同社会形态的优秀成果。例如，新古典主义经济学对人的需要与资源配置、技术选择的关系进行比较详尽和深入的分析，并达到相当高的分析水平，凯恩斯主义主流经济学在继承古典主义经济学的有关成果的基础上揭示了信息、预期因素在经济运行过程中的重要作用等，对中国特色社会主义经济学的发展和完善，都具有一定的借鉴作用。②

然而，新古典主义经济学和凯恩斯主义经济学都是从

---

① Laura Noonan, "Financial Theory Helps Fight Cancer and Climate Change", *Financial Time*, June 20, 2016.

② 习近平：《社会主义市场经济和马克思主义经济学的发展与完善》，《经济学动态》1998 年第 7 期。

资本主义私有制的角度来研究市场经济，都将基本制度和社会关系排除在研究范围之外，不承认经济活动的特殊社会规定性和社会经济关系在经济运动中的决定作用，不承认资本主义私有制经济关系所决定的无政府状态与经济循环和危机的内在联系，不承认资本主义有效需求不足的根源在于资本主义私有制等，因而与马克思对资本主义市场经济研究相比，就有着明显的缺陷。

这三大理论体系中虽然都有关于市场经济的科学论述，但每一种理论都有自己的基本范式，彼此之间又有着本质差别和优劣之分。特别是对于社会主义来说，无论是新古典主义经济学、凯恩斯主义主流经济学，还是其他西方经济理论，都不能和马克思主义经济学相提并论，因而也不能将之混在一起去形成一种"大杂烩"式的理论体系，而是必须以基本范式最为科学、最能适应社会主义市场经济要求的马克思主义经济学作为基础和主体，去对西方经济学中的优秀成果进行兼收并蓄。①

总之，对待西方经济学理论著作和资本主义经济发展的经验，要注意分析、研究并借鉴其中有益的成分，但决不能离开中国具体实际而盲目照搬照套。② 当代中国的伟大社会变革，不是简单延续我国历史文化的母版，不是简单套用马克思主义经典作家设想的模板，不是其他国家社

---

① 习近平：《社会主义市场经济和马克思主义经济学的发展与完善》，《经济学动态》1998 年第 7 期。

② 习近平：《坚持实事求是的思想路线》，《学习时报》2012 年 5 月 28 日第 1 版。

会主义实践的再版，也不是国外现代化发展的翻版，不可能找到现成的教科书①。跟在别人后面亦步亦趋，不仅难以形成中国特色哲学社会科学，而且解决不了我国的实际问题。

概括以上论断，中国特色社会主义政治经济学的构建应当以马克思主义为指导，紧密围绕中国改革开放的伟大实践，分析新形势新问题、概括新思路新认识，同时注重从中华五千年文明的优秀成果中汲取营养，并借鉴西方经济学的有益成分。

第三节　主体内容

引言：习近平新时代中国特色社会主义思想

党的十八大以来，以习近平同志为核心的党中央坚持以马克思列宁主义、毛泽东思想、邓小平理论、"三个代表"重要思想、科学发展观为指导，坚持解放思想、实事求是、与时俱进、求真务实，坚持辩证唯物主义和历史唯物主义，紧密结合新的时代条件和实践要求，以全新的视野深化对共产党执政规律、社会主义建设规律、人类社会发展规律的认识，进行艰辛理论探索，取得重大理论创新成果，创立了习近平新时代中国特色社会主义思想。

习近平新时代中国特色社会主义思想，是对马克思列宁主义、毛泽东思想、邓小平理论、"三个代表"重要思

---

① 习近平：《在哲学社会科学工作座谈会上的讲话》，《人民日报》2016年5月19日第2版。

想、科学发展观的继承和发展,是马克思主义中国化的最新成果,是党和人民实践经验和集体智慧的结晶,是中国特色社会主义理论体系的重要组成部分,是全党全国人民为实现中华民族伟大复兴而奋斗的行动指南。

习近平新时代中国特色社会主义思想源于实践又指导实践,为新时代坚持和发展中国特色社会主义、推进党和国家事业提供了基本遵循,为发展21世纪马克思主义、当代中国马克思主义作出了历史性贡献。

围绕贯彻落实习近平新时代中国特色社会主义思想,党的十九大报告指出了新时代坚持和发展中国特色社会主义的基本方略,并概括为"十四个坚持"。这"十四个坚持"包括:坚持党对一切工作的领导、坚持以人民为中心、坚持全面深化改革、坚持新发展理念、坚持人民当家做主、坚持全面依法治国、坚持社会主义核心价值体系、坚持在发展中保障和改善民生、坚持人与自然和谐共生、坚持总体国家安全观、坚持党对人民军队的绝对领导、坚持"一国两制"和推进祖国统一、坚持推动构建人类命运共同体、坚持全面从严治党。这"十四个坚持"是对党的治国理政重大方针、原则的最新概括,体现了理论与实践相统一、战略与战术相结合,是实现"两个一百年"奋斗目标、实现中华民族伟大复兴中国梦的"路线图"和"方法论"。这"十四个坚持",既是习近平新时代中国特色社会主义思想的重要组成部分,也是落实习近平新时代中国特色社会主义思想的实践要求。

其中,新发展理念是中国特色社会主义政治经济学的重大创新,是解决中国发展问题、建设现代化经济体系的战略指引和行动指南，是习近平新时代中国特色社会主义经济思想的主体内容①②。此外，坚持党对一切工作的领导、坚持以人民为中心、坚持全面深化改革、坚持在发展中保障和改善民生、坚持人与自然和谐共生、坚持总体国家安全观、坚持推动构建人类命运共同体等方面的内容也生动体现了习近平新时代中国特色社会主义经济思想的丰富内涵。

党的十八大以来，习近平总书记深入分析国际国内经济形势，作出了我国经济发展进入新常态的重大判断，确立了以人民为中心的发展思想，提出了创新、协调、绿色、开放、共享的新发展理念，作出了"着力加强供给侧结构性改革"的重大决策，确立了稳中求进的工作总基调，破解了我国经济发展过程中遇到的一系列难题，开拓了马克思主义政治经济学的新境界。上述思想构成了习近平新时代中国特色社会主义经济思想的内核。

以习近平新时代中国特色社会主义思想为指针，发展和完善中国特色社会主义政治经济学，必须从经济发展和改革开放的经验出发，坚持解放和发展社会生产力，坚持社会主义市场经济改革方向，使市场在资源配置中起决定

---

① 魏晓东：《新发展理念是习近平经济思想的灵魂——读〈当代中国政治经济学——新发展理念的逻辑机理和实现路径〉有感》，《学习时报》2018 年 6 月 13 日第 5 版。

② 白暴力、方凤玲：《牢固树立和深入贯彻新发展理念（深入学习贯彻习近平新时代中国特色社会主义思想）——深入学习贯彻〈习近平谈治国理政〉第二卷关于新发展理念的重要论述》，《人民日报》2017 年 12 月 29 日第 7 版。

性作用,把深化经济体制改革作为主线;坚持调动各方面积极性,充分调动人的积极性,充分调动中央和地方两个积极性,注重调动企业家、创新人才、各级干部的积极性、主动性、创造性。①

本节,我们将从以人民为中心的发展思想、新时代社会主要矛盾变化、社会主义的根本任务是解放和发展生产力、社会主义与市场经济的有机结合、正确处理政府与市场的关系和发挥市场的决定性作用、协调利益矛盾调动各方面积极性、促进公平正义实现共同富裕七个方面入手,阐释中国特色社会主义政治经济学的主体内容。

一 以人民为中心的发展思想

以人民为中心的发展思想是马克思主义政治经济学的基本观点,因而也是创建中国特色社会主义政治经济学的思想基石。

以人民为中心的发展思想,体现了我们党全心全意为人民服务的根本宗旨。"治国有常,而利民为本。"我们党来自人民、服务人民,党的一切工作,必须以最广大人民根本利益为最高标准。人民群众是发展的主体,也是发展的最大受益者。坚持以人民为中心的发展思想,就是要把增进人民福祉、促进人的全面发展作为发展的出发点和落脚点,发展人民民主,维护社会公平正义,保障人民平等

---

① 《中央经济工作会议在北京举行 习近平李克强作重要讲话 张德江俞正声刘云山王岐山张高丽出席会议》,《人民日报》2015年12月22日第1版。

参与、平等发展权利。

以人民为中心的发展思想，体现了人民是推动发展的根本力量的唯物史观。把人民群众看作社会生产、社会生活和社会历史的主体，是马克思主义唯物史观的基本观点。以此为指导，我们党把坚持全心全意为人民服务的根本宗旨和发展为了人民、发展依靠人民、发展成果由人民共享的执政要求明确写入党章。我国经济社会发展的实践，特别是改革开放以来创造的发展奇迹，反复证明依靠人民、为了人民是取得伟大成就的宝贵经验。

马列主义经典作家和我党历代领导人高度重视人民群众的地位和作用。列宁指出，"一个国家的力量在于群众的觉悟。只有当群众知道一切，能判断一切，并自觉地从事一切的时候，国家才有力量"[①]。毛泽东同志说："我们共产党人好比种子，人民好比土地。我们到了一个地方，就要同那里的人民结合起来，在人民中间生根、开花。"[②] 邓小平同志坚持从人民创造历史的活动中汲取思想营养和前进力量，他说"改革开放中许许多多的东西，都是群众在实践中提出来的"，"绝不是一个人脑筋就可以钻出什么新东西来"，"这是群众的智慧，集体的智慧"。他反复强调，要把人民拥护不拥护、赞成不赞成、高兴不高兴、答

---

① 《全俄工兵代表苏维埃第二次代表大会文献》，《列宁选集》第三卷，中共中央马克思恩格斯列宁斯大林著作编译局译，人民出版社2012年版，第347页。

② 《关于重庆谈判》，《毛泽东选集》第四卷，人民出版社1991年版，第1162页。

应不答应作为制定方针政策和作出决断的出发点和归宿。①邓小平同志始终以人民利益为最高准则来开展领导工作。江泽民同志提出的"三个代表"重要思想和胡锦涛同志提出的科学发展观同样是马克思主义关于人民群众是历史的创造者这一基本原理的贯彻和升华。

与上述思想一脉相承，党的十八届五中全会首次明确提出坚持以人民为中心的发展思想。习近平总书记在党的十九大报告中进一步指出，人民是历史的创造者，是决定党和国家前途命运的根本力量。必须坚持人民主体地位，坚持立党为公、执政为民，践行全心全意为人民服务的根本宗旨，把党的群众路线贯彻到治国理政全部活动之中，把人民对美好生活的向往作为奋斗目标，依靠人民创造历史伟业。这既是一个重大的理论问题，也是一个重大的实践问题，充分反映了我们党的执政规律、社会主义建设规律、人类社会发展规律的客观规律要求，也具体体现了习近平总书记所论述的"遵循经济规律的科学发展，遵循自然规律的可持续发展，遵循社会规律的包容性发展"本质要义，是马克思主义人民观和发展观的新飞跃、新境界，是马克思主义政治经济学区别于其他经济学体系的本质规定，因而也应该成为中国特色社会主义政治经济学的根本出发点。

以人民为中心的发展思想，反映了坚持人民主体地位的内在要求，彰显了人民至上的价值取向，确立了新发展理念必须始终坚持的基本原则。只有着力践行以人民为中

---

① 参见习近平《在纪念邓小平同志诞辰110周年座谈会上的讲话》，《人民日报》2014年8月21日第2版。

心的发展思想，把实现人民幸福作为发展的目的和归宿，做到发展为了人民、发展依靠人民、发展成果由人民共享，才能够把中国特色社会主义政治经济学，与其他形形色色的经济学区分开来。

为了在2020年实现全面建成小康社会目标，"十三五"规划纲要把"坚持人民主体地位"作为必须遵循的原则之一。可以说，党的十八大以来我国取得的一系列经济社会发展成就，都是坚持以人民为中心的发展思想的结果。这些成就来自全面调动人的积极性、主动性、创造性，来自为各行业各方面的劳动者、企业家、创新人才和各级干部创造发挥作用的舞台与环境。

以人民为中心的发展思想，体现了逐步实现共同富裕的目标要求。共同富裕，是马克思主义的一个基本目标，也是自古以来我国千百万人民孜孜以求的一个基本理想。按照马克思、恩格斯的构想，共产主义社会将彻底消除阶级之间、城乡之间、脑力劳动和体力劳动之间的对立和差别，实行各尽所能、按需分配，真正实现社会共享、实现每个人自由而全面的发展。实现这个目标需要一个漫长的历史进程。

我国正处于并将长期处于社会主义初级阶段，固然，我们不能做超越阶段的事情，但是，也不是说在现阶段，推进实现共同富裕可以无所作为。相反，我们要根据现有条件把能做的事情尽量做起来，一步步落实好以人民为中心的发展，积小胜为大胜，不断朝着全体人民共同富裕的目标前进。

在十八届中共中央政治局常委同中外记者见面时，习近平总书记代表党中央作出庄严承诺："我们的责任，就

第一章　总论：构建新时代中国特色社会主义政治经济学

是要团结带领全党全国各族人民，继续解放思想，坚持改革开放，不断解放和发展社会生产力，努力解决群众的生产生活困难，坚定不移走共同富裕的道路。"① 党的十八大以来，以人民为中心的发展思想在我国发展实践中进一步贯彻落实，我国经济增长更具有共享性和包容性，特别是在民生领域取得一系列新成绩。

例如，"十二五"时期，城乡居民人均收入增长整体上跑赢了GDP增长，同时，城乡居民收入差距和全国基尼系数双双下降；就业保持稳定和扩大；社会保障水平和覆盖率持续提高，城乡统筹水平上了一个新台阶。我们在改革开放四十年高速增长的基础上，在实现共同富裕的道路上迈出了坚实的步伐。

在十九届中共中央政治局常委同中外记者见面时，习近平总书记再次强调："历史是人民书写的，一切成就归功于人民。只要我们深深扎根人民、紧紧依靠人民，就可以获得无穷的力量，风雨无阻，奋勇向前。"

以人民为中心的发展思想，不能只停留在口头上、止步于思想环节，而要体现在经济社会发展各个环节。② 要顺应人民群众对美好生活的向往，不断实现好、维护好、发展好最广大人民的根本利益。通过深化改革、创新驱动，提高经济发展质量和效益，生产出更多更好的物质精

---

① 《习近平在十八届中共中央政治局常委同中外记者见面时强调 人民对美好生活的向往就是我们的奋斗目标》，《人民日报》2012年11月16日第4版。

② 中共中央宣传部：《习近平总书记系列重要讲话读本（2016年版）》，学习出版社、人民出版社2016年版，第129页。

神产品，不断满足人民日益增长的物质文化需要。提供各种有利条件，为各行业各方面的劳动者、企业家、创新人才、各级干部创造发挥作用的舞台和环境。坚持社会主义基本经济制度和分配制度，调整收入分配格局，完善以税收、社会保障、转移支付等为主要手段的再分配调节机制，维护社会公平正义，解决好收入差距问题，使发展成果更多更公平惠及全体人民。①

实现中国梦，最终要靠全体人民辛勤劳动。"功崇惟志，业广惟勤。"劳动是财富的源泉，也是幸福的源泉。人世间的美好梦想，只有通过诚实劳动才能实现；发展中的各种难题，只有通过诚实劳动才能破解；生命力的一切辉煌，只有通过诚实劳动才能铸就。劳动创造了中华民族，造就了中华民族的辉煌历史，也必将创造出中华民族的光明未来。必须牢固树立劳动最光荣、劳动最崇高、劳动最伟大、劳动最美丽的观念，让全体人民进一步焕发劳动热情、释放创造潜能，依靠辛勤劳动、诚实劳动、创造性劳动开创更加美好的生活。②

二　新时代社会主要矛盾变化

在不同的发展阶段或时代，人民的需要有所不同，社会生产的发展状况也会有所不同。因此，人民需要与社会生产之间的矛盾也就会表现出不同的特征，社会主要矛盾

---

①　中共中央宣传部：《习近平总书记系列重要讲话读本（2016年版）》，学习出版社、人民出版社2016年版，第129—130页。

②　同上书，第14页。

就会发生转化。新中国成立以来我国社会主义建设近七十年的经验教训证明，只有对社会主要矛盾作出及时、准确和科学的判断，才能明确发展方向，制定出适应生产力发展的路线方针政策。

1956年召开的党的八大指出，我们国内的主要矛盾"已经是人民对于建立先进的工业国的要求同落后的农业国的现实之间的矛盾，已经是人民对于经济文化迅速发展的需要同当前经济文化不能满足人民需要的状况之间的矛盾"，集中力量解决这一主要矛盾成为"党和全国人民的当前的主要任务"。这一主要矛盾决定了，经济社会发展的主要任务必然是建立基本的国民经济体系，确立"站起来"的经济基础。

1981年召开的党的十一届六中全会提出"我国所要解决的主要矛盾，是人民日益增长的物质文化需要同落后的社会生产之间的矛盾"，强调"党和国家工作的重点必须转移到以经济建设为中心的社会主义现代化建设上来，大大发展社会生产力，并在这个基础上逐步改善人民的物质文化生活"。1987年，党的十三大制定了"三步走"经济发展战略，彰显出"富起来"的战略目标。

党的十八大以来，中国特色社会主义进入新时代。党的十九大作出了"我国社会主要矛盾已经转化为人民日益增长的美好生活需要和不平衡不充分的发展之间的矛盾"的判断。新时代社会主要矛盾的变化是关系全局的历史性变化。

从需求角度看，我国稳定解决了十几亿人的温饱问题，总体上实现小康，不久将全面建成小康社会，人民美好生活需要日趋多样化，需求层次日益提高，不仅对物质文化生活提出了更高要求，而且在民主、法治、公平、正义、安全、环境等方面的要求日益增长。

从供给角度看，我国社会生产力水平总体上显著提高，社会生产能力在很多方面进入世界前列，社会生产的落后局面得到了根本扭转；更加突出的问题是发展不平衡不充分，发展水平离世界经济强国还有距离，结构性矛盾较为突出，这已经成为满足人民日益增长的美好生活需要的主要制约因素。

总体看，从"物质文化需要"到"美好生活需要"，从解决"落后的社会生产"问题到解决"不平衡不充分的发展"问题，这反映了我国社会生产力发展的巨大进步，反映了发展的阶段性要求，也反映了党和国家发展理念的变化。

因此，习近平总书记在党的十九大报告中指出，我国社会主要矛盾的变化对党和国家工作提出了许多新要求。我们要在继续推动发展的基础上，着力解决好发展不平衡不充分问题，大力提升发展质量和效益，更好满足人民在经济、政治、文化、社会、生态等方面日益增长的需要，更好推动人的全面发展、社会全面进步。

要适应社会主要矛盾的新变化，进一步解决"不平衡不充分的发展"的新要求，还必须看到社会主要矛盾新变化中蕴含的"不变"，即我国仍处于并将长期处于社会主义初级阶段的基本国情没有变，我国是世界最大发展中国家的国际地位没有变。这个"不变"是解决好新时代社会主要矛盾"变"的前提和基础，不能因"变"而忘记了

"不变"。正如习近平总书记在党的十九大报告中所指出的，全党要牢牢把握社会主义初级阶段这个基本国情，牢牢立足社会主义初级阶段这个最大实际，牢牢坚持党的基本路线这个党和国家的生命线、人民的幸福线，领导和团结全国各族人民，以经济建设为中心，坚持四项基本原则，坚持改革开放，自力更生，艰苦创业，为把我国建设成为富强民主文明和谐美丽的社会主义现代化强国而奋斗。

从经济建设角度看，新时代社会主要矛盾的主要方面决定了当前和今后一个时期内我国经济政策的基本取向，即坚持以经济建设为中心，着力解决发展的不平衡不充分问题，努力建设以供给侧结构性改革为主线，以实体经济、科技创新、现代金融、人力资源协同发展的产业体系为支撑，以构建市场机制有效、微观主体有活力、宏观调控有度的经济体制为动力的现代化经济体系。

三 社会主义的根本任务是解放和发展生产力

习近平总书记一贯强调坚持解放和发展生产力原则，指出这是马克思历史唯物主义和辩证唯物主义的基本方法和历史观的要求。生产力是推动社会进步最活跃、最革命的要素。社会主义的根本任务是解放和发展社会生产力。只有通过解放和发展我国的社会生产力，逐步实现对资本主义国家经济社会发展水平的超越，才能真正彰显中国特色社会主义制度的优越性。因此，我们要始终坚持发展仍是解决我国所有问题的关键这个重大战略判断，坚持聚精会神搞建设、一心一意谋发展，推动我国社会生产力不断向前发展，推动实现物的不断丰富和人的全面发展的统一。①

在党的十九大报告中,习近平总书记再次强调,解放和发展社会生产力,是社会主义的本质要求。我们要激发全社会创造力和发展活力,努力实现更高质量、更有效率、更加公平、更可持续的发展。

从长期发展视角看,为了实现2020年全面建成小康社会目标,以及到21世纪中叶基本实现社会主义现代化,实现中华民族伟大复兴,最根本最紧迫的任务还是进一步解放和发展社会生产力。解放思想,解放和增强社会活力,是为了更好解放和发展社会生产力。邓小平同志说:革命是解放生产力,改革也是解放生产力,"社会主义基本制度确立以后,还要从根本上改变束缚生产力发展的经济体制,建立起充满生机和活力的社会主义经济体制,促进生产力的发展"②。1992年年初,邓小平在南方谈话中指出:"社会主义的本质是解放生产力,发展生产力。消除剥削,消除两极分化,最终达到共同富裕。"③ 我们要通过深化改革,让一切劳动、知识、技术、管理、资本等要素的活力竞相迸发,让一切创造社会财富的源泉充分涌流。

正因如此,坚持解放和发展生产力原则是正确认识我国改革实践的关键,是评价改革效果的根本标准。《中共中央

---

① 中共中央宣传部:《习近平总书记系列重要讲话读本(2016年版)》,学习出版社、人民出版社2016年版,第282页。
② 《在武昌、深圳、珠海、上海等地的谈话要点》(1992年1月18日至2月21日),《邓小平文选》第三卷,人民出版社1993年版,第370页。
③ 同上书,第373页。

关于全面深化改革若干重大问题的决定》指出，要进一步解放思想、解放和发展社会生产力、解放和增强社会活力①。这既是改革的目的，又是改革的条件。要清醒地认识到，评价中国改革的绩效，必须将解放和发展生产力的绩效作为根本尺度，而不能以所谓西方主流价值观，或是传统保守的理论教条来判断改革的成败得失。

从更为理论化的层面分析，物质生产是社会历史发展的决定性因素，但上层建筑也可以反作用于经济基础，生产力和生产关系、经济基础和上层建筑之间有着作用和反作用的现实过程，并不是单线式的简单决定和被决定逻辑。党的十八届三中全会提出全面深化改革的方案，就是要解决我们面临的突出矛盾和问题。因此，仅仅依靠单个领域、单个层次的改革难以奏效，必须加强顶层设计、整体谋划，增强各项改革的关联性、系统性、协同性。只有既解决好生产关系中不适应的问题，又解决好上层建筑中不适应的问题，才能产生综合效应。同时，只有紧紧围绕发展这个第一要务来部署各方面改革，以解放和发展社会生产力为改革提供强大牵引，才能更好地推动生产关系与生产力、上层建筑与经济基础相适应。

在实现全面建成小康社会的"十三五"期间，我们要牢固树立和贯彻落实创新、协调、绿色、开放、共享的发展理念，适应经济发展新常态，坚持稳中求进，坚持改革开放，实行宏观政策要稳、产业政策要准、微观政策要

---

① 《中共中央关于全面深化改革若干重大问题的决定》，《人民日报》2013年11月16日第1版。

活、改革政策要实、社会政策要托底的政策，战略上坚持持久战，战术上打好歼灭战，在适度扩大总需求的同时，着力加强供给侧结构性改革，着力提高供给体系质量和效率，增强经济持续增长动力。如此方可真正推动我国社会生产力水平实现整体跃升。①

需要看到，社会生产力发展的一个重要源头就是科学技术，科技创新驱动着历史车轮飞速旋转，为人类文明进步提供了不竭动力源泉，推动人类从蒙昧走向文明、从游牧文明走向农业文明、工业文明，走向信息化时代。

进入21世纪以来，新一轮科技革命和产业变革正在孕育兴起，全球科技创新呈现出新的发展态势和特征。传统意义上的基础研究、应用研究、技术开发和产业化的边界日趋模糊，科技创新链条更加灵巧，技术更新和成果转化更加快捷，产业更新换代不断加快。科技创新活动不断突破地域、组织、技术的界限，演化为创新体系的竞争，创新战略竞争在综合国力竞争中的地位日益重要。面对科技创新发展新趋势，世界主要国家都在寻找科技创新的突破口，抢占未来经济科技发展的先机。我们不能在这场科技创新的大赛场上落伍，必须迎头赶上、奋起直追、力争超越。因此，实现创新发展，是解放和发展生产力的必由之路和重要部署。

---

① 《习近平主持召开中央财经领导小组第十一次会议强调 全面贯彻党的十八届五中全会精神 落实发展理念推进经济结构性改革 李克强刘云山张高丽出席》，《人民日报》2015年11月11日第1版。

第一章 总论：构建新时代中国特色社会主义政治经济学

还需要看到，生态环境保护也是在经济发展过程中需着重注意的一个方面。生态文明建设事关中华民族永续发展和"两个一百年"奋斗目标的实现，保护生态环境就是保护生产力，改善生态环境就是发展生产力。生态环境问题归根到底是经济发展方式问题。要正确处理好经济发展同生态环境保护的关系，切实把绿色发展理念融入经济社会发展各方面，推进形成绿色发展方式和生活方式，协同推进人民富裕、国家富强、中国美丽。

西方的发展理论，在资源、环境、生态问题上始终没有突破的一点在于，其认识上的最高点，也仍然是把保护生态环境作为发展的手段，而不是发展的目的本身。中国共产党的生态文明建设布局和绿色发展理念，其高度在于在承认和重视资源、环境和生态是生产力的同时，也将发展的目的本身，即人民对美好生活的追求纳入其中，形成了手段和目标高度一致的思想体系。

习近平总书记在浙江工作时就阐述并实践的"绿水青山"与"金山银山"关系的理论，使我们党在这个问题上达到了新的高度。习近平总书记2016年1月18日在省部级主要领导干部学习贯彻党的十八届五中全会精神专题研讨班上指出，环境就是民生，青山就是美丽，蓝天也是幸福，绿水青山就是金山银山；保护环境就是保护生产力，改善环境就是发展生产力。

我们学习贯彻这一精神，就要充分认识到，中国是一个发展中的大国，建设现代化国家，走欧美"先污染后治理"的老路行不通，而应探索走出一条环境保护新路。要正确处理经济发展同生态环境保护之间的关系，更加自觉地推动绿色发展，循环发展、低碳发展，决不以牺牲环境、浪费资源为代价换取一时的经济增长。要协调推进新型工业化、信息化、城镇化、农业现代化和绿色化，走出一条经济发展和生态文明相辅相成、相得益彰的新发展道路，让良好生态环境成为人民生活质量的增长点、成为展现我国良好形象的发力点，让老百姓切实感受到经济发展带来的实实在在的环境效益，为子孙后代留下可持续发展的"绿色银行"①。

四 社会主义与市场经济的有机结合

在马克思主义经典作家以及西方主流经济学家看来，社会主义与市场经济都是尖锐对立的。在前者看来，社会主义生产是有计划的，计划性是社会主义经济的本质特征。而在后者看来，没有私有制就不可能拥有市场运行所需要的足够的信息和充分的激励机制，无法形成真实反映资源稀缺性的市场价格。因此，两者水火不容，"要么是社会主义，要么是市场经济"②。奥斯卡·兰格等人虽然力图在社会主义经济的理论中模拟市场机制的作用，但其论证缺乏微观基础，未能将社会主义国有制企业中的企业家激励机制与行为模式进行充分考察，故而并未解决社会主义与市场经济的相容问题。

---

① 中共中央宣传部：《习近平总书记系列重要讲话读本（2016年版）》，学习出版社、人民出版社2016年版，第233—236页。

② ［奥］路德维希·冯·米塞斯：《社会主义》，中国社会科学出版社2008年版，第107页。

第一章　总论：构建新时代中国特色社会主义政治经济学

揭示社会主义与市场经济之间的内在联系，将两者有机结合起来，是中国共产党人对马克思主义政治经济学发展作出的理论贡献。1979年，邓小平同志指出："说市场经济只存在于资本主义社会，只有资本主义的市场经济，这肯定是不正确的。社会主义为什么不可以搞市场经济，这个不能说是资本主义。"[①] 此后，又几次强调"社会主义和市场经济之间不存在根本矛盾"[②]，"社会主义也可以搞市场经济"[③]，"这是社会主义利用这种方法来发展社会生产力。把这当作方法，不会影响整个社会主义，不会重新回到资本主义"[④]。特别是在1992年南方谈话中，邓小平进一步提出了"计划经济不等于社会主义，资本主义也有计划；市场经济不等于资本主义，社会主义也有市场"的"两个不等于"论断，并阐明"社会主义的本质是解放生产力，发展生产力，消灭剥削，消除两极分化，最终达到共同富裕"[⑤]。

如果我们将解放和发展生产力、实现共同富裕作为

---

① 《社会主义也可以搞市场经济》，《邓小平文选》第二卷，人民出版社1994年版，第236页。
② 《社会主义和市场经济不存在根本矛盾》，《邓小平文选》第三卷，人民出版社1993年版，第148页。
③ 《社会主义也可以搞市场经济》，《邓小平文选》第二卷，人民出版社1994年版，第231—236页。
④ 同上书，第236页。
⑤ 《在武昌、深圳、珠海、上海等地的谈话要点》（1992年1月18日至2月21日），《邓小平文选》第三卷，人民出版社1993年版，第373页。

社会主义的本质的话，社会主义与市场经济之间就不存在根本矛盾。一方面，从解放和发展社会生产力来看，市场经济通过鼓励人们在各个方向上的自由探索，来调动亿万人民的聪明才智，提高生产效率与资源配置效率，不断创造财富，推动生产力发展。正如习近平总书记指出的，"理论和实践都证明，市场配置资源是最有效率的形式"；另一方面，从逐步实现共同富裕角度来看，市场机制通过促进资本积累与技术进步，不断推动就业岗位增加与居民收入增长，这显然有利于共同富裕目标的实现。

以邓小平同志讲话精神为指引，1992年召开的党的十四大把建立社会主义市场经济体制确立为经济改革的目标。习近平总书记指出，这是我们党在建设中国特色社会主义进程中的一个重大理论和实践创新，解决了世界上其他社会主义国家长期没有解决的一个重大问题。①

习近平总书记进一步指出，20多年来，我们围绕建立社会主义市场经济体制这个目标，推进经济体制以及其他各方面体制改革，使我国成功实现了从高度集中的计划经济体制到充满活力的社会主义市场经济体制、从封闭半封闭到全方位开放的伟大历史转折，实现了人民生活从温饱到小康的历史性跨越，实现了经济总量跃居世界第二的历史性飞跃，极大调动了亿万人民的积极性，极大促进了社会生产力发展，极大增强了党和国家生机

---

① 习近平：《切实把思想统一到党的十八届三中全会精神上来》，《求是》2014年第1期。

活力。① 实践证明，根据我国国情建设社会主义市场经济体制的方向是完全正确的。于是，社会主义市场经济理论就构成了中国特色社会主义政治经济学的主要支柱。社会主义与市场经济的结合，就成为中国特色社会主义政治经济学的主线。

从理论上看，社会主义与市场经济的结合应当是有机的。一方面，公有制要通过股份制等形式成为独立的市场经济主体，同时允许和鼓励非公有制经济存在和发展，形成充分竞争的多元化市场主体；另一方面，市场经济的发展要有利于实现社会主义制度所要求的公平正义、共同富裕的目标。简言之，就是能够使社会主义基本制度和市场经济体制各自的比较优势都充分发挥出来。

需要强调，我们讲社会主义与市场经济是能够相容的，并不等于说二者之间不存在着任何矛盾。习近平总书记对这一问题进行了深入阐释。他指出，同客观世界的任何事物一样，社会主义和市场经济也是一个矛盾的统一体，彼此之间既有统一的地方，也有相矛盾的地方。市场经济虽然有着自主经营、追逐利润最大化、优化资源配置、通过公平竞争激发经营主体发展社会生产力的积极性、运用灵敏的经济信号及时对生产和需求进行协调等显著优点，能够比计划经济体制更快更好地发展社会生产力，但同时也存在着自发性、盲目性、投机性、短期性、滞后性、不完全性和容易导致垄断行为等弱点，引发一些

---

① 习近平：《切实把思想统一到党的十八届三中全会精神上来》，《求是》2014年第1期。

新的矛盾，诸如市场经济的自主性、逐利性、投机性会与社会主义的集体主义原则产生矛盾，市场的竞争性必然导致经济垄断并在一定程度和一定范围内造成贫富差距的扩大，等等。①

因此，实现社会主义与市场经济有机结合的难度不容低估。习近平总书记清醒地看到，虽然我国社会主义市场经济体制已经初步建立，但市场体系还不健全，市场发育还不充分，特别是政府和市场关系还没有理顺，市场在资源配置中的作用有效发挥受到诸多制约，实现党的十八大指出的加快完善社会主义市场经济体制的战略任务还需要付出艰苦努力。② 具体地看，包括如何处理好政府与市场的关系，如何把社会主义市场经济的发展引导到实现共同富裕的目标上来，如何建立健全国有企业和非公有制企业公平竞争的环境等问题在内的一系列重大理论问题均有待我们在实践中寻找答案。

此外，西方经济学界的一些观点也有助于我们认识社会主义与市场经济有机结合的必要性。亚当·斯密被认为是现代西方经济学的鼻祖。因此，从其崇尚"看不见的手"的传统来看，我们可以说，西方经济学的主流天生具有倡导自由放任的市场经济倾向。即便如此，许多重要的经济学家也从理论和经验的角度，发现并深刻揭示了广泛

---

① 习近平：《对发展社会主义市场经济的再认识》，《东南学术》2001年第4期。

② 习近平：《切实把思想统一到党的十八届三中全会精神上来》，《求是》2014年第1期。

存在的"市场失灵"现象，即由于垄断、外部性、不充分信息、交易费用等的存在，以及不能解决保护弱势群体等问题，市场机制本身是存在缺陷的。而排除政府作用、极端化地依赖市场机制的新自由主义经济学，恰恰在西方国家造成了经济增长平庸、收入差距扩大、社会矛盾激化，进而政治结构发生激进变化的恶果。

正因如此，只有充分认识到市场机制的有效性与局限性，并发挥社会主义制度的优越性，坚持公有制的主体地位，社会主义市场经济才能在发展社会生产力与实现共同富裕方面发挥出巨大推动作用。从中国实践看，正是因为中国的决策者比较好地将中国特色、社会主义与市场经济结合在一起，才创造了举世瞩目的中国奇迹。

一些西方经济学家也已承认，社会主义与市场经济的结合不仅在理论上是可能的，而且具有现实上的可行性。例如，有海外学者的研究证实，中国实行的是中国特色的社会主义市场经济，而不是资本主义制度。"中国特色"成分包括依靠政府管理经济、依靠经济绩效考核官员等方面；"社会主义"成分包括中国党和政府控制关系国计民生的经济制高点，拥有国有企业、金融机构和部分非国有企业的人事任免权和发展战略决定权等方面；"市场经济"成分主要是指依靠市场机制调节价格，配置各种生产要素。以上三种成分共同作用，构成了中国经济高速增长的体制基础。[①]

西方学者的这种分析就严谨性和准确性来说，当然有待

---

① Fan, Joseph, Romdall Morck and Bernard Yeung, "Capitalizing China", *NBER Working Paper*, No. 17687, 2011.

商榷。但是，此类研究表明，中国经济发展实践中的社会主义与市场经济有机结合问题，已经成为经济学一个不可回避的重大理论问题。鉴于西方经济学作为一个整体，在这个问题上天生具有的意识形态成见和理论偏颇，探索社会主义与市场经济的理论逻辑上的相容性和实践中的可结合性，特别是社会主义制度对于克服和抑制市场机制内在缺陷的意义，必然是中国特色社会主义政治经济学的重大课题。

社会主义与市场经济的结合、公有制与市场经济的结合是发展社会主义市场经济的核心，贯穿于社会主义市场经济活动的方方面面，社会主义市场经济体制就是在推进这种有机结合中不断完善和成熟的，也是在这一过程中推动经济社会发展的。因此，在构建中国特色社会主义政治经济学时，要把社会主义与市场经济的结合、公有制与市场经济的结合作为主线贯穿始终，形成逻辑严密、结构有序的理论体系。[①]

五 正确处理政府与市场的关系，发挥市场的决定性作用

政府与市场的关系是经济学的一个旷日持久的话题，而中国的改革和发展实践，恰是一个不断探索政府与市场适宜边界的伟大试验，有成功的经验和不成功的教训。1978 年之前的社会主义建设实践的经验教训表明，完全忽

---

① 张卓元：《实现社会主义与市场经济有机结合：建构中国特色社会主义政治经济学的主线》，《人民日报》2016 年 11 月 21 日第 7 版。

视市场作用、由政府统揽经济事务的经济体制，导致生产要素和产品价格被扭曲、资源配置效率低下、经济结构严重失衡、人民生活水平提高不够快等一系列弊病。因而，改革甫始，这套经济运行模式就作为主要的改革对象。

在一段时间内，中国经济改革的基本方向也正是向以"国有制＋计划经济"为基本特征的传统经济体制中不断注入更多的市场化因素，以便发挥市场机制优势，改进资源配置效率、调动生产者积极性和调节市场供求关系，理论界的探讨一度更多的是在计划与市场关系上做文章，形成诸如板块论、有机结合论和渗透论等认识。

1992年10月召开的党的十四大确立了建立社会主义市场经济体制的改革目标。接着，在1993年11月召开的党的十四届三中全会上，通过了题为"关于建立社会主义市场经济若干问题的决定"的市场化改革总体规划，正式放弃了计划经济模式，中国改革进入以市场化为导向的整体推进阶段。

从1994年起，中国开始按照这个规划蓝图进行各方面的改革，主要包括：（1）建立包括商品市场、劳动力市场、金融市场在内的市场体系；（2）实现经常项下人民币有管理的可兑换，全面推进对外开放；（3）通过"抓大放小"，对国有经济的布局进行战略性调整，将数以百万计的国有小企业和乡镇政府所属的小企业改制为多种形式的民营企业；（4）建立健全以间接调控为主的宏观经济管理体系；（5）建立新的社会保障制度；（6）转变政府职能；（7）加强法律制度建设。

中国在推进市场取向改革的过程中，努力保持宏观经济稳定，实施开明的贸易和投资政策，鼓励竞争，反对垄断，支持非国有经济的发展，改革国有企业，重视人力资本和教育，保护产权和知识产权，注重发挥法治的作用，所有这些都是中国经济成功的体制基础。[①] 中国政府的成功之处并不在于其对经济活动的深度介入，而是在于很好地运用了国家权力来逐步改革那些阻碍经济发展的、扭曲的制度结构，引入市场机制，改善人们面临的激励，从而增加了国民储蓄与投资，提高了生产效率和资源配置效率，经济高速发展由此得以实现。

与此同时，中国的中央政府和地方政府在促进经济增长中发挥了特别突出的作用。按照市场原教旨主义的理念，中国政府在经济发展中的这种作用是应该受到批评的。但是，当一些西方学者观察到中国的发展成就后，则以"发展型政府"概括这种政府作用，特别是表现在对地方政府行为的概括上面。

尽管早期的改革在理顺政府与市场关系方面取得了突破，但仍有不少理论与实践问题未能得到有效解决。一方面，政府和市场的关系还没有理顺，导致一些深层次的经济社会问题尚未得到根本解决；另一方面，在不同的发展阶段上，政府职能的发挥也应该有所不同，在理论上和实践上探索政府与市场关系仍是中国特色社会主义政治经济学的重要议题。下面，我们从几个关键经济领域概括在这个方面仍然存在的问题。

---

① 刘鹤：《"十二五"规划〈建议〉的基本逻辑》，《比较》第54辑，中信出版社2011年版。

从资源配置效率看，土地、信贷、自然资源和部分上游产品的价格仍然被严重压低，各级政府仍然保持着对一些重要资源的配置权力。这种体制因素阻碍了资源配置效率的进一步提高和经济发展方式由投入驱动型向创新驱动型的转变。

从市场竞争格局看，国有经济的战略性调整还没有最后完成，行政性垄断广泛存在，非国有经济在价格、税收、融资、市场准入等方面仍面临着所有制歧视，政府在市场中既当运动员又当裁判员的现象依然存在，各种经济成分在国家统一的产业政策下各显其能、公平竞争的态势尚未形成。

从宏观经济层面看，由于金融、企业、政府等领域改革的不到位，中国的宏观调控无法采用更加市场化的政策工具，提供有效的政策信号，从而不得不过于倚重直接的行政性调控，可能使宏观调控长期锁定在较低效率的次优状态。

从社会层面看，在政府公共支出结构中，经济建设仍占有重要地位，社会性支出仍然不足，经济与社会的发展并不完全协调。同时，政府掌握了过多的资源配置权力，使得设租、寻租和腐败现象得以蔓延，贫富差距的扩大激化了社会矛盾，影响共同富裕目标的实现。

由此可见，当前改革与发展中出现的一些深层次矛盾和问题，很大程度上与政府功能的错位、越位和缺位有关，也与政府和市场的边界不清有关。要解决上述种种问题，就必须破解金融体制、财税管理体制、收入分配体制、垄断行业等一系列改革难题，而所有这些改革的切实推动都离不开政府自身的改革,也离不开市场制度的不断发育和完善。

中国的市场经济理论也伴随着实践的变化而不断演进。党的十五大指出"使市场在国家宏观调控下对资源配置起基础性作用",党的十六大指出"在更大程度上发挥市场在资源配置中的基础性作用",党的十七大指出"从制度上更好发挥市场在资源配置中的基础性作用",党的十八大指出"更大程度更广范围发挥市场在资源配置中的基础性作用"。

2013年召开的党的十八届三中全会把市场在资源配置中的"基础性作用"修改为"决定性作用",同时强调"更好发挥政府作用"。习近平总书记在全会结束后发表的文章中指出,坚持社会主义市场经济改革方向,核心问题是处理好政府和市场的关系,使市场在资源配置中起决定性作用和更好发挥政府作用。这是我们党在理论和实践上的又一重大推进。[1] 总书记的讲话可以从两个角度加以具体阐释:从理论角度看,它是我们党对中国特色社会主义建设规律认识的一个新突破,标志着社会主义市场经济发展进入了一个新阶段。从实践角度看,这个重要判断有利于在全党全社会树立关于政府和市场关系的正确观念,有利于转变经济发展方式,有利于转变政府职能,有利于抑制消极腐败现象。

遵循总书记上述讲话的精神实质,新一轮深化经济体

---

[1] 习近平:《切实把思想统一到党的十八届三中全会精神上来》,《求是》2014年第1期。

制改革的主线，就是要贯彻十八届三中全会决定精神，让市场在资源配置中起决定性作用，这是解放和发展生产力，以及供给侧结构性改革能否取得成效的重大原则性问题。对于政府作用，要强调"更好发挥"，不是"更多发挥"，要集中精力抓好那些市场管不了或管不好的事情。①

从市场一端看，市场决定资源配置是市场经济的一般规律，市场经济本质上就是市场决定资源配置的经济。理论和实践都证明，市场配置资源是最有效率的形式。必须不失时机地加大改革力度，坚持社会主义市场经济改革方向，在思想上更加尊重市场决定资源配置这一市场经济的一般规律，在行动上大幅度减少政府对资源的直接配置，推动资源配置依据市场规则、市场价格、市场竞争实现效益最大化和效率最优化，让企业和个人有更多活力和更大空间去发展经济、创造财富。

为此要加快健全现代市场体系，加快财税体制改革，加快金融体制改革，为优化资源配置、维护市场统一、促进社会公平提供制度保障。适应经济全球化新形势，加快培育参与和引领国际经济合作竞争新优势，加快实施自由贸易区战略，以开放促改革，构建开放型经济新体制。

从政府一端看，市场在资源配置中起决定性作用，并不是起全部作用，不是说政府就无所作为，而是必须坚持有所为、有所不为，着力提高宏观调控和科学管理的水平。更好发挥政府作用，不是要更多发挥政府作用，而是

---

① 《七问供给侧结构性改革——权威人士谈当前经济怎么看怎么干》，《人民日报》2016年1月4日第2版。

要在保证市场发挥决定性作用的前提下，管好那些市场管不了或管不好的事情。我国实行的是社会主义市场经济体制，仍然要坚持发挥社会主义制度的优越性、发挥党和政府的积极作用。科学的宏观调控，有效的政府治理，是发挥社会主义市场经济体制优势的内在要求。政府的职责和作用主要是保持宏观经济稳定，加强和优化公共服务，保障公平竞争，加强市场监管，维护市场秩序，推动可持续发展，促进共同富裕，弥补市场失灵。

因此，在深化改革的进程中，要始终坚持辩证法、两点论，把"看不见的手"和"看得见的手"都用好。要找准市场功能和政府行为的最佳结合点，切实把市场和政府的优势都充分发挥出来，更好地体现社会主义市场经济体制的特色和优势，努力形成市场作用和政府作用有机统一、相互补充、相互协调、相互促进的格局。

政府和市场的作用不是对立的，而是相辅相成的；也不是简单地让市场作用多一些、政府作用少一些的问题，而是统筹把握，优势互补，有机结合，协同发力。要划清政府和市场的界限，凡属市场能发挥作用的，政府要简政放权，要松绑支持，不要去干预；凡属市场不能有效发挥作用的，政府应当主动补位，该管的要坚决管，管到位，管出水平，避免出现问题。要善于运用负面清单管理模式，实行市场准入负面清单制度，只告诉市场主体不能做什么，至于能做什么，该做什么，由市场主体根据市场变化作出判断。

1978年以来，中国经济实现崛起的历史进程就是不断地通过改革促进发展，同时又不断地用发展的办法化解改革中出现的矛盾的动态过程。历史经验使我们有理由相信，当前的各种由于改革不配套、政府与市场边界不清晰而导致的过渡性问题，也需要并且完全可能通过继续推进改革的办法得到根本解决。在更为完善的社会主义市场经济体制框架的保障之下，未来的中国经济完全可以走出一条全面协调可持续的均衡发展道路，政府与市场的边界也将更为清晰合理。

六　协调利益矛盾，调动各方面积极性

人是生产力中最活跃的因素，必须充分调动人的积极性，充分调动中央和地方两个积极性，这是改革开放以来的重要经验。当前，要注重调动企业家、创新人才、各级干部的积极性、主动性、创造性。为企业家营造宽松环境，用透明的法治环境稳定预期，给他们吃定心丸。要为创新人才建立完善激励机制，调动其积极性。对各级干部，要坚持激励和约束并举，既坚持党纪国法的"高压线"，也要重视正面激励，完善容错纠错机制，旗帜鲜明地给那些呕心沥血做事、不谋私利的干部撑腰鼓劲。①

我们应该从马克思主义政治经济学的理论高度，理解上述讲话。政治经济学理论要解决的一个基本问题是，如何以最低的成本化解各种经济利益矛盾，最大限度地调动各个方面的积极性，为解放与发展生产力创造必要的制度环境。中国特色社会主义政治经济学就是要研究如何通过

---

① 《七问供给侧结构性改革——权威人士谈当前经济怎么看怎么干》，《人民日报》2016年1月4日第2版。

调动各方面的积极性，使得解放与发展生产力的积极因素越来越多，阻力越来越少，进而使得拥护社会主义制度的力量越来越强大。

从理论上说，协调好利益矛盾的一个必要条件是将激励机制与约束机制统一起来，就是要在改革的进程中将责任、权力、利益三者统一起来，掌握和运用权力者必须要承担相对应的风险与责任，承担了相应的责任，就必须要赋予相应的激励（包括物质的和精神的）。如果权力脱离了责任的束缚，则权力可能被滥用，引发社会失序，而如果责任脱离了利益的激励，则履责也会无效率。

同时，化解各方面的改革阻力就意味着要协调好改革发展与稳定，处理好改革可行性与改革必要性、经济政策的短期目标与长期目标、制度创新与依法改革、鼓励基层探索与做好顶层设计之间的关系。总的来看，这些因素之间并不是此消彼长或非此即彼的关系，而是相互促进和互为补充的关系，且在不同的改革时期有所侧重。中国新时期的改革发展实践已经提供了大量新鲜经验。所有这些经验都构成了中国改革发展的独特之处，可以为中国特色社会主义政治经济学的丰富和发展，提供宝贵的事实基础和理论创新源泉。

例如，把改革力度、发展速度和社会可承受程度统一起来，把保障和改善民生作为各项工作的最终目标和最高检验标准，通过改革、开放和发展，确保人民安居乐业，促进社会公正与和谐稳定。由此看来，改革、发展和稳定三者虽各有侧重，但总体而言却是互为条件和互相促进的关系。

再如，就基层探索与顶层设计的关系而言，当农村家庭承包制在一些地区出现时，十一届三中全会对此并没有明确的表态。但随着家庭承包制的逐步铺开，中央文件也不断扩大了对联产承包责任制的认可程度。到1984年，农村的家庭联产承包责任制已在全国呈现燎原之势。随后，人民公社被废除，生产大队和生产队回归村民自治组织。这个改革过程非常快，仿佛是在实施"休克疗法"。但实际上整个改革过程中体现的是"摸着石头过河"的思想，是尊重农民的创造精神，以及各方积极性得以充分调动的结果。

七　促进公平正义，实现共同富裕

共同富裕是中国特色社会主义的根本原则和本质特征。我们党把实现好、维护好、发展好最广大人民根本利益作为发展的根本目的，把人民对美好生活的向往作为奋斗目标。党的十八大闭幕后，习近平总书记代表党中央作出庄严的承诺："我们的责任，就是要团结带领全党全国各族人民，继续解放思想，坚持改革开放，不断解放和发展社会生产力，努力解决群众的生产生活困难，坚定不移走共同富裕的道路。"[①] 在《中共中央关于制定国民经济和社会发展第十三个五年规划的建议》中，共享发展作为首次明确提出的五大发展理念之一赫然在目，应该成为中

---

① 《习近平在十八届中共中央政治局常委同中外记者见面时强调 人民对美好生活的向往就是我们的奋斗目标》，《人民日报》2012年11月16日第4版。

发展新实践的遵循。① 党的十九大报告进一步指出，必须始终把人民利益摆在至高无上的地位，让改革发展成果更多更公平惠及全体人民，朝着实现全体人民共同富裕不断迈进。

改革开放以来，中国经济社会发展取得巨大成就，为促进社会公平正义提供了坚实物质基础和有利条件。党的十八大以来，以人民为中心的发展思想在中国经济社会等方面发展的各项实践中得到了突出的贯彻。特别表现在，经济增长更具有共享性和包容性，城乡基本公共服务供给的均等化程度显著提高，居民收入水平提高，各类收入差距趋于缩小，就业保持稳定和扩大，取得了一系列民生领域的新成绩。

也要看到，囿于我国现有的经济社会发展水平，社会上还存在大量有违公平正义原则的现象，与老百姓的期待仍有较大差距。同时，随着我国经济社会发展水平和人民生活水平不断提高，人民群众的公平意识、民主意识、权利意识不断增强，对社会不公问题的反应越来越强烈。

党中央全面审视和科学分析我国经济社会发展现状和态势，认为这个问题不抓紧解决，不仅会影响人民群众对改革开放的信心，而且会影响社会和谐稳定。党的十八大明确指出，公平正义是中国特色社会主义的内在要求；要在全体人民共同奋斗、经济社会发展的基础上，加紧建设

---

① 《中共中央关于制定国民经济和社会发展第十三个五年规划的建议（2015年10月29日中国共产党第十八届中央委员会第五次全体会议通过）》，《人民日报》2015年11月4日第1版。

对保障社会公平正义具有重大作用的制度,逐步建立以权利公平、机会公平、规则公平为主要内容的社会公平保障体系,努力营造公平的社会环境,保证人民平等参与、平等发展权利。

《中共中央关于全面深化改革若干重大问题的决定》强调,全面深化改革必须以促进社会公平正义、增进人民福祉为出发点和落脚点。这是坚持我们党全心全意为人民服务根本宗旨的必然要求。全面深化改革必须着眼创造更加公平正义的社会环境,不断克服各种有违公平正义的现象,使改革发展成果更多更公平惠及全体人民。如果不能给老百姓带来实实在在的利益,如果不能创造更加公平的社会环境,甚至导致更多不公平,改革就失去意义,也不可能持续。[①]

实现社会公平正义是由多种因素决定的,最主要的还是经济社会发展水平。在不同发展水平上,在不同历史时期,不同思想认识的人,不同阶层的人,对社会公平正义的认识和诉求也会不同。我们讲促进社会公平正义,就要从最广大人民根本利益出发,多从社会发展水平、从社会大局、从全体人民的角度看待和处理这个问题。我国现阶段存在的有违公平正义的现象,许多是发展中的问题,是能够通过不断发展,通过制度安排、法律规范、政策支持加以解决的。我们必须紧紧抓住经济建设这个中心,推动经济持续健康发展,进一步把"蛋糕"做大,为保障社会

[①] 习近平:《切实把思想统一到党的十八届三中全会精神上来》,《求是》2014年第1期。

公平正义奠定更加坚实的物质基础。

习近平总书记强调，这样讲，并不是说就等着经济发展起来了再解决社会公平正义问题。一个时期有一个时期的问题，发展水平高的社会有发展水平高的问题，发展水平不高的社会有发展水平不高的问题。"蛋糕"不断做大了，同时还要把"蛋糕"分好。我国社会历来有"不患寡而患不均"的观念。我们要在不断发展的基础上尽量把促进社会公平正义的事情做好，既尽力而为，又量力而行，努力使全体人民在学有所教、劳有所得、病有所医、老有所养、住有所居上持续取得新进展。①

要坚持把增进人民福祉、促进人的全面发展、朝着共同富裕方向稳步前进作为经济发展的出发点和落脚点，部署经济工作、制定经济政策、推动经济发展都要牢牢坚持这个根本立场。② 要通过创新制度安排，努力克服人为因素造成的有违公平正义的现象，保证人民平等参与、平等发展权利。要把促进社会公平正义、增进人民福祉作为一面镜子，审视我们各方面体制机制和政策规定，哪里有不符合促进社会公平正义的问题，哪里就需要改革；哪个领域哪个环节问题突出，哪个领域哪个环节就是改革的重点。对由于制度安排不健全造成的有违公平正义的问题要抓紧解决，使我们的制度安排更好体现社会主义公平正义

---

① 习近平：《切实把思想统一到党的十八届三中全会精神上来》，《求是》2014年第1期。

② 《习近平在中共中央政治局第二十八次集体学习时强调 立足我国国情和我国发展实践 发展当代中国马克思主义政治经济学》，《人民日报》2015年11月25日第1版。

原则,更加有利于实现好、维护好、发展好最广大人民根本利益。①

实现发展成果更多更公平惠及全体人民,必须加快社会事业改革,要推进社会事业改革创新,解决好人民最关心最直接最现实的利益问题,努力为社会提供多样化服务,更好满足人民需求。要深化教育领域综合改革,健全促进就业创业体制机制,形成合理有序的收入分配格局,建立更加公平可持续的社会保障制度,深化医药卫生体制改革。

推进法治中国建设,是促进公平正义的重要制度保障。建设法治中国,必须坚持依法治国、依法执政、依法行政共同推进,坚持法治国家、法治政府、法治社会一体建设。深化司法体制改革,加快建设公正高效权威的社会主义司法制度,维护人民权益,让人民群众在每一个司法案件中都能感受到公平正义。要维护宪法法律权威,深化行政执法体制改革,确保依法独立公正行使审判权、检察权,健全司法权力运行机制,完善人权司法保障制度。②

---

① 习近平:《切实把思想统一到党的十八届三中全会精神上来》,《求是》2014年第1期。
② 《中共中央关于全面深化改革若干重大问题的决定》,《人民日报》2013年11月16日第1版。

第二章

认识论与方法论

要善于认识不断变化着的经济规律，从根本上提高解决改革、开放和发展中基本问题和层出不穷新问题的本领，最关键的还是要掌握马克思主义政治经济学的科学思想方法和工作方法。习近平新时代中国特色社会主义经济思想的一个鲜明特点是既注重破解经济改革发展中的各种实际问题，部署"过河"的任务，又强调科学的认识论与方法论，指导解决"桥或船"的问题。本章从学习和掌握马克思主义哲学、保持历史耐心和战略定力、稳中求进的工作总基调、提高创新思维、守住底线思维、坚持问题导向与目标导向相结合、试点是改革的重要方法这七个方面，分别阐释习近平新时代中国特色社会主义经济思想中有关认识论与方法论的重要论断，以此指导我们在分析国际国内经济形势和各种现实经济问题时，能够掌握科学的思想方法和工作方法，提高驾驭经济改革发展复杂局面的能力。

第一节　学习和掌握马克思主义哲学

习近平总书记指出，马克思主义哲学深刻揭示了客观世界特别是人类社会发展一般规律，在当今时代依然有着强大生命力，依然是指导我们共产党人前进的强大思想武器。① 马克思主义哲学的生命力之所以强大，是因为马克思主义具有与时俱进的理论品质。新形势下，坚持马克思主义，最重要的是坚持马克思主义基本原理和贯穿其中的立场、观点、方法。这是马克思主义的精髓和活的灵魂。马克思主义是随着时代、实践、科学发展而不断发展的开放的理论体系，它并没有结束真理，而是开辟了通向真理的道路。②

一　学习和掌握辩证唯物主义

辩证唯物主义是马克思主义哲学的重要组成部分，是中国共产党人应该遵循的世界观和方法论。在认识经济形势、分析经济现象、制定经济政策时，必须更加自觉地坚持和运用辩证唯物主义世界观和方法论，增强辩证思维、战略思维，才能更准确地找到问题背后的症结所在，更有力地指导实践。

唯物辩证法认为，事物是普遍联系的，事物及事物各要素相互影响、相互制约，整个世界是相互联系的整体，也是相互作用的系统。坚持唯物辩证法，就要从客观事物的内在联系去把握事物，去认识问题和处理问题。马克思

---

① 中共中央宣传部：《习近平总书记系列重要讲话读本（2016年版）》，学习出版社、人民出版社2016年版。
② 习近平：《在哲学社会科学工作座谈会上的讲话》，《人民日报》2016年5月19日第2版。

主义经典作家十分重视并善于运用唯物辩证法来认识和探索人类社会发展中的矛盾运动规律。马克思主义政治经济学也充满了以唯物辩证法为分析武器的经典例子。比如，马克思把社会再生产分为生产资料生产和消费资料生产两大部类，指出两大部类必须保持一定比例关系才能保证社会再生产顺利实现。①

在实际经济工作中坚持和运用辩证法，归根结底要落实到提高辩证思维能力上来。所谓辩证思维能力，就是承认矛盾、分析矛盾、解决矛盾，善于抓住关键、找准重点、洞察事物发展规律的能力。提高辩证思维能力，要运用辩证唯物主义观察事物、分析问题、解决问题，在矛盾双方对立统一过程中把握事物发展规律，克服极端化、片面化。我们分别从发展与改革两个视角来具体考察运用辩证思维分析问题、制定战略的方法。

在制定发展战略时，要抓住重点带动面上工作，推动事物发展不断从不平衡到平衡，是唯物辩证法的要求，也是我们党在革命、建设、改革历史进程中一贯倡导和坚持的。在习近平总书记亲自主持的《中共中央关于制定国民经济和社会发展第十三个五年规划的建议》中，党中央提出的五大发展理念，就是运用辩证唯物主义分析我国经济发展大逻辑大趋势的最新成果。新发展理念的提出，是对辩证法的运用；新发展理念的实施，离不开辩证法的指

---

① 习近平：《在省部级主要领导干部学习贯彻党的十八届五中全会精神专题研讨班上的讲话》，《人民日报》2016年5月10日第2版。

导。要坚持系统的观点,依照新发展理念的整体性和关联性进行系统设计,做到相互促进、齐头并进,不能单打独斗、顾此失彼,不能偏执一方、畸轻畸重。

要坚持"两点论"和"重点论"的统一,善于厘清主要矛盾和次要矛盾、矛盾的主要方面和次要方面,区分轻重缓急,在兼顾一般的同时紧紧抓住主要矛盾和矛盾的主要方面,以重点突破带动整体推进,在整体推进中实现重点突破。要遵循对立统一规律、质量互变规律、否定之否定规律,善于把握发展的普遍性和特殊性、渐进性和飞跃性、前进性和曲折性,坚持继承和创新相统一,既求真务实、稳扎稳打,又与时俱进、敢闯敢拼。要坚持具体问题具体分析,"入山问樵、入水问渔",一切以时间、地点、条件为转移,善于进行交换比较反复,善于把握工作的时度效。①

在五大发展理念中,协调发展集中体现了辩证思维的分析方法。习近平总书记指出,下好"十三五"时期发展的全国一盘棋,协调发展是制胜要诀。我们要学会运用辩证法,善于"弹钢琴",处理好局部和全局、当前和长远、重点和非重点的关系,在权衡利弊中趋利避害,作出最为有利的战略抉择。从当前我国发展中不平衡、不协调、不可持续的突出问题出发,我们要着力推动区域协调发展、城乡协调发展、物质文明和精神文明协调发展,推动经济

---

① 习近平:《在省部级主要领导干部学习贯彻党的十八届五中全会精神专题研讨班上的讲话》,《人民日报》2016年5月10日第2版。

建设和国防建设融合发展。这是五中全会在部署协调发展时强调的重点。①

在制定改革战略时,要坚持社会主义市场经济改革方向,坚持辩证法、两点论,继续在社会主义基本制度与市场经济的结合上下功夫,把两方面优势都发挥好。② 就供给侧结构性改革而言,要深刻认识到供给和需求是市场经济内在关系的两个基本方面,是既对立又统一的辩证关系,二者你离不开我、我离不开你,相互依存、互为条件。没有需求,供给就无从实现,新的需求可以催生新的供给;没有供给,需求就无法满足,新的供给可以创造新的需求。③ 唯其如此,中国的供给侧结构性改革,才从本质上得以区别于西方经济学的供给学派。

再举一个更加具体的例子。在 2015 年中央经济工作会议部署的"三去一降一补"任务中,去杠杆是供给侧改革五大任务之一。在制定去杠杆战略时,不可局限于"就债务论去杠杆"的框框之中,而应与实体经济的运行态势结合起来思考去杠杆问题。

---

① 习近平:《在省部级主要领导干部学习贯彻党的十八届五中全会精神专题研讨班上的讲话》,《人民日报》2016 年 5 月 10 日第 2 版。

② 《习近平在中共中央政治局第二十八次集体学习时强调 立足我国国情和我国发展实践 发展当代中国马克思主义政治经济学》,《人民日报》2015 年 11 月 25 日第 1 版。

③ 习近平:《在省部级主要领导干部学习贯彻党的十八届五中全会精神专题研讨班上的讲话》,《人民日报》2016 年 5 月 10 日第 2 版。

在中国经济步入新常态的背景之下,经济增长速度的下降引发了实体经济层面的一系列风险——产能过剩、房地产库存增加、企业经营愈加困难等,这些风险反映在金融层面,就是杠杆率上升、债务负担加剧、不良资产增加。因此,去杠杆与去产能、去库存和处置僵尸企业是一个硬币的两面,互为镜像。在政策操作上,去杠杆就要与僵尸企业清理、国有企业改革、经济结构调整结合起来,通过体制机制的变革逐步将金融资源从低效率的企业或行业中释放出来,转而配置到创新能力强、生产率高的企业或行业中,真正增强有效供给,并保持一定速度的经济增长,使得实体经济增速快于债务增速。如此方可真正完成去杠杆任务。

二 学习和掌握历史唯物主义

历史唯物主义是马克思主义哲学的另一个重要组成部分,是中国共产党人的社会历史观和价值观。习近平总书记指出,历史和现实都表明,只有坚持历史唯物主义,我们才能不断把中国特色社会主义规律的认识提高到新的水平,不断开辟当代中国马克思主义发展新境界。我们在新形势下学习和运用历史唯物主义,就要学习和掌握社会基本矛盾分析方法,要学习和掌握物质生产是社会生活的基础的观点,要学习和掌握人民群众是历史的创造者的观点。

在实际工作中坚持历史唯物主义,首先要不断提高历史思维能力。所谓历史思维能力,就是以史为鉴、知古鉴今,善于运用历史眼光认识发展规律、把握前进方向、指导现实工作的能力。加强历史思维能力，就是要加强对中国历史、党史国史、社会主义发展史和世界历史的学习，深刻总结历史经验、把握历史规律、认清历史趋势，在对历史的深刻思考中做好现实工作。

在经济下行压力较大的时期，经济工作难免遭遇各种各样的困难。如果我们有较好的历史思维能力，就不会轻易被困难吓倒。俗话讲，"家家有本难念的经"。不同国家有不同的困难，不同时期也有不同的困难，这很正常。问题在于如何准确判断困难的性质，采取正确措施加以解决。改革开放以来，我们秉承"只要精神不滑坡、办法总比困难多"的理念，坦然正视困难、积极克服困难，勇于闯关夺隘、爬坡过坎，一点一点攻坚破冰，一年一年发展壮大，一步一步走了过来。①

我们可以举一个以前经历过的走出宏观经济低迷的例子。1997—2002年间，中国经济遭遇了银行信贷萎缩与有效需求不足，并经历了持续44个月的通货紧缩，1998年经济增速"保八"的预期目标也未能实现。彼时，国际上的"中国崩溃论"不绝于耳，主要论调是通货紧缩和银行坏账将要压垮中国经济。例如，旅美畅销书作家章家敦认为，由于一系列体制弊端，如官员的腐败和国有企业的低效率，经济增长始终存在着隐患。当加入世界贸易组织（WTO）等因素使竞争在更大范围内不可避免，美国等西方国家经济处于低谷，外需不足以成为经济增长的拉动

---

① 《开局首季问大势——权威人士谈当前中国经济》，《人民日报》2016年5月9日第1版。

力，中国的增长就不再是可持续的。因此，崩溃是完全可以预期的。①

当时，中国经济的确处于十分困难的状况。许多产业陷入全行业亏损，企业产能利用不足，特别是越来越多的国有企业面临发不出工资、支不出成本甚至不能开工的局面。面对这样的困局，中央政府及时创新宏观调控方式，从财政政策和货币政策双双"适度从紧"转向实施积极的财政政策和稳健的货币政策。在历史上第一次明确而主动地采取了扩张性的宏观政策。特别是在货币政策不能有效发挥作用的前提下，推出积极的财政政策，从1998年开始连续4年增发1100亿—1500亿的特殊国债来扩大政府的支出，起到扩大内需的作用。由于这是在银行储蓄继续增长，而银行贷款增长速度下降的背景下发生的，因此，基本上没有产生挤出效应，只是把银行贷款的一部分转化成了政府的支出，从而维持了总需求的扩张，稳住了宏观形势。

与此同时，经济体制改革节奏和力度明显加大，打破了劳动就业体制中的"铁饭碗"，实施了积极的就业政策，国有企业改革通过"抓大放小"的方式深入推进，民营经济快速发展，外资带来大量新技术，导致市场竞争越来越激烈，生产效率越来越高。于是，中国经济不但没有崩溃，而且走出了萧条，经济增长速度回归其潜在增长率，宏观经济进入了新一轮的繁荣期。

这个例子揭示了两点重要的经验。第一，观察中国经

---

① 参见 Gordon Chang, *The Coming Collapse of China*, New York: Random House, 2001。

济应当"风物长宜放眼量",不可因形势的一时变化而大喜大悲,而要透过短期波动洞悉经济发展的长期趋势。用习近平总书记的话说,就是要看这艘大船方向是否正确,动力是否强劲,潜力是否充沛。在大海上航行,再大的船也会有一时的颠簸。① 只有全面了解中国改革开放以来的经济发展历程、近期中国为促进经济持续稳定增长制定的战略以及中国经济各项数据和趋势,才能作出正确判断。更抽象地说,分析经济形势,要用历史的眼光,坚持短、中、长期结合,才能得出正确结论。"横看成岭侧成峰,远近高低各不同",把一件东西摆近了看,往往会感觉很大,把它放远些看,就会显得很小。经济发展中的一些问题,短周期看可能是严峻的,需要认真对待,但从更长周期看,它们又是不可避免的阶段性现象。②

第二,制定应对经济增长速度下行的政策和策略需要因时制宜,首先要作出关于发展阶段的正确判断。20 世纪 90 年代后期,中国仍然处于高增长时期,潜在增长率很高,宏观经济波动的原因在于需求不足导致的实际增长率低于潜在增长能力。因此,具有扩张性质的货币政策和财政政策得以发挥作用。与此同时,不失时机地推进改革、实施积极的就业政策、构建社会保障体系,是正确的应对策略。

然而,中国经济发展阶段发生着变化,应对经济问题

---

① 《习近平接受〈华尔街日报〉采访时强调 坚持构建中美新型大国关系正确方向 促进亚太地区和世界和平稳定发展》,《人民日报》2015 年 9 月 23 日第 1 版。

② 《五问中国经济——权威人士谈当前经济形势》,《人民日报》2015 年 5 月 25 日第 2 版。

的政策也应该与时俱进。中国经济发展进入新常态以后,经济增长面临的下行压力,则主要是导致潜在增长率下降的供给侧因素所致。因此,大水漫灌式的宏观经济刺激方式就不再是适当的政策选择。以习近平同志为核心的党中央,按照新常态这一指导经济工作的大逻辑,果断地部署了供给侧结构性改革的新战略。

总而言之,面对错综复杂的国际环境和我国发展新阶段新任务,我们要加强学习,改进思想方法,提高运用辩证唯物主义和历史唯物主义分析和解决问题的本领,善于抓住本质、把握规律,善于统筹协调,保持战略定力,多做标本兼治工作,注意把握好工作的度,推动经济持续健康发展。① 这就要求我们要坚持用联系的发展的眼光看问题,增强战略性、系统性思维,分清本质和现象、主流和支流,既看存在的问题又看其发展趋势,既看局部又看全局,提出的观点、作出的结论要客观准确、经得起检验,在全面客观分析的基础上,努力揭示我国与全球经济发展的大逻辑大趋势。

第二节 保持历史耐心和战略定力

一 保持历史耐心

社会主义初级阶段理论是在总结第一个社会主义国家

---

① 《中共中央政治局召开会议 分析研究当前经济形势和经济工作 中共中央总书记习近平主持会议》,《人民日报》2016年4月30日第1版。

建立以来的历史发展，特别是中国社会主义建设曲折发展的历史经验和教训的基础上逐步形成的。提出"社会主义初级阶段"这一具有特定内涵的新概念，在马克思主义发展史上是第一次，是中国特色社会主义理论对马克思主义的一大贡献。习近平总书记在庆祝中国共产党成立95周年大会上指出：我国仍处于并将长期处于社会主义初级阶段的基本国情没有变，人民日益增长的物质文化需要同落后的社会生产之间的矛盾这一社会主要矛盾没有变，我国是世界上最大发展中国家的国际地位没有变。这是我们谋划发展的基本依据。

发展中国特色社会主义是一项长期而艰巨的历史任务，必须准备进行具有许多新的历史特点的伟大斗争。当前和今后一个时期，我们在国际国内面临的矛盾风险挑战都不少，决不能掉以轻心。各种矛盾风险挑战源、各类矛盾风险挑战点是相互交织、相互作用的。如果防范不及、应对不力，就会传导、叠加、演变、升级，使小的矛盾风险挑战发展成大的矛盾风险挑战，局部的矛盾风险挑战发展成系统的矛盾风险挑战，国际上的矛盾风险挑战演变为国内的矛盾风险挑战，经济、社会、文化、生态领域的矛盾风险挑战转化为政治矛盾风险挑战，最终危及党的执政地位、危及国家安全。[①]

面对诸多新风险新挑战，我们必须保持足够的历史耐

---

① 习近平：《在省部级主要领导干部学习贯彻党的十八届五中全会精神专题研讨班上的讲话》，《人民日报》2016年5月10日第2版。

心,认准面临的重大战略机遇,把握好变和不变的关系,既保持战略清醒,不急于求成、不大干快上,又应当努力积极作为,坚持稳中求进、改革创新。

以保持经济增长中高速为例。在改革开放期间,中国经济总体上实现了接近10%的增长速度,"十一五"时期更高达11.3%。然而,随着人均GDP达到中等偏上收入国家的水平,中国经济进入新的发展阶段,人口红利逐渐消失,以其为主要支撑的潜在增长率下降,需要新的动能保持增长速度。在对经济发展作出准确研判的前提下,党中央作出了新常态的判断,适时提出了经济增长从高速转向中高速的新要求。

以实现共同富裕为例。中国正处于并将长期处于社会主义初级阶段,我们不能做超越阶段的事情,但也不是说在逐步实现共同富裕方面就无所作为,而是要根据现有条件把能做的事情尽量做起来,积小胜为大胜,不断朝着全体人民共同富裕的目标前进。[①] 党的十八大根据对中国所处的重要战略机遇期的判断,从实际可能性出发,确立了于2020年,在2010年的基础上,GDP和城乡居民收入双双翻一番的目标,就是有所作为与历史耐心良好结合的一个典范。

又以推进新型城镇化为例。习近平总书记特别强调,城镇化既是现代化的必由之路,又是一个长期的自然历史

---

① 习近平:《在省部级主要领导干部学习贯彻党的十八届五中全会精神专题研讨班上的讲话》,《人民日报》2016年5月10日第2版。

过程。因此，推进城镇化必须从中国社会主义初级阶段基本国情出发，遵循规律，因势利导，使城镇化成为一个顺势而为、水到渠成的发展过程。推进城镇化必须要有历史的耐心，不要把统计意义的城镇化率作为硬任务，不能靠行政命令急于求成，更不能搞大跃进、大干快上、一哄而起，盲目建设新城。

再以实施创新战略为例。面对激烈的全球竞争格局，中央就实施创新驱动发展战略作了多项部署，关键是抓好落实，抓紧推进。创新绝非一朝一夕之功。各级政府、科研机构和企业实施创新驱动战略就必须要有"功成不必在我"的劲头，有的可能需要两三年，乃至更长的时间，在一定时期内不要说全面收获，可能早期收获都见不到。但是，与其临渊羡鱼，不如退而结网。[①]

推而广之，在推动经济持续健康发展、完善社会主义市场经济体制等系统工程的实施过程中，各级政府都不可急于求成。一些地方和部门制定发展战略时存在着的急于求成心态，主要源自未能深入分析和准确把握历史演进的规律。人们常常陷入的一个认识误区是，不顾发展阶段的差异和历史背景的差异，用发达国家较完善的市场经济制度和较高的经济发展水平，来直接对比我们当前的某些制度安排上的不足和发展绩效上的局限。沿着这种思路，就会提出各种超越历史的诉求，各种"大跃进"或"体制赶超"的主张也就同样会层出不穷。

[①] 《五问中国经济——权威人士谈当前经济形势》，《人民日报》2015年5月25日第2版。

事实上，我们现在面临的许多问题，在发达国家的历史上与我们类似的发展阶段中同样存在过，只不过是随着制度变革的不断深入和经济结构的不断升级，才逐步化解这些问题。而一些发展中国家，也正是由于未能洞悉发展规律，试图超越发展阶段的制约，制定了不适合本国国情的经济和社会政策，结果事与愿违。

因此，保持历史耐心在一国的发展进程中至关重要，这就是说在经济发展、结构转型、制度变革与国际竞争等长期历史变迁过程中，要始终认清并尊重历史规律，准确把握国情，不妄求超越历史阶段，不盲目乐观或激进贪功，冷静面对改革进程中已经出现和可能出现的问题，作到困难一个一个克服，问题一个一个解决，作到"蹄疾而步稳"。

进一步从理论上说，在认识世界和改造世界的过程中，旧的问题解决了，新的问题又会产生，制度总是需要不断完善，因而改革发展既不可能一蹴而就，也不可能一劳永逸。理解了这一点，各级战略制定者和实施者就应有足够的"历史耐心"，借鉴世界各国和我国各个历史时期的经验教训，直面一个后发国家可能面对的发展与改革的特殊问题和特殊困难，充分认识到制度的成熟和定型要花费很长时间，每一代人只能做好自己这一代人的事情。

因此，需要坚持以一种淡定的心态走过我们必须走过的历史阶段。这份淡定不是消极宿命，而是来自对于整个大局的判断，对规律的把握。因此，这份淡定反而意味着，面对困难和挫折，要有耐心，能扛过去；面对顺境，也不能操之过急，盲目乐观，而要扎实推进各项打基础、谋长远的工作。固然，历史耐心并不是不要主动作为。但主动作为只有以历史耐心为前提，才不会演变成轻举妄动或盲目行动。

二 保持战略定力

如果说历史耐心更多的是强调中长期发展、制度建设的层面，那么战略定力则主要涉及中短期的、政策操作层面的问题。所谓战略定力，是指在错综复杂形势下，实现特定战略意图和战略目标所应具有的战略自信、坚定意志和处变不惊的冷静态度；不为外界所困，不为一时得失所扰，不为一时利益、一时情绪，或者一时的注意力改变初衷、目标和方向。

增强战略定力就要求各级决策者努力做到两点：一是保持战略清醒，在经济新常态下，各种阻力和挑战绕不开、躲不过，尤为需要"每临大事有静气"的沉稳，尤为需要"不畏浮云遮望眼"的坚毅，尤为需要"风物长宜放眼量"的气度。二是增强战略思维，要看大局、谋大势，分清主流、支流，抓住经济发展中的问题要害和主要矛盾，科学决策、定向施策。要善于运用全局思维，跳出局部看全局，以大局为重；善于前瞻思维，洞察发展趋势，摆脱一时一事的束缚，主动谋局布势，下好"先手棋"，打好"主动仗"。

新常态下的宏观调控政策转型尤其需要保持战略清醒。在新常态下，面对经济发展增速换挡、方式转型、结构调整、动力转换的冲击挑战，宏观调控决策者既要摆脱"速度情结"和"换挡焦虑"，看到增速换挡、提质增效是规律、是大势。同时亦不可被宏观经济指标的短期波动牵着鼻子走，不可重新出台强力的刺激政策，不能十年九调控，否则势必使债务杠杆率更加恶化，致使未来经济出现更大幅度的波动。

例如，从供给侧出发把握经济增长速度问题，正确的做法就是要充分认识中国潜在经济增长率下降这一客观事实，认识到这一变化是一个国家走向成熟的发展过程中必然发生的，同时相信中国特色社会主义市场经济体制能够一定程度发挥稳定经济的作用，在此基础上再从供给和需求两端分别冷静施策，坚持不懈地在实现宏观稳定的同时推动经济发展提质增效升级，努力做到调速不减势，量增质更优，从而实现经济发展方式转型这一根本性战略目标。

习近平总书记指出，任何一项事业，都需要远近兼顾、深谋远虑，杀鸡取卵、竭泽而渔式的发展是不会长久的。① 因此，正如《人民日报》一篇评论所言，最危险的做法，是不切实际地追求"两全其美"，盼着甘蔗两头甜，不敢果断作抉择。比如，一些国家曾长期实施刺激政策，积累了很大泡沫，结果在政策选择上，要么维持银根宽松任由物价飞涨，要么收紧银根使泡沫破裂，那才是真正的"两难"，左右不是！②

正是在这种战略定力下，党中央确定了实行宏观政策

---

① 习近平：《共同维护和发展开放型世界经济——在二十国集团领导人会议第一阶段会议上关于世界经济形势的发言》，《人民日报》2013年9月6日第2版。

② 《开局首季问大势——权威人士谈当前中国经济》，《人民日报》2016年5月9日第1版。

要稳、产业政策要准、微观政策要活、改革政策要实、社会政策要托底的总体思路。例如，为了避免出现上述两难格局，宏观调控就必须要保持定力，只要经济增速处在合理区间和预期目标内，就不要再为速度而纠结，而要下大力气推动经济转型升级。什么叫作经济增长率的合理区间，如何确立呢？那就是既不滑出潜在增长率决定的"下限"，又不冲出改革红利可以支撑的"上限"。设立"上限"的目的，就是不要以刺激政策使实际增长率超过潜在增长能力，防止资产泡沫和通货膨胀，设立"下限"则是防止周期性失业现象，保持就业和居民收入的合理增长。

在保持稳定的宏观环境这一前提之下，我们必须深刻意识到，结构调整是当下中国经济一个绕不过去的坎，是一场绵绵用力、久久为功的持久战。在这样的形势下，必须保持战略定力，要树立信心，坚定战胜困难的决心，保持滴水穿石的耐心，多做标本兼治、重在治本的事情。[1] 从更深层的意义上说，结构调整是新常态更本质的特征，等不得、熬不得，也等不来、熬不起。经济发展总是波浪式前进、螺旋式上升，我们要扭住调整结构不放松，不必太纠结于一两个百分点的起落，更不能以焦虑心态稳增长，结果事与愿违。[2]

保持战略定力要以战略思维能力的不断增强为前提。

---

[1] 《开局首季问大势——权威人士谈当前中国经济》，《人民日报》2016年5月9日第1版。

[2] 《五问中国经济——权威人士谈当前经济形势》，《人民日报》2015年5月25日第2版。

战略思维能力，就是高瞻远瞩、统揽全局，善于把握事物发展总体趋势和方向的能力。提高战略思维能力，就要视野开阔、胸襟博大，以小见大、见微知著，站在时代前沿和战略全局的高度观察、思考和处理问题，透过纷繁复杂的表面现象把握事物的本质和发展的内在规律。要做到既抓住重点又统筹兼顾，既立足当前又放眼长远，既熟悉国情又把握世情，在解决突出问题中实现战略突破，在把握战略全局中推进各项工作。[①] 在中国已经取得巨大经济成就，物质条件极大改善的今天，增强战略思维能力也意味着要改变急功近利的心态，以更加长远的眼界来观察事物、判断成效、评估政策。

习近平总书记对世界经济形势的观察和分析，是这种战略定力的一个范例。例如，他提出要努力透过现象看本质，从全局高度把握世界经济运行大势。他认为，究其根本，世界经济发展到今天，上一轮科技和产业革命所提供的动能已经接近尾声，传统经济体制和发展模式的潜能趋于消退。同时，发展不平衡问题远未解决，现有经济治理机制和架构的缺陷逐渐显现。这些因素导致世界经济整体动力不足，有效需求不振。其表象是增长乏力、失业率上升、债务高企、贸易和投资低迷、实体经济失速、金融杠杆率居高不下、国际金融和大宗商品市场波动等一系列问题。这就像一个人生了病，看起来是感冒发烧，但根子在

[①] 《〈习近平总书记系列重要讲话读本（2016年版）〉十六 提高解决改革发展基本问题的本领——关于科学的思想方法和工作方法》，《人民日报》2016年5月12日第9版。

身体机理出了问题。①

根据这一思路进一步分析，如果不能找到病症的根源，设法调理好身体机能，开出的药方最多也只能是治标不治本，弄不好还会加重病情。例如，全球各大央行的宽松货币政策只能在短期内避免经济深度衰退，但却无力改变经济长周期的下行，当然也就难以给产业革命提供足够动能，因而无法改变世界经济整体动力不足的基本态势。要真正走出萧条，就必须实施痛苦而漫长的结构性改革，切实激发创新活力、提升生产效率，舍此别无他法。

在分析处理国内经济问题时，战略思维能力同样重要。以习近平同志为核心的党中央，对国内经济问题的判断和分析，也体现了这种战略思维和战略定力。以改革战略的制定与实施为例，全局意识、战略眼光和问题意识缺一不可。

首先，推进改革要树立系统思想，推动有条件的地方和领域实现改革举措系统集成。要把握住顶层设计和路线图，注重改革举措配套组合，使各项改革举措不断向中心目标靠拢。特别是同一领域改革举措要注意前后呼应、相互配合、形成整体。要抓紧对各领域改革进行全面评估。要拿出抓铁有痕、踏石留印的韧劲来，持之以恒抓改革落实。②

其次，要加强对各领域改革的全面评估，坚持问题导

---

① 习近平：《创新增长路径 共享发展成果——在二十国集团领导人第十次峰会第一阶段会议上关于世界经济形势的发言》，《人民日报》2015年11月16日第2版。
② 《习近平主持召开中央全面深化改革领导小组第二十二次会议强调 推动改革举措精准对焦协同发力 形成落实新发展理念的体制机制 刘云山张高丽出席》，《人民日报》2016年3月23日第1版。

向，把各领域具有四梁八柱性质的改革明确标注出来，排出优先顺序，重点推进，发挥好支撑作用。特别是要把国有企业、财税金融、科技创新、土地制度、对外开放、文化教育、司法公正、环境保护、养老就业、医药卫生、党建纪检等领域具有牵引作用的改革牢牢抓在手上，坚持抓重点和带整体相结合、治标和治本相促进、重点突破和渐进推动相衔接，精准发力、持续用力，推动改革不断取得新成效。①

最后，要强化责任意识、问题意识、攻坚意识，加强组织领导。要抓好改革任务统筹协调，更加注重改革的系统性、整体性、协同性，重点提出一些起标志性、关联性作用的改革举措，把需要攻坚克难的硬骨头找出来，把需要闯的难关、需要蹚的险滩标出来，加强对跨区域跨部门重大改革事项协调，一鼓作气、势如破竹地把改革难点攻克下来。②

党的十九大报告指出，我国经济已由高速增长阶段转向高质量发展阶段。十九大通过的《中国共产党章程（修正案）》也将之前"又好又快发展"的表述修改为"更高质量、更有效率、更加公平、更可持续发展"。这体现了

---

① 《习近平主持召开中央全面深化改革领导小组第二十次会议强调扭住全面深化改革各项目标 落实主体责任拧紧责任螺丝 李克强刘云山张高丽出席》，《人民日报》2016年1月12日第1版。

② 《习近平主持召开中央全面深化改革领导小组第八次会议强调 巩固良好势头再接再厉乘势而上 推动全面深化改革不断取得新成效 李克强刘云山张高丽出席》，《人民日报》2014年12月31日第1版。

习近平总书记的经济工作和思想的方法论，为中国经济发展方式转变和保持战略定力提供了根本遵循。

第三节 稳中求进的工作总基调

党的十八大以来，习近平总书记多次强调和阐释稳中求进工作总基调，[①] 历年中央经济工作会议都加以重申。2016年中央经济工作会议更进一步，把稳中求进工作总基调提升和定位为治国理政的重要原则和做好经济工作的方法论。在中国经济发展进入新常态，面临一系列挑战的情况下，贯彻好这个总基调具有特别重要的意义。特别是，只有保持好"稳"与"进"的辩证关系，才能实现创新、协调、绿色、开放和共享的发展。

一 "稳"与"进"的辩证法

唯物辩证法关于事物的发展是新与旧的交替和质与量的统一的观点，奠定了经济工作中稳与进之间关系的认识论基础。经济发展本身就是在存量与增量关系的动态变化中实现的。这里所说的存量，不仅包括经济总量还包括经济结构，表现为各种经济变量之间的关系，要求具有稳定性和均衡性；增量则是在前者"稳定"的基础上，通过"进取"得以实现。例如，我们讲在效益和质量提高的基

---

① 2011年12月14日闭幕的中央经济工作会议明确了2012年中国宏观经济政策的基调、方向和主要任务，"稳中求进"成为2012年中国经济工作的主调，引起全球注目。

础上，保持经济中高速增长，就是这个道理。稳中求进工作总基调，针对中国经济发展进入新常态条件下所面临的挑战，最准确地表达了这个辩证关系。

在2014年12月1日中共中央召开的党外人士座谈会上，习近平总书记阐明了坚持稳中求进工作总基调的内涵，指出稳的重点要放在稳定经济运行上，进的重点是深化改革开放和调整结构。在同一讲话中，他高度概括性地揭示了这一关于工作总基调的表述中，体现的是"稳和进有机统一、相互促进"的辩证关系。① 在2015年12月10日的一次座谈会上，习近平总书记进一步阐释这一工作总基调与整个经济工作的辩证关系，即"战略上我们要坚持稳中求进、把握好节奏和力度，战术上要抓关键点"②。正是由于对经济工作的战略部署与推进经济工作方法论实现了高度统一这一特性，稳中求进工作总基调成为党中央治国理政的重要原则。

以稳定经济运行为重点的"稳"，是做好经济工作的基调和大局，把这个大前提确立下来，实现了经济社会的平稳发展，才能守住资源、环境和生态底线，守住民生底线，守住防范系统性风险的底线。我国发展中仍然存在着不平衡、不协调、不可持续的问题，增长的效益和质量不

---

① 《征求对经济工作的意见和建议 中共中央召开党外人士座谈会 习近平主持并发表重要讲话 李克强通报有关情况 俞正声刘云山张高丽出席》，《人民日报》2014年12月6日第1版。

② 《征求对经济工作的意见和建议 中共中央召开党外人士座谈会 习近平主持并发表重要讲话 李克强通报有关情况 俞正声刘云山张高丽出席》，《人民日报》2015年12月15日第1版。

够高。从这些方面着眼和入手,解决经济社会发展存量中的问题,就是工作总基调对"稳"的要求。

在"稳"的前提下,要在关键领域有所进取,在把握好度的前提下奋发有为,努力实现经济社会发展的新进展、新突破、新成效。正是立足于稳中求进的工作总基调,中央作出了着眼于整体政策方向与具体政策定位相统一的要求和部署,即分别从宏观政策要稳、产业政策要准、微观政策要活、改革政策要实、社会政策要托底等几个方面,有针对性地予以具体贯彻落实。

二 以"稳定"立大格局

稳中求进的"稳"字,首先是宏观政策要稳。作为新常态特点的增长减速,主要不是需求侧冲击造成的,而是特定发展阶段上符合规律的供给侧的增长速度换挡。因此,"稳"的第一个要求就是适应新常态,保持战略上的平常心,不要进行需求侧的强刺激,避免形成经济泡沫从而酝酿金融风险。中央经济工作会议坚持实施积极的财政政策和稳健的货币政策,财政政策与推进供给侧结构性改革相配合,货币政策保持稳健中性,保持人民币汇率在合理均衡水平上的基本稳定,是适应新常态、树立大格局的政策基点,从而做到稳定预期、稳定信心,从而防范系统性风险。

稳中求进工作总基调中的"稳"字,也要求经济增速保持在合理区间。在提高效益和质量的前提下经济保持中高速增长,是稳定增长速度的内涵。经济增长预期以新常态下潜在增长率来确定，实际增长速度不突破潜在增长率下限，同时也不超越潜在增长率加上适度扩大总需求政策效应和推进改革效应决定的上限，就是增长速度的合理区间。根据作者的估算，在"十三五"时期，这样一个符合稳中求进工作总基调的合理速度区间，应该在6.2%—6.7%，"增之一分则太肥、减之一分则太瘦"。

由于人口年龄结构的变化，中国不再处于劳动力无限供给这个二元经济发展阶段，传统增长动能逐渐式微，经济增长速度下行是符合发展规律的现象。伴随着从中等偏上收入向高收入国家行列的跨越，以人口红利为特点的传统动能不再能够支撑以往的经济增长，而越来越依靠全要素生产率的提高。一方面，我们不应该期待潜在增长率回到过去四十年接近两位数的水平；另一方面，在新的增长动能尚未充分显现之前，潜在增长率的下降会比较剧烈，而从需求侧进行刺激并无助于此。因此，以潜在增长率为下限确立速度预期，就是新常态下，宏观经济稳定、效益和质量不会降低的中高速增长。

保障和改善民生是"稳"的落脚点。在新常态下，一方面增长速度下行使得可供分配的蛋糕增量变小；另一方面推进供给侧结构性改革，会带来产业结构的变动、企业的优胜劣汰，会使部分劳动者遭遇结构性和摩擦性冲击。因此，从以人民为中心的发展思想出发，落脚于保障和改善民生，增强发展的共享性，加大再分配力度，实现脱贫攻坚和社会政策托底，让人民群众从改革、开放和发展中更有获得感，是稳中求进的题中应有之义。

三 以"进取"定新方位

稳中求进既是经济工作方法论,也是对预期达到的一种经济运行格局的描述。"稳"是为了求"进",既"稳"且"进"则是一种格局。在经济发展新常态的几个显著特点中,速度换挡是对特定现象的描述和解析,也是适应新常态的认识前提,而发展方式转变和产业结构优化升级,并达到增长动能的转换,则是引领新常态的预期要求。因此,新常态这个经济发展大逻辑,结合稳中求进的工作总基调,共同构成了引导必然王国到自由王国跃升的方法论。在稳定的前提下,把握好度和节奏,采取积极进取的态度,推动供给侧结构性改革,实现转方式、调结构和转动能,才能最终把新常态引领到新方位。

在改革开放期间的很长时间里,中国经济具有典型的二元经济发展特征,表现为劳动力充分供给、人力资本较快积累、资本回报率高、劳动力从农业向非农产业转移带来资源重新配置效率。改革开放将这些特征转化为产业、产品的比较优势,则带来高速经济增长和就业扩大,人口红利得以充分兑现,实际增长速度符合这一时期具有的潜在增长率。随着人口转变和经济发展双双进入新的阶段,特别是在2010年前后劳动年龄人口增长到达峰值、人口抚养比下降触及谷底,中国经济也成为世界第二大经济体,按照人均国内生产总值衡量进入中等偏上收入国家行列,传统增长动能加快消失导致潜在增长率下降。这一经济发展新常态提出寻求和挖掘新的增长动能的必然要求。

因此,贯彻稳中求进工作总基调的逻辑和路径,就是在认识和适应新常态的基础上,一方面接受新的潜在增长率,降低增长速度预期,稳定经济运行;另一方面通过推进供给侧结构性改革,消除要素供给和资源配置中现存的体制性障碍,按照优化资源配置的方式进行产业结构调整,实现经济增长主要依靠要素投入到主要依靠全要素生产率提高的转变。由此看来,经济发展方式的转变也就是增长动能的转换,以提高全要素生产率引导的产业结构优化升级,必然导致潜在增长率的提高,表现为改革红利。按照这个逻辑和路径,稳字当头,进也就在其中了。

第四节　提高创新思维

回望中国改革开放发展历程,我们在认识和实践上的每一次突破和发展,都是人民群众、各级政府和理论工作者们发扬创新精神,突破旧有理论或制度羁绊的成果。在经济发展新常态下,要深刻领会五大发展理念的要义,深入推进供给侧结构性改革,就必须要运用科学理论思维观察现象、分析问题、解决问题,不断增强经济政策的科学性、预见性、主动性和创造性。其中,创新思维能力对于一个国家的发展而言有着至关重要的决定性作用。中国特色社会主义不是教科书里的教条,不是刻板僵化的戒律,而是在实践中不断发展变化的生命体。我们在实践中不断完善,在发展中不断变革,形成和发展了中国特色社会主义。[①]

---

① 《习近平在伦敦金融城发表重要演讲》,《人民日报》2015年10月23日第1版。

创新是引领发展的第一动力。创新不仅包含科技创新,也不局限在经济领域。广义的创新包括产品、工艺、商业模式、科学技术、组织制度、思想观念、知识体系等方面的突破。我们所说的创新思维能力,就是指在思想理论层面破除迷信、超越陈规,善于因时制宜、知难而进、开拓创新的能力。提高创新思维能力,就是要有敢为人先的锐气,打破迷信经验、迷信本本、迷信权威的惯性思维,摒弃不合时宜的旧观念,以思想认识的新飞跃打开工作的新局面。

中国人民具有伟大梦想精神,中华民族充满变革和开放精神。① 习近平总书记在省部级主要领导干部学习班讲话中,举出了中华民族在历史上的诸多伟大创新成果,以及中国历史上在思想文化、社会制度、经济发展、科学技术以及其他许多方面处于世界领先地位,对周边发挥的重要辐射作用和引领作用,也指出近代以来错失了多次科技和产业革命带来的巨大发展机遇。习近平总书记还指出,我国同发达国家的科技经济实力差距主要体现在创新能力上。②

习近平总书记从历史的角度提出创新的重要性,扩展了学界以英国科技史学家李约瑟命名的"李约瑟之谜"的内涵,即为什么中国科技发展在前现代时期处于世界领先

---

① 习近平:《在庆祝改革开放 40 周年大会上的讲话》,《人民日报》2018 年 12 月 19 日第 2 版。

② 习近平:《在省部级主要领导干部学习贯彻党的十八届五中全会精神专题研讨班上的讲话》,《人民日报》2016 年 5 月 10 日第 2 版。

第二章　认识论与方法论

地位，而随后的发展未能保持这样的地位，从而错失工业革命良机，① 也提示了回答这个重大理论谜题的答案，即在根本上，问题可以从创新能力角度加以解释。

在今天强调创新，首先就要破除迷信、解放思想。例如，在深化改革问题上，一些思想观念障碍往往不是来自体制外而是来自体制内。思想不解放，我们就很难看清各种利益固化的症结所在，很难找准突破的方向和着力点，很难拿出创造性的改革举措。因此，一定要有自我革新的勇气和胸怀，跳出条条框框限制，克服部门利益掣肘，以积极主动精神研究和提出改革举措。② 习近平总书记指出，要鼓励地方、基层、群众大胆探索、先行先试，勇于推进理论和实践创新，不断深化对改革规律的认识。③

提出改革举措当然要慎重，要反复研究、反复论证，

---

① 另一位科技史学家坦普尔也发现，现代世界赖以建立的基本发明创造，几乎有一半以上源于中国。然而，中国发明创造的数量占世界的比重自1500年以后急剧下降，一经工业革命开始则已经微不足道。例如，科技史资料显示，在公元401—1000年间，全世界45件重大科技发明中有32件发生在中国，而到了公元1501—1840年间，全世界472件重大科技发明中只有19件属于中国。见 Robert K. G. Temple, *The Genius of China: 3000 Years of Science, Discovery, and Invention*, London: Carlton Publishing Group, 2007, p. 11。

② 习近平：《关于〈中共中央关于全面深化改革若干重大问题的决定〉的说明》，《人民日报》2013年11月16日第1版。

③ 《习近平在中共中央政治局第十一次集体学习时强调 推动全党学习和掌握历史唯物主义 更好认识规律更加能动地推进工作》，《人民日报》2013年12月5日第1版。

但也不能因此就谨小慎微、裹足不前,什么也不敢干、不敢试。搞改革,现有的工作格局和体制运行不可能一点都不打破,不可能都是四平八稳、没有任何风险。只要经过了充分论证和评估,只要是符合实际、必须做的,该干的还是要大胆干。①

提高一个国家的创新思维能力,还要通过重塑价值观和建立激励机制,以充分调动蕴藏在广大科技工作者和普通大众身上的创新潜力。有研究发现,保护和激发个性、想象力、理解力和自我实现的文化有助于促进一个国家的自主创新水平。这种文化氛围孕育出了有利于激发创新活力的价值观和政府政策。比如,通过营造公平竞争的环境来选拔人才、激发企业家精神,赋予普罗大众以提出新创意、设计新产品、开拓新市场的权利,构建权、责、利相匹配的国家治理体系等。

特别要注意,中国传统文化的某些基因强调中庸和安稳,而并不鼓励冒险和创新。这就使得人们在现实中面对实际问题时往往不敢违反条条框框、具有创造力地去解决。因而,培育鼓励创新的良好文化氛围对今天的中国至关重要。在逐步培育鼓励创新的价值观的基础之上,要着手进一步解放思想,打破各种思想禁区,鼓励人们自由思考、有效沟通、激烈碰撞,逐步形成开放包容的创意市场,发挥理论创新的先导作用,为制度创新、科技创新、

---

① 习近平:《关于〈中共中央关于全面深化改革若干重大问题的决定〉的说明》,《人民日报》2013年11月16日第1版。

文化创新等各方面提供绵延不绝的思想源泉。

当代中国的发展道路自有其独特性，既面临体制转型的挑战，又经历着发展阶段的转换；既有五千年中华文明基因的深刻影响，又不断学习着国外的理论与经验。正是由于中国问题的高度复杂性，古人的做法和国外的经验都只能作为参考和借鉴，而无法简单照搬照抄。在这种情况之下，就必须最大限度地广泛汲取人民群众的智慧，激励人们在各个方向上的自由探索和独立思考，将顶层设计与摸着石头过河有机结合起来。

此外，对于经济理论工作者来说，要意识到中国发生的现象正是从事经济理论创新的大好机会。这就意味着要认识到中国的改革伴随着双重转变，必然有机会见证一系列经济史上难得一遇的重大事件。第一个是作为经济发展过程经历着一个二元经济结构的转变。第二个是作为经济转轨过程经历着一个从计划经济向市场经济的体制转变。除了每个转变本身所具有的特殊性之外，这两个转变的交织，也形成了中国发展道路的特色所在，也为一系列理论创新提供了用武之地。

这种独特的双重转变过程，在经验上不同于先行工业化国家走过的道路，因而赋予了中国经济现实与新古典经济学理论预期的诸多不一致。这提示我们，运用在其他环境下形成的现成理论工具来观察和理解经济现实问题，应该具有开放的思维和怀疑的态度，既不迷信理论，当然也不要把表面现象轻信为事实。这是实现经济理论创新的重要前提，也应该是中国特色社会主义政治经济学对于经济学科发展和发展中国家的贡献所在。

第五节　守住底线思维

底线思维凸显一种危机意识，是对战略定力与创新思维的重要支撑。对事物的发展变化要有战略定力，就需要对于最坏的结果有防范能承受；对创新行为的提倡与鼓励，就需要对于创造性破坏有预判有应对。尤其在经济进入新常态，经济增速趋缓、转型升级艰难，外部环境复杂以及跨越中等收入陷阱重任在肩的情况下，守住底线，不爆发危机，将是实现全面小康的重要保障。

底线是不可逾越的警戒线，是事物质变的临界点。一旦突破底线，就会出现无法接受的坏结果。底线思维能力，就是客观地设定最低目标，立足最低点，争取最大期望值的能力。提高底线思维能力，就是要居安思危、增强忧患意识，宁可把形势想得更复杂一点，把挑战看得更严峻一些，做好应付最坏局面的思想准备。要增强前瞻意识，把工作预案准备得更充分、更周详，做到心中有数、处变不惊。

中国共产党人对底线思维有着深刻的认识。从最坏的可能性着想，在此基础上建立政策、部署工作，是毛泽东同志一贯倡导的工作方法，体现了马克思主义的唯物辩证法和科学方法论。党的十八大以来，习近平总书记始终坚持这一方法论来分析国际国内形势。2012年11月30日，他在党外人士经济形势和经济工作座谈会上指出："我们要坚持'两点论'，一分为二看问题，既要看到国际国内形势中有利的一面，也看到不利的一面，从坏处着想，做最充分的准备，争取较好的结果。"① 2012年12月9日，他在广东主持召开经济工作座谈会时又强调：面对错综复杂、快速变化的形势，我们要"从坏处准备，争取最好的结果，牢牢把握主动权"②。

为什么要强调从坏处准备，坚持稳中求进呢？习近平总书记指出："中国是一个大国，决不能在根本性问题上出现颠覆性错误，一旦出现就无法挽回、无法弥补。"③ 这就意味着在工作中要始终坚持底线思维，全面认识和正确分析机遇和挑战，未雨绸缪，加强研判，谋定而后动，在保持大局稳定的前提下，稳中求进、稳中有为。

习近平总书记有关"修昔底德陷阱"的研判是运用底线思维分析大势的典型案例。"修昔底德陷阱"，是指一个新崛起的大国必然要挑战现存大国，而现存大国也必然会回应这种威胁，这样战争变得不可避免。此说法是美国学者格雷厄姆·艾利森最先提出，因据说源自古希腊著名历史学家修昔底德而得名。仅从经济层面看，随着中国的快速崛起，经济总量不断扩张，中国经济对世界的影响力不

---

① 《征求对经济工作的意见和建议 中共中央召开党外人士座谈会 习近平主持会议并发表重要讲话 温家宝通报有关情况 李克强张德江俞正声刘云山王岐山张高丽出席》，《人民日报》2012年12月7日第1版。

② 《习近平在广东主持召开经济工作会时强调 坚定必胜信心 增强忧患意识 坚持稳中求进推动经济持续健康发展》，《人民日报》2012年12月11日第1版。

③ 习近平：《深化改革开放共创美好亚太——在亚太经合组织工商领导人峰会上的演讲》，《人民日报》2013年10月8日第3版。

断增强，国际话语权不断增强，势必引发美国等其他国家的恐惧、不信任和过度反应。因此，无论"修昔底德陷阱"这个概念准确与否，管控好分歧，避免"修昔底德陷阱"的出现显然是中国的底线所在。

2015年9月22日，习近平出席华盛顿州当地政府和美国友好团体联合举行的欢迎宴会时一针见血地指出，世界上本无"修昔底德陷阱"，但大国之间一再发生战略误判，就可能自己给自己造成"修昔底德陷阱"①。

这一精辟论断的政策含义至少可以从以下三个方面理解。第一，向世界宣示，作为正在崛起的大国，中国没有谋求霸权的基因，强国只能追求霸权的主张不适用于中国，"修昔底德陷阱"可以避免。第二，为了避免这一最坏局面，中美两国首先应加深对彼此战略走向、发展道路的了解，多一些理解、少一些隔阂，多一些信任、少一些猜忌，防止战略误解误判。第三，在此基础之上，中美两国应当随时而动、顺势而为、拓展合作、管控分歧，使两国关系发展成果更多惠及两国人民和世界人民。这样一来，中美共同利益只会扩大、不会减少，合作领域只会拓宽、不会变窄，"修昔底德陷阱"就不会出现。

秉持着上述例子中蕴含的方法论来观察中国经济，我们会发现，在经济步入新常态的发展阶段，世情与国情都发生着深刻变化，中国经济运行中必然充满着各类风险与高度不确定性。在这方面，习近平总书记借用一个经济研

---

① 习近平：《在华盛顿州当地政府和美国友好团体联合欢迎宴会上的演讲》，《人民日报》2015年9月24日第2版。

究中经常被讨论的概念和现象——"中等收入陷阱",突出了这种忧患意识和底线思维,既充满信心地指出,对中国而言,"中等收入陷阱"过是肯定要过去的,又提出了要认真研究和决断"关键是什么时候迈过去、迈过去以后如何更好向前发展"的问题。

面对新挑战,决策者尤其要善于运用底线思维的方法,凡事从坏处准备,努力争取最好的结果,这样才能有备无患、遇事不慌,牢牢把握主动权。在新常态下,供给效率不高、财政收入增长乏力、企业债务风险增加、房地产市场分化等各类风险正在积累或暴露,这都是一些可能引发经济下行和风险增大的边际变化。面对这些困难,决策者必须善于运用底线思维,防患于未然,才能赢得工作的主动权。

这就意味着,在经济发展新常态下,各级领导干部从制定宏观政策、措施到出台解决具体问题的工作方案,都需要准确地找出短板,据此划定不可逾越的底线,即包括稳增长、促就业"下限"和防通胀"上限"的经济底线。要守住经济风险底线,关注风险积聚发生发展趋势,严控增量、区别对待、分类施策、有序化解。要守住环境保护的底线,推动形成绿色低碳循环发展新方式。要守住民生底线,更加重视民生改善和社会建设。社会政策要托底,就是要守住民生底线。要更好发挥社会保障的社会稳定器作用,把重点放在兜底上,保障群众基本生活,保障基本公共服务。①

---

① 《中央经济工作会议在北京举行 习近平李克强作重要讲话 张德江俞正声刘云山王岐山张高丽出席会议》,《人民日报》2015 年 12 月 22 日第 1 版。

底线思维并不意味着退缩和保守。相反，真正坚持底线思维仍需要开拓进取。比如，"十三五"规划提出，在到2020年之前的5年中，经济年均增长保持在6.5%以上，各地相应确定了经济增长目标。怎样实现这样的中高速呢？在经济发展新常态下，靠惯性思维、陈旧体制、过时办法、传统产业显然是不行的，必须贯彻新理念、形成新体制、运用新办法、发展新产业。也就是说，只有积极进取、改革创新，才能达到发展目标、守住增长底线。正所谓"取乎其上，得乎其中；取乎其中，得乎其下；取乎其下，则无所得矣"。

又如，对于全面建成小康社会目标来说，确保五千多万农村贫困人口按照现行标准全部脱贫是最硬的底线。如果没有担当精神，不敢较真碰硬，不深入到贫困地区和贫困群众中去，搞清楚贫困的底数和致贫的原因，采取精准管用的办法、调动全社会的积极性推进脱贫攻坚，就不能实现脱贫目标，也将无法守住建成全面小康的这一底线。简言之，只有把困难和挑战估计得充分一些，把防范措施做得周密一些，才能够使中国经济在步入新常态征途上"不跌跤、不熄火"，实现增速平缓换挡。

再比如，要守住不发生系统性区域性风险底线、维护国家经济金融安全，只有更加进取才能做到。在经济全球化深入发展、中国深度融入世界经济的大趋势下，自我封闭起来显然是行不通的，那样只会酿成更大风险。须知，只有建成经济强国、金融强国，才能更好维护经济安全和金融安全；而要建成经济强国、金融强国，反而必须提高对外开放水平，发展更高层次的开放型经济。也就是说，在开放中增强自身实力和抵御风险能力。对于一个地区的改革发展来讲，道理也是如此。

第六节 坚持问题导向与目标导向相结合

习近平总书记强调，要有强烈的问题意识，以重大问题为导向，抓住关键问题进一步研究思考，着力推动解决我国改革发展面临的一系列突出矛盾和问题。[1] 我们强调增强问题意识、坚持问题导向，就是承认矛盾的普遍性、客观性，就是要善于把认识和化解矛盾作为打开工作局面的突破口。[2] 与此同时也要注意到，强调目标导向也具有凝聚共识、明确方向、突出重点的重要意义。因此要将问题导向与目标导向结合起来制定改革发展战略。

回顾整个改革开放的历史进程，问题导向与目标导向结合的方法论发挥着重要作用。例如，1980年，邓小平等中央领导同志形成了从1981年到20世纪末的20年实现工农业总产值"翻两番"的战略构想。这一战略首先是为了解决当时社会生产力发展水平无法满足人民群众日益增长的物质文化需求这一主要矛盾而制定的，具有鲜明的问题导向性质。与此同时，翻两番目标就意味着国民经济年均增速要达到7.2%，高于之前30年5%左右的平均增速，这就给每年

---

[1] 习近平：《关于〈中共中央关于全面深化改革若干重大问题的决定〉的说明》，《人民日报》2013年11月16日第1版。
[2] 《习近平在中共中央政治局第二十次集体学习时强调 坚持运用辩证唯物主义世界观方法论 提高解决我国改革发展基本问题本领》，《人民日报》2015年1月25日第1版。

的国民经济发展设定了一个经过努力可以实现的较高目标，有利于凝聚全社会共识，集中精力搞经济建设。

事实上，翻两番战略目标到 1995 年就已经提前 5 年实现，为中国经济的重新崛起和人民生活水平的提高打下了坚实的物质基础。于是，中国终于在改革开放的进程中把自己在几个世纪"大分流"中的落后地位，逆转为向发达经济体的"大趋同"，开始了中华民族复兴的宏伟征程。回顾从邓小平同志提出"翻两番"设想和"三步走"战略，到党中央提出"全面建设小康社会目标"，再到将其升华为两个"一百年目标"① 表述，直至党的十九大指出在全面建成小康社会的基础上，分两步走在 21 世纪中叶建成富强民主文明和谐美丽的社会主义现代化强国的过程，都始终贯穿着问题导向与目标导向相结合的方法论。

在实现中国梦的新征程中，坚持问题导向与目标导向结合的方法论仍是我们正确制定战略的重要武器。从邓小平同志拟定的"翻两番"设想和"三步走"战略，到"两个一百年"目标，最终都可以统一在党的十八大提出的总任务之中，即实现社会主义现代化和中华民族伟大复兴。2012 年 11 月党的十八大闭幕之后的 29 日，新当选的

---

① 1997 年党的十五大首次提及"两个一百年"目标。具体表述如下："展望下世纪，我们的目标是，第一个 10 年实现国民生产总值比 2000 年翻一番，使人民的小康生活更加宽裕，形成比较完善的社会主义市场经济体制；再经过 10 年的努力，到建党 100 年时，使国民经济更加发展，各项制度更加完善；到下世纪中叶建国 100 年时，基本实现现代化，建成富强民主文明的社会主义国家。"党的十八大则明确宣告要实现"两个一百年"奋斗目标。

中共中央总书记习近平,带领新一届中央政治局常委参观中国国家博物馆"复兴之路"展览现场时,首次提出"中国梦"的概念,称之为实现伟大复兴就是中华民族近代以来最伟大梦想,而且满怀信心地表示这个梦想"一定能实现"[①]。我们可以将"中国梦"作为党的十八大提出总任务的"百姓版"。

在发展战略的制定方面,首先要把应该树立什么样的发展理念搞清楚、确定下来。发展理念是战略性、纲领性、引领性的东西,是发展思路、发展方向、发展着力点的集中体现。发展理念搞对了,目标任务就好定了,政策举措跟着也就好定了[②]。而发展理念的确立,正是问题导向与目标导向相结合的结果。党的十八届五中全会提出的创新、协调、绿色、开放、共享的发展理念,充分反映了党的十八大以来我们党治国理政的新理念、新思想和新战略,对关于发展的目的、方式、路径、着力点、衡量和共享等方面的问题作出了全面回应,具体体现了目标导向与问题导向的统一。

以习近平同志为核心的党中央,要求在"十三五"规划的编制过程中,始终坚持目标导向和问题导向相统一的方法论,既从实现全面建成小康社会目标倒推,厘清到时

---

① 《习近平在参观〈复兴之路〉展览时强调 承前启后 继往开来 继续朝着中华民族伟大复兴目标奋勇前进 李克强张德江俞正声刘云山王岐山张高丽等参加参观活动》,《人民日报》2012年11月30日第1版。

② 习近平:《在党的十八届五中全会第二次全体会议上的讲话(节选)》,《求是》2016年第1期。

间节点必须完成的任务，又从迫切需要解决的问题顺推，明确破解难题的途径和办法。①

例如，"十三五"规划对于全面建成小康社会，实现第一个百年目标提出的总体量化要求，是经济保持中高速增长，即年平均增长率不低于6.5%，到2020年GDP总量和城乡居民收入在2010年基础上翻一番。根据横向和纵向比较，并且从经济增长换挡减速这一新常态特点出发，中高速可以定义为实现翻番目标所要求的增长速度。这种倒排方式和倒逼机制，为"十三五"时期经济社会发展设定了时间表，实施路线图也相应由此确定。

在强调问题意识的同时，明确改革的总体目标同样是必不可少的。党的十八届三中全会提出，到2020年，要在重要领域和关键环节改革上取得决定性成果，完成全会提出的改革任务，形成系统完备、科学规范、运行有效的制度体系，使各方面制度更加成熟更加定型。为了实现这一总体目标，中央全面深化改革领导小组强调，推进改革要树立系统思想，推动有条件的地方和领域实现改革举措系统集成。要把住顶层设计和路线图，注重改革举措配套组合，使各项改革举措不断向中心目标靠拢。特别是同一领域改革举措要注意前后呼应、相互配合、形成整体。②

---

① 习近平：《关于〈中共中央关于制定国民经济和社会发展第十三个五年规划的建议〉的说明》，《人民日报》2015年11月4日第2版。

② 《习近平主持召开中央全面深化改革领导小组第二十二次会议强调 推动改革举措精准对焦协同发力 形成落实新发展理念的体制机制 刘云山张高丽出席》，《人民日报》2016年3月23日第1版。

清晰的改革蓝图能够提升改革的系统性、连续性，增强改革者的紧迫感，使得改革在总体方案的指导下不断朝着既定目标平稳有序推进。

在改革战略制定方面，强调问题意识，直面关键问题，以解决问题和实现目标倒逼改革，就能够抓住改革的牛鼻子，牵一发而动全身，将改革全面推向纵深。党的十八届三中全会制定的全面深化改革蓝图，就是基于强烈的问题意识而作出的。全面深化改革，必须立足于中国长期处于社会主义初级阶段这个最大实际，坚持发展仍是解决所有问题的关键这个重大战略判断。因此，以经济建设为中心，发挥经济体制改革牵引作用，将经济体制改革作为全面深化改革的重点就势在必行。

由于当前中国经济体制的一个主要问题是没有在实践中厘清市场与政府的关系，因此，经济体制改革的核心问题就是处理好政府和市场的关系，使市场在资源配置中起决定性作用和更好发挥政府作用。完善基本经济制度、市场体系建设、行政体制改革、财税改革等具体的改革方略的设计，都围绕着这一核心问题展开。

第七节　试点是改革的重要方法

中国改革事业的成功，既要高瞻远瞩、顶层设计，又要有基层创新、试点推广。改革往往要走未走过的路，因此，免不了要试错。而为了不犯颠覆性的错误，试错的过程就是必要的。试点为降低改革风险、摸清改革规律打牢基础。实践是检验真理的唯一标准，也是认识规律、把握规律、运用规律推动事业发展的必由之路。通过试点、试错，不断实践，总结规律，才能应对全面深化改革这样复杂而艰巨的挑战。

试点是重要的改革方法。

习近平总书记在中央全面深化改革领导小组第十三次会议上指出，"试点是改革的重要任务，更是改革的重要方法。试点能否迈开步子、蹚出路子，直接关系改革成效"。在中央深改组第三十五次会议上，习近平总书记进一步指出："试点目的是探索改革的实现路径和实现形式，为面上改革提供可复制可推广的经验做法。试点要取得实效，必须解放思想、与时俱进，尽可能把问题穷尽，让矛盾凸显，真正起到压力测试作用。"

试点是打破僵局、取得改革成效的有力保障。

随着改革不断深入，其艰巨性、复杂性、系统性愈加凸显，要打破僵局，啃下改革硬骨头，就需要通过试点探索改革的实现路径和实现形式，为面上改革提供可复制可推广的经验做法，发挥好试点对改革全局的示范、突破和带动作用。从自贸区改革试点，到国企改革试点，从司法领域改革试点，到生态领域改革试点……近年来，以习近平同志为核心的党中央聚焦重大改革任务，突出抓了一系列重大试点，深耕细作改革"试验田"，为推进全国面上改革积累了丰富经验、激发出生机活力。实践证明，试点能否迈开步子、蹚出路子，直接关系改革成效。抓好试点，是改革破局开路的重要一招。在改革涉深水、闯险滩的关键时期，搞试点既是解决具体问题的现实需要，也是通过以点带面实现整体突破、取得总体成效的有力保障。

试点可以最大限度调动各方面改革的积极性。

一方面,改革试点要注意同中央确定的大的发展战略紧密结合起来,在遵循顶层设计的同时,尊重基层实践,多听基层和一线声音,多取得第一手材料,正确看待新事物新做法。对待试点不能求全责备,而应辩证地看、发展地看,要有试错、容错的空间。只要是符合实际需要,符合发展规律,就给予支持,鼓励试、大胆改,保护好地方和部门的积极性,最大限度调动各方面推进改革的积极性、主动性、创造性;另一方面,要加大对试点的总结评估,对证明行之有效的经验做法,及时总结提炼、完善规范,在面上推广,推动试点由点及面逐次铺开,带动改革全局。

试点要充分考虑到现实情况的差异性,"十个手指弹钢琴"。

"物之不齐,物之情也。"现实情况千差万别,提高改革试点工作科学性,需要区分不同情况,分析各个改革试点内在联系,实施分类指导,加强统筹协调,把握好改革试点工作节奏。对具有基础性、支撑性的重大制度改革试点,要争取早日形成制度成果;对关联度高、互为条件的改革试点,要统筹协调推进;对领域相近、功能互补的改革试点,可以开展综合配套试点,推动系统集成;对任务进展缓慢、到期没有完成的改革试点,要提前预警、督促落实。唯有本着"一把钥匙开一把锁"的原则,运用"十个手指弹钢琴"的方法,以系统思维、精准施策实现力量聚合、经验整合,才能让试点为面上改革提供有益经验和前进动力。

试点考验改革的勇气与担当。

善于运用试点的办法开展工作、深化改革，体现勇气智慧，考验责任担当。很多事情，不试怎知行不行。但改革会触碰思想观念障碍，触及体制机制弊端，触动利益固化藩篱，必然会遭遇阻力、矛盾和问题，难以一蹴而就，更不会一帆风顺，决不能凭想当然、靠拍脑袋去搞改革试点。局部试点为的是收获全局之利，意味着改革试点要注意同中央确定的大的发展战略紧密结合起来，为国家战略实施创造良好条件。各地应加强改革试点的统筹部署、督察指导和主体责任落实，根据改革需要的试点条件灵活设置试点范围和层级，做到效果可期、风险可控，牢牢掌握试点工作的主动权，形成可复制可推广的试点经验和成功做法，让试点真正成为改革克难关、解难题的利器。当前，全面深化改革进入深水区、攻坚期，希望通过试点，涌现出一大批改革的实干家、促进派。

第三章

遵循经济发展新常态的大逻辑

中国经济发展进入的新常态,既不是一种中短周期波动表现,也不是任何已知的经济长周期现象,而是中国经济发展长期过程的一个新阶段,是中华民族伟大复兴途中一个重要的里程碑。从这个长期的、历史的大视角认识新常态,以其作为经济发展跨阶段的大逻辑引领新常态,需要从供给侧寻找经济增长减速的因素,找准结构性改革的关键领域,对改革推进的方式作出恰当选择,进而赢取改革红利。基于此,中国经济方能挖掘传统增长动能的潜力和开启新的增长源泉,从而实现长期可持续的中高速增长,分别在2020年和2050年实现党的十八大确立的第一个和第二个"一百年目标"。

经济发展的新常态(new normal)这个概念,尽管从表述来看借鉴自西方,但已经按照中国的语境进行过创造性转化,具有全新的内涵。与此同时,人们则更倾向于用"新平庸"(new mediocre)来描述世界经济增长趋势,甚至以"长期停滞"(secular stagnation)表述发达国家经济增长。中国经济发展进入新常态的重要判断,以及习近平总书记围绕该判断所阐释的一系列理论论述,成为丰富和发展中国特色社会主义政治经济学的重要里程碑。如何全面认识新常态,并从时间维度与空间维度上把握和适应新常态,以全面深化改革引领新常态,将是"十三五"及今后一段时期中国经济发展的大逻辑。

第一节　全面认识新常态

一　中国新常态不同于全球新平庸

早在2002年,新常态一词就已在西方媒体中出现。①它主要是指互联网泡沫破灭后,发达经济体增长中出现的无就业复苏情景。2010年,太平洋投资管理公司首席执行官埃里安在其著名的题为"驾驭工业化国家的新常态"的报告中,正式用新常态概念来诠释危机后世界经济的新特征。②自那以后,这一概念迅速传播开来,大量国外媒体和知名学者开始在危机之后,全球需进行长期深度调整的意义上使用这一概念。

从全球经济的角度,无论是使用新常态、新平庸还是长期停滞,都是对危机后世界经济复苏状况的一种较为悲观的描述,并且更多的是指向发达经济体。如果我们用新常态来描述中国经济发展新特征,作为经济迈向更高级发展阶段的明确宣示,可以看到其与全球经济新平庸是截然

---

① Pash, C., "Use of the Label 'New Normal' on the Rise", *The Australian*, May 16, 2011.

② El-Erian, M. A., "The New Normal has been Devastating for America", *Business Insider*, March 22, 2014.

第三章　遵循经济发展新常态的大逻辑

不同的。

自 2014 年习近平总书记提出中国经济发展进入新常态、高屋建瓴地概括了新常态所具有的速度变化、结构优化和动力转化特征以来，这一深刻判断已经成为认识经济形势、找准主要挑战和着力施策的定盘星。随着认识的深化和实践的进程，新常态已经不再仅仅是一个热门词汇，而是在理论上不断完善和丰富，逐渐成为经济理论的一个崭新认识论，奠定了中国特色社会主义政治经济学的一个重要里程碑，对全面建成小康社会决胜阶段我国经济工作的总方向，将持续发挥重要的指导作用。

在"十三五"时期，中国经济发展的显著特征就是新常态。在新常态下，经济发展的主要特点是增长速度要从高速转向中高速，发展方式要从规模速度型转向质量效率型，经济结构调整要从增量扩能为主转向调整存量、做优增量并举，发展动力要从主要依靠资源和低成本劳动力等要素投入转向创新驱动。这些变化，是中国经济向形态更高级、分工更优化、结构更合理的阶段演进的必经过程。实现这样广泛而深刻的变化并不容易，对我们是一个新的巨大挑战。[①]

我们说中国经济进入新常态，绝不意味着中国经济已经进入某种新的稳态，更不是说中国的现状便是常态——如果把现状认作新常态，新常态就变成对现状的消极默

---

① 习近平：《在省部级主要领导干部学习贯彻党的十八届五中全会精神专题研讨班上的讲话》，《人民日报》2016 年 5 月 10 日第 2 版。

认，从而失去了其蕴含的进取精神。目前的状态只是新常态的一个起始点，它正引领我国经济进入一种动态优化过程：某些特征正在生成、发展、壮大，另一些特征则在弱化、改变或者消失。简言之，中国经济发展新常态应该是一个有着确定愿景、随实践不断发展变化的动态过程。

在新常态下，尽管中国经济面临较大下行压力，但"十三五"及今后一个时期，中国仍处于可以大有作为的发展重要战略机遇期，经济发展长期向好的基本面没有变，经济韧性好、潜力足、回旋空间大的基本特质没有变，经济持续增长的良好支撑基础和条件没有变，经济结构调整优化的前进态势没有变。我们要把握这些大势，坚持以经济建设为中心，坚持发展是硬道理的战略思想，变中求新、新中求进、进中突破，推动我国发展不断迈上新台阶。

在理论上更加准确理解和认识新常态，在实践中更加自觉适应和引领新常态，需要把我们面临的问题和挑战放在世界经济大格局、当前我国经济发展的阶段性变化，以及正在努力实现的宏伟愿景中予以把握，形成更具有一致性的分析框架，清晰界定相关的概念，厘清存在的模糊认识，才能明确工作思路，做好经济改革和发展这篇大文章。

二 新常态不是避风港

新常态，仅就其对于一定发展时段特征、趋势的概括而言，并不存在价值判断，不能简单地用好或坏来进行判别。比如，自20世纪80年代初至本轮危机之前全球经济的"大缓和"或"大稳定",相较于此前阶段的滞胀时期,也可以说是一个新常态;而日本所谓"失去的20年",相较于日本经济此前的较快增长,也算是新常态。中国经济发展新常态既包含"三期叠加"导致"结构性减速"的困难层面,更有经济向形态更高级、分工更优化、结构更合理阶段演进的积极层面。新常态构成了中国经济发展的基本语境,提出了塑造中国未来前途的大逻辑。但新常态不是安全岛,不是避风港,更不能以此为借口,把不好做或难做好的工作都以新常态作托词。

如何应对新常态,党中央提出三个关键词,即认识、适应和引领。"认识",就是强调要从长周期视角来理解中国经济当前及今后一段时期所处的发展阶段,无论是经济减速、结构调整还是增长动力转换,非一朝一夕之事,而是要持续较长时间。"适应",就是面对这样的新常态,要有历史耐心和定力。不能一遇减速,就指望强刺激,需摆脱高增长依赖症。特别是要学会在新常态下如何生存和发展,要把自己的行为模式、目标函数调试到新常态的"频道",跟着新常态的节奏起舞。

当然,这并不意味着只能被动适应新常态,实际上,第三个关键词最重要,就是"引领"。新常态意味着经济发展方式的根本转变,中国经济的"浴火重生"。为此,还需要以创新、协调、绿色、开放、共享的新发展理念为指引,大力推进供给侧结构性改革来逐步实现。

世界各主要经济体也认识到,经济新平庸的出路在于创新和改革。党的十八届三中、四中、五中全会和十九大对中国的改革发展作了全面部署,而美、欧、日等经济体也纷纷推出各自的改革计划与长期增长战略，全球性的创新和改革竞赛已经拉开序幕。这场竞赛不是零和博弈，而是各大经济体摆脱体制僵化与社会惰性的重要动力，也是持续增长的重要前提。因此，无论从国内角度还是国际角度看，均要求在新常态下有新作为，不能将新常态当作避风港而观望等待。

在一些地方，出现了以新常态为避风港"休养生息"，改革发展的积极性不足，甚至打算"熬到"届满的迹象。究其原因，一是破除"唯GDP论"往往被地方上片面理解成可以不要增长了；二是面对反腐高压，一些干部在工作上谨小慎微，多一事不如少一事，观望成为相对"保险"的做法；三是改革的推进使得各种利益格局处在调整之中，而相关改革实施方案缺乏细则难于落地，在此情况下，观望或不作为成了一些地方官员的"常态"；四是中央、地方改革权责尚未完全厘清，存在着激励不相容、改革缺乏动力的现象。那么，如何让广大干部走出避风港，积极引领新常态呢？

首先，要把违纪腐败问题与敢为天下先的探索区分开。中央提出，要有容错机制，鼓励担当，保护积极性。对勇于改革创新与担当，不谋一己之私的同志，要给他们撑腰。在敢啃"硬骨头"、敢蹚"地雷阵"、敢为天下先的过程中难免会出现失误或差错，对于这样的错误要有容忍度，而不是一棍子打死。面对新常态，如果以什么事也不干来避免犯错，就会形成坏的示范效应。打破这个僵局，就要给改革探索者和创新者一定的"试错权"和"试错空间"。只有这样，才能让各地放开手脚，最大限度调动大家的积极性、主动性、创造性，推动全社会形成想改革、敢改革、善改革的良好风尚。要形成这样的氛围，既要有制度的约束和惩戒，又要有制度的支持、保障和激励。

其次，要形成良好的政商关系和政治生态。现在各地不敢干事，或出现懒政、怠政，还可能由于在处理政商关系上畏首畏尾，生怕出事。确实，很多腐败问题与政商关系处理不当有关。因此，构建"亲""清"新型政商关系、形成风清气正的政治生态，是解决这一问题的关键。"亲"是勤政而为的标尺，"清"是坚守纪律的规则；亲商有助公平，清政需要公开。"亲""清"的实现要建章立制在先，要有边界、有担当、有作为，而不只是划清界限，推卸责任。要明确制度红线，不能认为官员与商人交往就一定是腐败。这需要我们推进法治建设，完善市场体系，在阳光下运行权力，在包容中发展经济。这是善治政府的体现，也是有为政府的重要保障。

最后，要赋予地方更多自主权，实现权威性与有效性的平衡。各项改革事业，都需要狠抓落实。没有这一条，改革就只停留在口号上、文件上、会议上。特别是，改革方案更多是原则性、方向性的，再细化的方案，也不可能穷尽现实的复杂性。因此，推进改革离不开因地制宜、基层创新。这就要赋予地方更多的自主权。

改革的顶层设计，是要树立中央的权威性，突出改革的协调性，也防止从部门和地方的视角偏离改革方向。但改革要能落地生根，就要突出"有效性"，鼓励首创精神，允许因地制宜。权威性与有效性缺一不可，要实现有机统一和新的平衡。如果仅仅权威性得到了较好的体现，有效性方面却有所削弱，即使表面上和原则上大家都听中央的指挥，但在真正贯彻落实上却有折扣，仍然难以实质性推进改革，百姓就会缺乏对改革红利的获得感。

改革要取得成效离不开地方自发和自主创新的积极性，这是过去四十年的成功经验。在推进供给侧结构性改革中，例如在国有企业改革、为企业减负、房地产调控，以及去产能、去杠杆、清理僵尸企业等方面，都可以让地方有较大的自由裁量权，在不违背中央大政方针的前提下，具体怎么做、做到什么程度，应由地方来定。

此外，也要从改革目标出发，以改革的思路，合理调整中央和地方事权及其相应的支出责任。推进改革固然是一种公共产品供给行为，但是，也需要有足够的激励来落实各项改革任务。供给侧结构性改革可以通过改善生产要素供给能力和配置效率，提高中国经济潜在增长率，即改革红利。但是，改革成本的支付和改革红利的获得，可能不是同一个主体，成本支出和红利获得的份额也可能不对称，因此，按照改革领域的性质，合理安排改革成本支出责任和改革红利获得预期，是实现改革激励相容的关键，也应该成为中央和地方事权和支出责任改革的一个重要考虑因素。

第二节　时间维度：大历史视野下的兴衰更替

经济发展中遇到的问题，有些表现为局部的、偶发的短期扰动现象，通常是经济周期理论研究的对象；也有一些则是全局性的、按照一定规律必然发生的长期性趋势，是经济增长理论或经济史的研究对象。认识后一种情形，需要在思维上具有历史纵深感，才能在判断上保持清醒认识和战略定力，进而在行动上选择并采取正确的应对策略。

习近平总书记指出，从历史长过程看，我国经济发展历程中新状态、新格局、新阶段总是在不断形成，经济发展新常态是这个长过程的一个阶段。这完全符合事物发展螺旋式上升的运动规律。全面认识和把握新常态，需要从时间和空间大角度审视我国发展。① 这一基于历史唯物主义的高屋建瓴的判断，应该成为我们认识经济发展新常态的根本性指引。

一 新常态与潜在增长率

新常态的一个特征表现就是经济增长速度放缓并持续下行。从周期的角度解释经济增长减速，通常是经济学家最习以为常的思维方式。例如，宏观经济学从经验上概括出经济周期的各种表现和形态，从理论上提供了五花八门的分析框架用来观察经济周期现象，在政策工具箱中则收藏着十八般兵器可以用来实施反周期举措。

在经济学说史上，人们根据各自的观察发现，在不同的时期分别出现过历时 3—4 年，被称作基钦周期的短周

---

① 习近平：《在省部级主要领导干部学习贯彻党的十八届五中全会精神专题研讨班上的讲话》，《人民日报》2016年5月10日第2版。

期；为时9—10年，被称作朱格拉周期的中周期；历时20—25年，被称作库兹涅茨周期的中长周期，以及为期长达50—60年，被称作康德拉季耶夫周期的长周期。在资本主义国家的经济发展过程中，各种类型的经济周期伴随着经济危机交替出现，可谓避也避不开。正因为如此，危机或周期问题成为宏观经济学诞生的催化剂以及学科发展中旷日持久的课题。

多数情况下，经济周期是由需求侧的冲击造成的。无论来自外部还是来自内部，扰动性冲击造成总需求的不足一旦严重到这样的程度，以致实际增长速度显著低于潜在增长率，就会形成增长率缺口，生产要素得不到充分利用，一个严重的表现就是周期性失业率攀升。在这种情况下，大多数宏观经济学家认为，旨在刺激总需求的宏观经济政策，或者宽松的货币政策或者扩张性的财政政策，以及与其配合使用的其他政策，如产业政策甚至区域政策，因其具有反周期的功能，可以加以采用以刺激经济增长，达到消除增长率缺口的效果。

中国经济在改革开放时期取得了史无前例的高速增长，也经历过若干次周期性减速，相应地形成了增长率缺口。我们的估算表明，在1979—1994年间和1995—2010年间，中国的潜在增长率分别为9.66%和10.34%。[1] 以

---

[1] Cai Fang, Lu Yang, "The End of China's Demographic Dividend: The Perspective of Potential GDP Growth", in Garnaut, Ross, Cai Fang and Song Ligang (eds.), *China: A New Model for Growth and Development*, ANUE Press, Canberra, 2013.

这一期间历年实际增长率减去对应的潜在增长率，就可以得到各年度的增长率缺口。

计算表明，在 2010 年之前的三十余年中，中国经济增长大体上有三个波动周期，分别形成了四个波谷即最大幅度的增长率缺口，即 1981 年为 -4.42%、1990 年为 -5.82%、1999 年为 -2.72% 和 2009 年为 -1.13%。有意思的是，每两个波谷之间的长度大体是 9—10 年，恰好符合一般认为的朱格拉周期特征（图 3-1）。

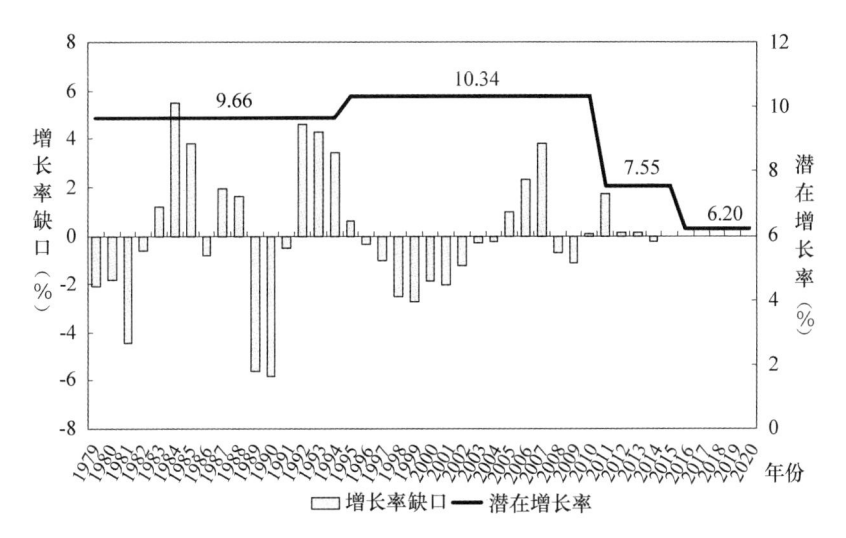

图 3-1 中国经济潜在增长率和增长率缺口

资料来源：Cai & Lu（2013）；国家统计局（历年）。

如果回顾改革开放时期的经济发展历程，可以看到，在上述几次经济增长减速发生的时候，都符合逻辑地出现了生产要素利用不足的现象，例如，表现为较严重的就业冲击。同样，虽然每一次的具体形式和力度不尽相同，但总体而言，宏观经济政策的确是以刺激经济增长的方式进行干预，最终达到抚平周期，使增长速度回归潜在增长率的目的。

中国经济自2012年增速明显减慢以来，国内生产总值（GDP）增长率一直处于下行趋势。如果按照以往的经验，即假设潜在增长率仍然是10%左右，则在2012—2015年间增长率分别为7.7%、7.7%、7.3%和6.9%的情况下，分别会形成逐渐加大的增长率缺口。然而，我们的估算和预测表明，中国潜在增长率已经下降到"十二五"时期的平均7.55%和"十三五"时期的6.20%。如果以此与实际增长率相比，就不存在增长率缺口了。那么，中国经济潜在增长率为什么会发生这样一个陡峭的下降呢？这个问题应该放在三个层次上，即从中国发展由盛到衰再由衰至盛的历史长河、从中等收入到高收入阶段转变，以及经济发展阶段变化的时机来认识。

二 新常态的大历史视角和阶段特征

从时间维度上看，中国发展经历了由盛到衰再到盛的几个大时期，今天的新常态是这种大时期更替变化的结果。习近平总书记在省部级主要领导干部学习贯彻十八届五中全会精神专题研讨班上的讲话，以宏大的视野和历史的纵深度，回顾了中国发展由盛到衰再到盛的历史演变。

中国古代以农业立国，农耕文明长期居于世界领先水平。汉代时，中国人口就超过6000万，垦地超过8亿亩。唐代长安城面积超过80平方公里，人口超过100万，宫殿金碧辉煌，佛寺宝塔高耸，东西两市十分繁荣。诗人岑参就有"长安城中百万家"的诗句。北宋时，国家税收峰值达到1.6亿贯,是当时世界上最富裕的国家。那个时候,伦敦、巴黎、威尼斯、佛罗伦萨的人口都不足10万,而我国拥有10万人口以上的城市近50座。

工业革命发生后,我们就开始落后了,西方国家则发展起来了。鸦片战争后,我国自给自足的自然经济逐渐解体,工业革命机遇没有抓住,尽管民族工业也有一些发展、外国资本也有一些进入,如上海的"十里洋场"、天津的工业、武汉的军工生产也曾名震一时,但总体上国家是贫穷落后、战乱不已的,在时代前进潮流中掉队了。这一状态持续了百余年。

新中国成立后,我们党领导人民开始大规模工业化建设。党的十一届三中全会开启了改革开放历史新时期。四十年来,尽管遇到各种困难,但我们创造了第二次世界大战结束后一个国家经济高速增长持续时间最长的奇迹。我国经济总量在世界上的排名,改革开放之初是第十一位;2005年超过法国,居第五位;2006年超过英国,居第四位;2007年超过德国,居第三位;2009年超过日本,居第二位。2010年,我国制造业规模超过美国,居世界第一位。我们用几十年时间走完了发达国家几百年走过的发展历程,创造了世界发展的奇迹。[①]

根据世界银行数据库,2014年,以市场现价美元计算的中国GDP总量为10.35万亿美元,占世界经济比重为

[①] 习近平:《在省部级主要领导干部学习贯彻党的十八届五中全会精神专题研讨班上的讲话》,《人民日报》2016年5月10日第2版。

13.28%；以现价美元计算的中国人均 GDP 为 7590 美元，相当于世界平均水平的 70.68%。按照 2014 年世界银行划分标准，人均国民总收入（或人均 GNI，大体上相当于人均 GDP）低于 1035 美元属于低收入国家，人均 GNI 在 1035—4086 美元为中等偏下收入国家，人均 GNI 在 4086—12616 美元为中等偏上收入国家，而人均 GNI 高于 12616 美元属于高收入国家。虽然中国迄今仍然位于中等偏上收入国家行列，但是，历史地来看，中国比历史上任何时候都更接近于中华民族伟大复兴。

英国科技史学家李约瑟倾其一生从事中国科技发展史研究，他发现自公元前 3 世纪直到 15 世纪，中国的科学发明和发现远远超过同时代的欧洲，居于世界领先水平，而那以后才被西方所逐渐赶超。彭慕兰等经济史学家也以大量史料表明，以中国为代表的东方国家曾经是世界经济的中心，发展水平领先于西方，只是在四百多年前才出现了一个"大分流"，西方国家逐渐占得科技创新和工业革命的先机，最终形成当代世界发达国家与发展中国家之间的巨大发展差距。①

已故经济史学家麦迪森则以独家整理的世界及各主要地区和国家的人口与 GDP 数据，验证了上述结论。我们根据麦迪森的历史数据，可以刻画出中国经济由盛到衰再由衰至盛的历史变迁。具体来说，从麦迪森的一系列研究中，我们可以收集到始于公元元年、截至 2003 年，基于

---

① 参见［美］彭慕兰《大分流——欧洲、中国及世界经济的发展》，江苏人民出版社 2003 年版。

第三章 遵循经济发展新常态的大逻辑

购买力平价概念、以 1990 年为基准年的诸多年份的 GDP 和人均 GDP 数据。在此基础上，我们还根据世界银行基于购买力平价和 2011 年国际美元的数据，将麦迪森的数据系列更新到 2014 年。

利用这个长期历史数据系列，我们分别计算了中国 GDP 占世界经济的比重和中国人均 GDP 相当于世界平均水平的百分比（见图 3 - 2）。虽然这里使用的数据系列有这样那样的缺陷，其统计口径也与一般在进行国别比较时所使用的数据不尽相同，但是，作为一项唯一可得并得到

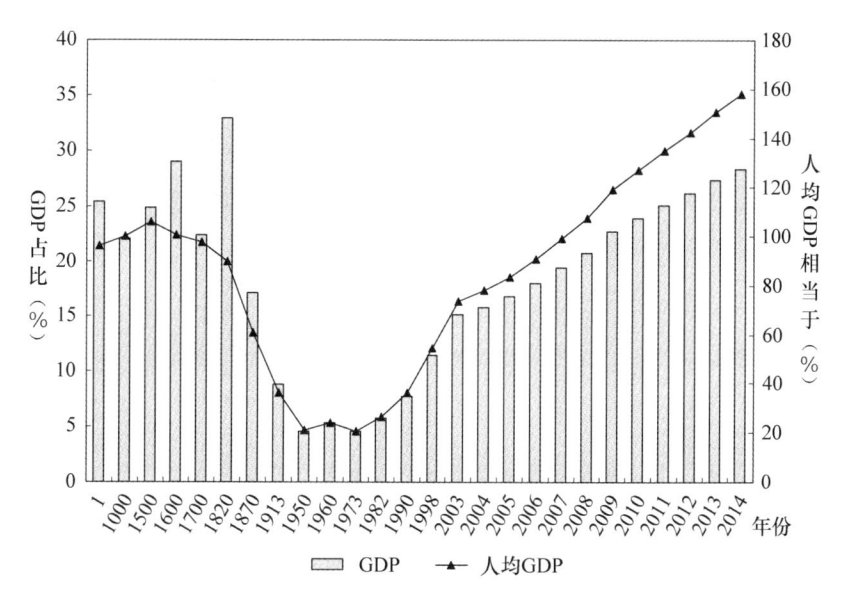

图 3 - 2 中国在世界经济中地位的变化

资料来源：2003 年之前数据取自 Angus Maddison，*Contours of the World Economy, 1 - 2030 AD*, *Essays in Macro - Economic History*, Oxford University Press, p. 379, table A. 4; p. 382, table A. 7; 2004 年以后数据系根据世界银行数据库（http://data.worldbank.org/）记载的相关指标增长速度推算。

最广泛认同的数据，它足以帮助我们描画出时间跨度最长的、关于中国发展大时期的更替变化。

如图3-2所示，在公元1000—1600年间，中国的人均GDP始终处于世界平均水平或更高。只是在那以后，人均收入的相对水平才开始下降，但相对经济总规模仍然保持很高的水平，1820年中国GDP总量占世界经济比重高达32.9%。此后，在西方国家纷纷拥抱工业革命的同时，中国经济大大落伍了，GDP占世界经济的比重和人均GDP相对于世界平均水平的百分比都一路降低，直到中华人民共和国成立才停止这个下降趋势。

在新中国的前三十年里，中国迅速从战乱中恢复起来，并建立起了独立的工业体系，实现了较快的经济增长。但是，一方面，世界经济在20世纪50年代以后也处于被称作"大趋同"的时期，[1] 整体处于较快的发展时期；另一方面，中国在指导思想上和经济工作中犯了许多错误，未能实现赶超的愿景。根据麦迪森的数据，在1950—1978年间，中国的GDP增长率（5.0%）和人均GDP增长率（2.9%），仅略高于世界平均水平（分别为4.6%和2.7%），经济上落后的地位没有得到根本改变。

改革开放以来，中国在四十年的时间里，实现了第二次世界大战后单个经济体持续时间最长的高速经济增长，显著地缩小了与发达经济体的发展水平和生活质量差距。这个伟大的成就在图3-2中得到了最鲜明的展现。值得

---

[1] Spence, Michael, *The Next Convergence: The Future of Economic Growth in a Multispeed World*, Farrar Straus and Giroux, 2011.

一提的是,图3-2中的横坐标刻度不是等值划一的。也就是说,图中呈现出的中国发展由盛到衰再到盛的"V"形轨迹,在前半部分代表着经过漫长的历史时期,中国经济衰落到大大落后于世界的底部,后半部则显示出,仅仅在很短的时间内,中国经济就奇迹般地回归并超过了其历史上曾经有过的地位。

比较不同国家在类似发展阶段上,人均收入翻一番所需要的时间,英国在1780—1838年花了58年,美国在1839—1886年花了47年,日本在1885—1919年花了34年,韩国在1966—1977年花了11年。而中国在1978—1987年间只用了9年的时间,随后又在1987—1995年和1995—2004年间分别用8年和9年时间再次两度翻番,并于2011年再翻一番,而这一次只用了7年的时间。与此同时,中国GDP总量在1990年只排在世界第十位,到1995年,中国超过了加拿大、西班牙和巴西,排在第七位,到2000年,中国超过意大利,晋升到第六位。随后,在21世纪前10年中,中国又相继超过了法国、英国和德国,到2009年则超过了日本,成为世界第二大经济体,仅仅位于美国之后。

恰好在中国经济成为世界第二大经济体、人均GDP跨越中等偏下到中等偏上收入门槛之际,一个标志着发展阶段变化的事件发生了,即第六次人口普查显示,中国15—59岁劳动年龄人口总量于2010年达到峰值,此后进入负增长。由于改革开放时期高速经济增长与2010年之前劳动年龄人口迅速增加、人口抚养比显著下降直接相关,即劳动力无限供给特征可以提高储蓄率、延缓资本报酬递减、保持劳动力和人力资本充分供给，以及通过劳动力转移获得资源重新配置效率，所以，人口转变的阶段性变化也必然伴随经济发展阶段的变化。

计量分析表明，1982—2009年间，在10%的GDP平均增长率中，资本积累的贡献率为7.1个百分点，劳动力数量的贡献为0.8个百分点，劳动者教育水平（即人力资本）的贡献为0.4个百分点，人口抚养比下降的贡献为0.7个百分点，全要素生产率的贡献为1.0个百分点。[①] 而在全要素生产率的提高中，接近一半的贡献来自农业劳动力转移带来的资源重新配置效率。因此，以人口红利消失为突出特征的发展阶段变化，意味着推动高速增长的传统动力源减弱，导致潜在增长率下降，并反映为实际经济增长速度的下行趋势。

因此，从新常态视角认识中国经济增长减速，应该从三个层次上把握。第一，在经济发展大历史的由衰至盛阶段上，中国已经在最短的时间里，实现了低收入到中等偏下收入以及再到中等偏上收入阶段的跨越，如今进入从中等偏上收入向高收入国家行列的冲刺阶段，以增长速度减慢为特点之一的新常态，是这个历史转变的结果。中华民族从来没有像现在这样离伟大复兴的目标这么近。第二，经济发展新常态提出的内在逻辑要求，就是加快转变经济

---

① Cai Fang, Zhao Wen, "When Demographic Dividend Disappears: Growth Sustainability of China", in Aoki, Masahiko and Wu Jinglian (eds.), *The Chinese Economy: A New Transition*, Palgrave Macmillan, Basingstoke, 2012.

发展方式，实现经济增长动力的转换，在提高发展平衡性、包容性、可持续性的基础上保持中高速增长。第三，在这个阶段上，中国还存在着制约经济增长的体制性障碍，在21世纪第一个十年中，特别是应对金融危机期间，刺激性宏观经济政策的过度使用也加重了不平衡、不协调和不可持续的问题，以及发展阶段要求获得崭新的增长源泉（全要素生产率），保持中高速必须从供给侧推进结构性改革。

三　以新常态超越世界经济"新平庸"

中国在高速增长时期，恰逢西方国家和新兴经济体的黄金增长期，以及由此释放出有效需求带来的经济全球化，对外开放特别是加入世界贸易组织让中国尽享改革开放红利。世界金融危机以来，西方国家黄金增长期结束，全球经济日渐进入如国际货币基金组织总干事拉加德所形容的"新平庸"，经济全球化也遭遇挫折。从这个意义上讲，虽然不应该认为中国经济减速是受到世界经济和贸易低迷的外部冲击，也需要看到，中国经济发展的外部环境的确有所恶化。

但是，中国经济增长减速，总体上是平行于世界经济格局变化、经济发展进入新常态的表现。因此，一方面，中国经济保持中高速增长，希望但并不依赖世界经济增长的复苏；另一方面，推动供给侧结构性改革可以开启经济增长新动能，以中国经济发展的新常态超越世界经济新平庸。

一些学者囿于对中国国情和既有优势缺乏了解，特别是不懂得中国经济通过结构性改革可能赢得改革红利，从而提高潜在增长率，保持中高速增长的巨大潜力，把从只见森林不见树木的多国、长期面板数据得出的结果，拿来判断和预测中国经济前景，倾向于低估中国未来的经济增长速度。[1]

例如，普里切特和萨默斯认为，任何超乎平均水平的增长速度都是异常的，按照规律终究要"回归到均值"[2]。按照作者的逻辑，这里所谓的"均值"就是世界经济的平均增长率。该方法论依据是著名的"高尔顿谬误"（Galton's Fallacy），即正如一个扩展家庭的平均身高不可能长期维持异乎寻常的状况，而倾向于回归到总体人口的平均水平一样，经济增长率也遵循这个统计规律。据此他们预测的中国经济增长率，在2013—2023年间将有零有整地下降为5.01%，2023—2033年间则进一步下降到3.28%——即其所谓的"均值"。

这两位作者把"回归到均值"应用于解释中国经济减速，并宣称该统计规律不容回避，不啻把众多国家旷日持久且丰富多彩的增长实践，湮没在一组面板数据之中，特别是忽略了发展中国家具有的赶超特点。既然该逻辑未能回答以往的赶超经济体如日本和亚洲四小龙，以及中国在过去四十年何以实现高速经济增长，并且没有能够提供关于中国经济减速的合理解说，"回归到均值"的预言也就

---

[1] 对此类研究的批评性评论，可参见蔡昉相关著作（2016）。
[2] Pritchett, Lant and Lawrence H. Summers, "Asiaphoria Meets Regression to the Mean", *NBER Working Paper*, No. 20573, 2014.

无法令人信服。以这种研究方式，为中国经济未来20年预测出的增长百分点，就如同按照世界上成千上万男女老少的尺码作出一个被称为"均值"的鞋子，并宣称这是应用于任何一个活生生个人的均码一样，显然是犯了"宁信度，无自信也"式的方法论错误。

巴罗得出与此相似的预测和结论，即中国经济增长率很快将显著下降到3%—4%的水平，从而不可能实现官方确定的在"十三五"时期6%—7%的增长率目标。[①] 他的依据来自其享有著作权的"条件趋同"假说及其分析框架。在他的增长回归模型中，决定经济增长率的因素被分为两类，一类是趋同效应，用（对数形式的）初始人均GDP作为自变量，另一类是一组决定增长稳态的解释变量（或称X变量）。经过无数次增长回归，他十分确信自己得出了一个"趋同铁律"，即一个国家不可能以长期异于2%的速度与更发达经济体或自身稳态趋同。既然以往中国经济取得了明显快于模型所预测的增长速度，按照这个铁律，今后不太可能继续既有的增长势头。

随着人均收入水平的提高从而趋同空间的缩小，经济增长速度减慢无疑是符合一般规律的。但是，即使认同巴罗的趋同分析框架，在"趋同铁律"之外，也仍然存在着诸多X变量，影响经济增长速度。巴罗也承认，具体到某一单个的经济体，可能存在独特的X变量或国别意义上的特质性因素，可以使其异于所谓的"铁律"或"均值"。

---

① Barro, Robert J., "Economic Growth and Convergence, Applied Especially to China", *NBER Working Paper*, No. 21872, 2016.

例如，巴罗及其合作者曾经在其增长回归模型中，先后加入超过100种解释变量并发现均具有显著性。① 中国经济增长的故事既有一般意义，更是独特的，忽略或者无视其特有的因素，就会导致低估中国经济的增长潜力，误判其减速的时间和幅度。例如，由于对解释变量及其取值的错误选择，巴罗预测的2015年中国人均GDP增长率为3.5%，大大低于当年实际6.9%的增长率。② 实际上，把他所预测的各时期中国人均GDP增长率与实际情况相比，可以看到始终存在着巨大的差异。

艾肯格林及其合作者不承认存在着某种经济增长放缓的铁律。③ 在识别经济增长和全要素生产率减速的国别因素方面，他们做了特别的努力。这些作者发现，按2005年购买力平价计算的人均GDP，平均而言，在1万—1.1万美元以及1.5万—1.6万美元两个区间上，一个经济体通常会分别遭遇两次减速。④ 按照他们的口径和定义，中国迄今尚未到达典型的1万美元减速起点，但是已经部分

---

① Barro, Robert and Xavier Sala-I-Martin, *Economic Growth*, New York: McGraw-Hill, 1995.

② Barro, Robert J., "Economic Growth and Convergence, Applied Especially to China", *NBER Working Paper*, No. 21872, 2016.

③ Eichengreen, Barry, Donghyun Park and Kwanho Shin, "When Fast Growing Economies Slow Down: International Evidence and Implications for China", *NBER Working Paper*, No. 16919, 2011.

④ Eichengreen, Barry, Donghyun Park and Kwanho Shin, "Growth Slowdowns Redux: New Evidence on the Middle-income Trap", *NBER Working Paper*, No. 18673, 2013.

符合了关于减速的定义，即从2012年以前的大约10%的增长率下降到以后的不到8%，减速幅度为2—3个百分点。尽管定义是把减速点之前的7年与之后的7年平均增长率进行比较，但是，我们可以确信的是，中国经济的确不可能回到10%的增长率上面了。

在2013年的论文中，艾肯格林等识别出若干与减速相关的普遍性因素，如与趋同相关的"回归到均值"效应、人口老龄化导致人口红利消失、过高的投资率导致回报率下降、汇率低估阻碍产业结构向更高的技术阶梯攀登等，也指出了一些可以减小减速概率的因素，如更好的人力资本储备等。然而，一方面，他们没有能够把其中一些因素与减速本身之间的因果关系说清楚，没有把周期性因素与增长性因素完全区分开；另一方面，他们没有特别强调在其较早论文中的重要发现，即全要素生产率的下降可以解释85%的经济增长减速。[1] 不过，这一缺憾在同一些作者的另一篇专门讨论全要素生产率减速的文章中得到弥补。[2]

虽然艾肯格林等没有像前述作者那样预测中国经济的大幅度减速，但是，他们把迄今为止发生的2—3个百分点的增长率下降看作是减速的表现。问题在于，他们在各国数据中观察到的从平均5.6%的增长率下降为2.1%

---

[1] Eichengreen, Barry, Donghyun Park and Kwanho Shin, "When Fast Growing Economies Slow Down: International Evidence and Implications for China", *NBER Working Paper*, No. 16919, 2011.

[2] Eichengreen, Barry, Donghyun Park and Kwanho Shin, "The Global Productivity Slump: Common and Country-specific Factors", *NBER Working Paper*, No. 21556, 2015.

（下降3.5个百分点），① 与中国从"十一五"时期的11.3%下降到"十二五"时期的7.8%（同样下降3.5个百分点），减速的幅度是不同的，前者为62.5%，后者仅为31.0%。而且，减速后的中国经济增长，按照世界标准仍然属于高速度。此外，分析中国的减速原因将表明，一方面，减速是发展阶段变化的结果，不可避免；另一方面，存在着诸多机会，使得中国的减速既不会演变为停滞，也不会过于剧烈。

学者的一项研究表明，即便没有额外的刺激和新的改革措施，按照潜在增长率的自然下降趋势，也仍然可以在较长时间里保持中国经济以中高速或者中速增长。② 更重要的是，通过消除生产要素供给和配置以及全要素生产率改善的体制潜力是巨大的，结构性改革必然带来改革红利。一旦真正理解了新常态，认识到改革红利的存在就是顺理成章的了，进而通过在改革当事人之间、在不同社会群体之间、在短期和长期之间合理分担改革成本和分享改革收益，确保改革不走样、不变形，改革红利将长期支撑中国经济的合理增长，以中国经济的新常态超越世界经济的新平庸。

---

① Eichengreen, Barry, Donghyun Park and Kwanho Shin, "Growth Slowdowns Redux: New Evidence on the Middle – income Trap", *NBER Working Paper*, No. 18673, 2013.

② Cai Fang, Lu Yang, "Take – off, Persistence, and Sustainability: Demographic Factor of the Chinese Growth", *Asia & the Pacific Policy Studies*, September/October, 2016.

第三章 遵循经济发展新常态的大逻辑

第三节 空间维度：全球化新阶段与中国的战略选择

从空间上来看，新常态主要是中国经济发展阶段的结果，但是，也不可避免地与全球化新阶段交织在一起。改革开放以来，我们大踏步发展的一个重要特点就是对国际市场的充分有效利用。建立在劳动力成本低廉优势和发达国家劳动密集型产业向外转移机会基础上的大规模出口和外向型发展，成为我国经济高速增长的重要推动力。1978—2015年，我国货物出口保持20%左右的年均增长率，快速成长为世界贸易大国。我国出口快速发展，也得益于西方国家黄金增长期释放出来的大量有效需求。

2008年国际金融危机爆发，西方国家结束黄金增长期，经济进入深度调整期，有效需求下降，再工业化、产业回流本土的进口替代效应增强，直接导致我国出口需求增速放缓。西方国家等强化贸易保护主义，除反倾销、反补贴等传统手段之外，在市场准入环节对技术性贸易壁垒、劳工标准、绿色壁垒等方面的要求越来越苛刻，由征收出口税、设置出口配额等出口管制手段引发的贸易摩擦越来越多。我国近9年来连续成为世界上受到反倾销反补贴调查最多的国家。

与此同时，我国劳动力等生产要素成本上升较快，东盟等新兴经济体和其他发展中国家凭借劳动力成本和自然资源比较优势积极参与国际分工，产业和订单向我国周边国家转移趋势明显，导致我国出口竞争加剧。我国出口优势和参与国际产业分工模式面临新挑战,经济发展新常态恰是这种变化的体现。[①]

在2016年的杭州G20峰会上,习近平总书记进一步指出,8年后的今天,世界经济又走到一个关键当口。上一轮科技进步带来的增长动能逐渐衰减,新一轮科技和产业革命尚未形成势头。主要经济体先后进入老龄化社会,人口增长率下降,给各国经济社会带来压力。经济全球化出现波折,保护主义、内顾倾向抬头,多边贸易体制受到冲击。金融监管改革虽有明显进展,但高杠杆、高泡沫等风险仍在积聚。在这些因素综合作用下,世界经济虽然总体保持复苏态势,但面临增长动力不足、需求不振、金融市场反复动荡、国际贸易和投资持续低迷等多重风险和挑战。这些是对世界经济发展与全球化进程进入新阶段的重要论断,是从空间维度对新常态的把握和认知,为新时期中国对外开放战略提供了基本语境。

一 逆全球化潮流

自从20世纪70年代以来,全世界商品和服务贸易出口的实际增长率,除个别年份波动之外,始终高于全球国内生产总值(GDP)的增长率,充分说明我们所处的经济全球化时代特点。受全球金融危机影响,2009年世界贸易总量骤降之后,2010年和2011年都得到恢复性增长,也

---

① 习近平:《在省部级主要领导干部学习贯彻党的十八届五中全会精神专题研讨班上的讲话》,《人民日报》2016年5月10日第2版。

大大高于 GDP 增长速度。然而，自 2012 年以来，世界贸易增长率持续低于 GDP 增长率至今。全球贸易发展进入低迷期，是当前和今后一个时期世界经济发展的一个基本态势（见图 3-3）。在 2015 年，全球贸易出现了降幅达 13.6% 的负增长，创 2009 年的全球金融危机以来的新低。

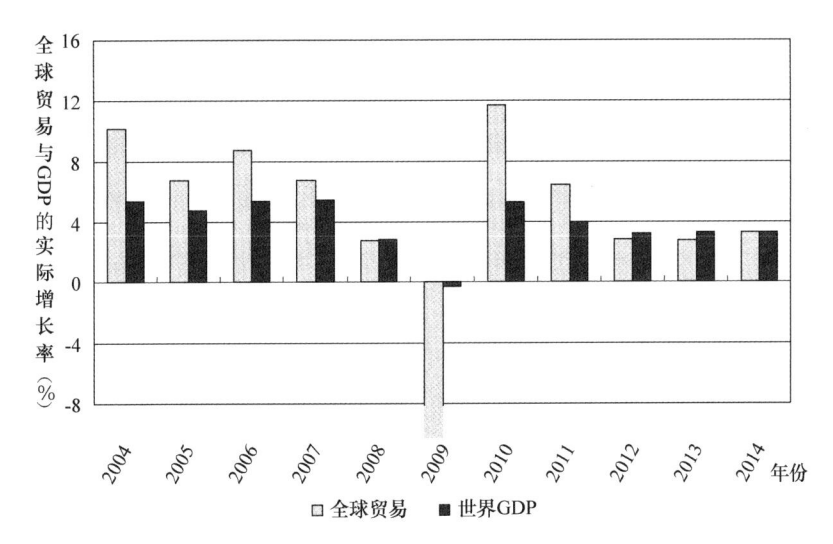

图 3-3 全球贸易与 GDP 的实际增长率

资料来源：世界银行数据库。

这种现象不难理解。全球金融危机之后，世界各国纷纷设定新的贸易壁垒，其中，作为最发达和最大经济体的美国、德国和英国就分别出台了数百项措施。诸如此类的政策变化，也反映了西方国家政治结构的变化，即以反对全球化为核心主张的政治民族主义化和民粹主义化，并迅速演化为非合作性的反全球化策略。截至 2016 年，这种趋势已经表现得十分明显，而且呈现政治上的极端化与指向上的趋同化并存的新特征。

例如，美国总统选举中处于聚光灯下的候选人，既有反移民、反贸易协定的极端民粹主义特朗普，也有被视为极端左翼的桑德斯，就连参与了政策制定和推动的"内部人"希拉里·克林顿，也宣称反对跨太平洋伙伴关系协定。与这场乱仗隔洋呼应的是，无论左翼还是右翼，或者两者的奇怪组合，欧洲民粹主义在政治上节节逼近，也形成遏制接受移民（难民）、阻碍跨大西洋贸易与投资伙伴协议、退出国际一体化机构等反全球化浪潮。最终，英国公投脱欧、特朗普当选美国总统等一系列黑天鹅事件，都助推了逆全球化趋势，并且还将继续产生类似的政治变化。

政治经济学可以很好地解释这种现象。全球化本身并不是利益中性的，最初人们看到的是发达国家及其政治经济精英及其智囊们主导着全球化，使其朝着于发达国家有利的方向演进。布雷顿森林体系的国际金融与贸易机构也好，欧盟这样的一体化共同体也好，作决策的是那些握有生杀予夺权力的大国，由代表这些国家的财政部部长、中央银行行长和贸易部部长行使权力，使广大发展中国家特别是最不发达国家不能从全球化中均等获益。进而，人们又发现，发达国家中主宰利益安排的实际上是跨国公司和其他代表资本的利益集团，[①] 不难想象，发达国家的中产

---

① Joseph E. Stiglitz, *Globalization and Its Discontents*, New York and London: W. W. Norton & Company, 2003; Joseph E. Stiglitz, Globalisation and Its New Discontents, Official Website of Straits Times: http://www.straitstimes.com/opinion/globalisation-and-its-new-discontents, 2016.

阶级和低收入家庭，同样未能从全球化中获益。

如果说，发展中国家的呼声难以实质性影响全球化进程和方向的话，发达国家内部数量众多的"输家"，终究要通过"投票箱"机制表达自己的意愿，最终影响一国的政治和政策取向。然而，对此作出反应的诸多带有民粹主义色彩的经济政策，往往酿成更为严重的后果，激起民众更大的政治对抗。例如，美国实施宽松的信贷政策以刺激房地产泡沫，引致次贷危机和全球性金融危机，使国内中产阶级和低收入者陷入更加深重的灾难，导致"占领华尔街"等群众运动及左翼和右翼极端政治势力抬头。

在世界经济论坛2017年年会开幕式上的主旨演讲中，习近平总书记指出，经济全球化是一把"双刃剑"。反全球化的呼声，反映了经济全球化的不足，值得我们重视和深思。[①] 全球化这一事物本身的问题，出在由西方国家主导的全球化管理和治理的方式，以及由此产生的利益分配格局。但是，根本调整既有利益格局需要作出颠覆性的制度变化，是任何希望以最具蛊惑性的承诺上台，或者希望在有限的任期内以尽可能低的政治成本、尽可能高的政治收益保住权位的政党和政治家，都难以做到或者不情愿做的事情。因此，把矛盾引向经济关系的伙伴身上，甚至把矛头指向全球化本身，是他们作出的最符合政治经济学逻辑的选择。

---

① 参见中共中央文献研究室编《习近平关于社会主义经济建设论述摘编》，中央文献出版社2017年版，第308页。

二 世界经济增长乏力

本轮经济危机后,全球经济增长明显放缓,既有的全球分工体系被打破,全球资源需要重新配置。在新的国际分工形成的过程中,新技术革命与国际经贸新规则将发挥关键性的作用。

首先,我们来看新一轮技术革命。在全球经济增长遭遇逆风的同时,以互联网、再生能源、数字化制造三者深度整合为主要特征的所谓"第三次工业革命"却悄然而至,并成为 21 世纪以来人类在生产力上的又一次飞跃。可以想见,这轮技术变革将极大地改变人类的通信系统、能源模式,乃至生产生活方式,并在很大程度上重塑国际分工体系和利益分配格局。在这一潮流之下,处于不同发展阶段、在国际分工中扮演不同角色的经济体将面对不同的历史机遇与挑战。

对发达国家而言,一方面,由于在经济、政治、科技、文化、军事等多个维度的既有优势,新技术革命将最有可能在发达经济体发生,并进而强化后者在分工体系中的"中心"位置。如在近年来美国推动的制造业回归中,更加强调制造业中的创意设计与数字化,绝非简单的工厂设备回迁。而与此同时,德国也提出了以物联网、云计算和智慧工厂等为核心的"工业4.0"发展战略。值得一提的还有 21 世纪以来机器人产业的崛起。

2014 年,麻省理工学院的经济学家埃里克·布林约尔松(Erik Brynjolfsson)和安德鲁·麦凯菲(Andrew McAfee)研究了这一快速的转变。他们在《人工对机器》中写道:"最近的机器人对人类技能的替代速度和替代范围有深远的经济影响。"在他们看来,低成本自动化技术的出现预示着规模足以与20世纪农业技术革命相媲美的巨大变革,农业革命导致美国的农业就业人数占总劳动力的比例,从当初的40%降到了如今的2%。麦凯菲认为,此次变革不但可以类比于农业的工业化,同样也可比肩20世纪制造业的电气化。机器人成为发达工业化国家重获制造业优势的重要砝码。当然,发达经济体由于处在创新的最前沿,也意味着可能承担较大风险。如何减少、分散此类风险,调动市场主体的创新动力,是对发达经济体的又一个重大挑战。

对新兴市场国家而言,一方面,面对新技术革命,不同发展阶段的国家往往处于相对接近的起跑线上。这为后发国家的赶超提供了难得的机遇。而后发国家也普遍具有摆脱旧有格局,争取向"中心"靠拢的积极性。此外,在"大稳定"时期,后发国家普遍经历了较长时期的高速增长,从而在经济、科技、文教、基础设施等方面取得了长足的进步。这为其迎接新技术挑战提供了坚实的物质和人力基础。

另一方面,新技术革命下的利益分配格局,将会进一步倾向位于价值链两端的设计研发和市场开发等活动的贡献,压缩价值链中端的劳动贡献。在劳动力成本上升和资源环境约束收紧的背景下,后发国家如果不能借助新技术革命发展新的比较优势,特别是通过产业升级和创新驱动实现向价值链两端的延伸,将逐渐被边缘化,直至被排除在"中心—外围"的分工体系之外,陷入尴尬的"中等收入陷阱"。

从经济史和以往的经验来看，有两个具有规律性的现象值得注意。第一，新的科技革命往往不会立即形成势头。即使在一些重要的科技领域已经发生了突破，但是，被普遍应用并转化为经济增长，往往需要较长的时间。例如，18世纪末19世纪初的工业革命突破，转化为经济增长的过程花了一个世纪。第二，新技术的应用并不自然而然带来共享。例如，经济史学家指出，在工业革命如火如荼的年代，英国重要工业中心反而遭遇更严重的失业、贫困、污染和犯罪等现象，以致这些地区的生活质量低于平均水平，人均预期寿命比全国平均低15年。这种新技术革命的非分享性质，在当代发达国家得到了重现。

其次，世界性的人口老龄化趋势，是导致全球经济增长乏力的另一个重要因素。人口结构特别是人口年龄结构，是影响经济发展绩效的一个重要因素。在劳动年龄人口数量增长和比重提高的条件下，人口结构具有"食之者寡、生之者众"的特性，有利于劳动力供给、人力资本改善、保持高储蓄率和高投资回报率，以及不断改善资源配置效率。换句话说，人口红利表现为较高的潜在增长率。相反，当人口抚养比和人口老龄化程度提高，人口结构就变为"生之者寡、食之者众"，上述有利于经济增长的因素也就反转过来，降低潜在增长率。

进入21世纪以来，在发达国家人口老龄化继续加速的同时，大量发展中国家特别是中等收入国家的人口老龄化大有后来居上的势头。根据联合国的预测数字，在2000—2015年间，发达国家平均的老龄化率（60岁及以上人口占全部人口比重）从21.9%提高到26.9%，而同期较不发达国家（不包括最不发达国家）的老龄化率则从8.8%提高到11.8%。预计到2050年，发达国家和较不发达国家的老龄化率将分别上升到37.7%和25.9%（见图3-4）。

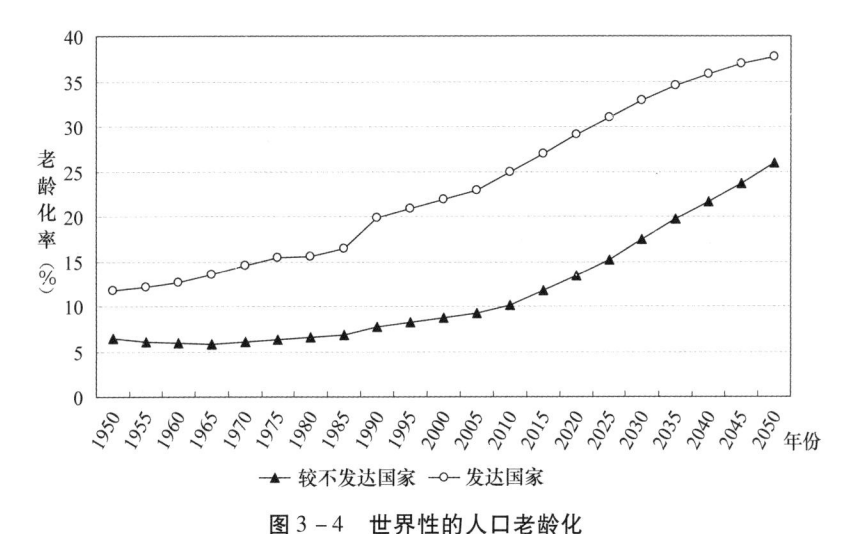

图3-4 世界性的人口老龄化

资料来源：United Nations, Department of Economic and Social Affairs, Population Division, 2011. *World Population Prospects: The 2010 Revision*, CD-ROM Edition。

最后，金融监管改革虽有明显进展，但高杠杆、高泡沫等风险仍在积聚。金融监管改革取得明显进展的必要条件，一是全球金融监管治理架构中加入了新兴经济体的力量。G20取代G8成为全球治理的新平台；金融稳定理事会（FSB）取代金融稳定论坛（FSF）成为全球金融监管制度制定和协调的机构，并将成员扩充至G20全部成员。2009年6月，巴塞尔委员会的成员同样扩充至G20全部成员，并将重要的国际金融中心所在地新加坡和中国香港也纳入成员。二是国际银行业监管达成《巴塞尔协议Ⅲ》。2010年9月12日，巴塞尔委员会的27个成员国和地区的中央银行代表就加强银行业监管达成新的《巴塞尔协议Ⅲ》，在资本充足率、流动性监管、杠杆率监管等方面大幅提高了监管力度。三是扩大监管范围，强化对影子银行以及场外市场衍生品的监管。四是强化对系统重要性金融机构的监管，解决"大而不到"的问题。五是构建宏观审慎监管框架，强调宏观审慎监管与微观审慎监管相结合。

然而，全球杠杆率越去越高。去杠杆是本轮危机以来国际社会的共识，但进展却非常有限，甚至总杠杆率不降反升。可见，全球范围内高杠杆风险在不断积聚。以债务/GDP指标来衡量，全球的杠杆率仍在上升，且上升速度并未减缓。去杠杆化过程仅发生在一些部门层面，而总体去杠杆尚未开始，债务率仍居历史高位。

麦肯锡2015年年初的一份报告称，自2007年金融危机以来，全球债务已经增加了57万亿美元，超过了全球GDP的增长。如今所有主要经济体债务相对于GDP的水平都要高于2007年，债务占GDP的比重上升了17个百分点，从269%上升到了286%。发达经济体（如美国和英国），金融部门和家庭部门的去杠杆过程进展显著，然而这是以公共部门的债务上升为代价的。

全球资产泡沫仍在积累。次贷危机以来，全球主要国家的央行都采取了比较激进的扩张性货币政策。在这种全球量化宽松加空前低利率（甚至负利率）的情况下，资产价格膨胀成为全球性现象。以纳斯达克为代表的美国股市和以富时指数为代表的英国股市都创历史新高。目前集中在全球债券市场的资金量超过150万亿美元，相当于全球GDP的两倍。房地产市场。全球主要大城市如欧洲的伦敦，北美的纽约、波士顿、旧金山、西雅图、多伦多、温哥华，大洋洲的悉尼、墨尔本，亚洲的东京等都出现了房地产价格的显著上升。从大宗商品市场看，2015年年底以来，原油价格已经在不知不觉之中几乎涨了一倍，铁矿石和焦炭价格上升，不少农产品如糖、大豆、棉花等的价格也有所上升；黄金价格也有温和上升。

上述这些逆转全球化和削弱全球经济增长动力的因素，不仅导致国家之间竞争关系趋于紧张，而且诱使许多国家采取以邻为壑的策略，期冀抑制其他国家的发展，相对提升自己的竞争力。也正是因为国家间竞争加剧，加上具有针对性的"修昔底德陷阱"的效应，中国崛起的成本也大幅度上升。

美国学者保罗·肯尼迪在《大国的兴衰》一书中也指出，一些大国在此消彼长、兴衰更替的动态过程中依靠技术突破、组织变革实现更快的发展速度推动国际实力迅速发展并随着相对力量优势逐渐增大对国际体系力量格局、秩序、行为准则产生重大影响。这一过程就是所谓的大国崛起。后发国家的赶超和崛起既是一国内部复杂而艰难的发展结果，也是与被赶超对象的发展差异相对缩小的表现，是世界发展不平衡规律作用的结果。中国作为一个新兴大国，正在迅速崛起。与过去四十年相比，在未来十年甚至更长一段时间，中国崛起的成本在不断上升。

这可以从三个方面来认识。其一，全球范围内很多新兴大国（包括人口大国印度）都在加快推进现代化，其对全球资源能源的需求大幅增加，而面临的环境约束也在增强（包括各类减排协定），这就使得中国发展面临的资源环境成本在上升。其二，随着中国经济规模的扩大，在国际社会中声音的增强，其所承担的国际责任也相应增大。中国要成为负责任的大国，这是国际社会的要求。因此未来需承担更多责任，搭便车的机会大大减少。其三，由于全球经济长期停滞的新常态以及国家间竞争加剧，需要我们动用更多的政治、军事、外交等方面的资源来应对，以保证中国经济的平稳增长和在全球范围内的崛起。这与过去比起来，成本要高得多。

从世界整体看，在传统的全球化红利渐失和以要素驱动的高速经济增长模式行将终结的大背景下，无论发达国家还是新兴市场都面临着结构转型和可持续发展的严峻挑战。各国开始转入以科技和人力资本为基础，以新技术革命为手段，以产业价值链为主要对象的国际竞争。与此同时，国际货币体系、贸易规则、政治秩序等也将出现异彩纷呈的多元化趋势。总体说来，这样的国际大势同现时中国自身的发展需要基本契合。中国正可以抓住这一战略机遇期，通过产业升级、需求调整、要素优化等途径，加快自身的结构转型。

同时，随着综合国力的增强，中国应以更为积极的姿态投入到新世界体系的构建之中，特别是要在亚太乃至全球经济、政治、环境、安全等重大事务中勇于担当"负责任大国"的角色，转变以往主要聚焦于发展外贸、引进资金与技术的低层次对外开放战略，更须摒弃在全球化中

"搭便车"、一味依赖发达国家技术外溢等狭隘的发展思路。

当然也须指出,后危机时代也是旧的利益格局被打破,新的平衡尚未建立的转型期。国际竞争将异常复杂、激烈,各种经贸、金融、政治、安全方面的矛盾冲突更为频仍且往往相互交织。为维护和平发展的外部环境,中国将需要动用更多、更广泛的经济、政治、军事、外交等资源。较之以往,这一挑战不仅更为艰巨、成本更高,而且中国在此方面也尤其缺乏经验。为此,中国需要在一个全面的、长远的、面向新时代新问题的对外开放战略框架下,在了解、尊重国际规则的前提下,充分整合自身资源,综合运用各种战术、方法、手段、途径,以最大限度实现国家利益,并为世界的和平发展作出应有的贡献。

三 中国引领全球化的战略选择

无论从政治经济学逻辑,还是从长期的历史观察,我们都可以看到,西方式的代议制民主制度与经济政策的关系,决定了欧美乃至拉丁美洲国家在长期中呈现出经济政策及全球化政策时左时右的周期变化。很显然,至少西方国家的政策牵引力在一段时期内将朝着不利于全球化的方向施力。在这个变化趋势下,中国经济发展并不必然受其牵累,仍将一如既往发展如期实现全面建成小康社会及至实现国家现代化的目标。

这并不是说中国可以脱离全球经济自扫门前雪,而是说中国利用其在世界经济和全球治理中举足轻重的地位,即作为世界第二大经济体、第一大货物贸易国、大国中对外依存度最大的国家,具有为世界经济指明方向、为全球增长提供动力的能力,完全可以引领今后的全球化,并为我所用。

第一,认识到全球化的政治经济学逻辑,中国在清晰认识到全球化倒退可能性的同时,应该充分利用自身的政治制度优势,不计较一时一事或一城一地的得失,在政策选择和制定中,在方向上保持战略定力,在时机上保持历史耐心,在力度上保持分寸感,避免受其他主要国家盲目"向左转向右转"的干扰。[1]

习近平总书记在回顾中国加入世界贸易组织的历程时指出:"在这个过程中,我们呛过水,遇到过漩涡,遇到过风浪,但我们在游泳中学会了游泳,这是正确的战略抉择。"[2] 面对经济全球化的顺风和逆风,都是对我们国家治理能力的考验和提升。

既然国际贸易也好经济全球化也好,都不是零和博弈,因此,在民族主义和民粹主义政治影响下的贸易保护主义和去全球化政策,都会造成全球福利的净损失,并给参与各方带来伤害。

深刻把握世界经济发展的历史经验和教训,针对美国等西方国家出现的贸易保护主义政策倾向,习近平总书记尖锐地指出,打贸易战的结果只能是两败俱伤。并在多种

---

[1] 参见中共中央文献研究室编《习近平关于社会主义经济建设论述摘编》,中央文献出版社2017年版,第308页。

[2] 习近平:《共担时代责任 共促全球发展——在世界经济论坛2017年年会开幕式上的主旨演讲》,《人民日报》2017年1月18日第3版。

场合向世界郑重承诺，中国坚定不移发展全球自由贸易和投资，旗帜鲜明反对保护主义，在区域自由贸易安排上，不搞排他性、碎片化的小圈子，不会主动打货币战。①

实际上，任何一个国家都不会在去全球化潮流中真正受益，只不过对于不同的国家来说，需要花费不尽相同的时间来证明这一点。在这个"试错"的时期，合作机会仍然存在，并且每个参与主体都有趋利避害的机会窗口。因此，具有更高的战略眼光，稳住阵脚，善意相待，哪怕是单方面地创造更好的经济合作条件，仍然可以使中国在经济全球化处于低潮时继续从中获益。

第二，利用中国在世界经济中日益提升的地位，提高在全球治理中的话语权，按照有利于广大发展中国家特别是新兴经济体分享权益的原则，调整全球化的方向和规则。去全球化的一个具体举措，就是西方国家酝酿对已经签署甚至已经实施的协议进行再谈判。虽然这种再谈判旨在把利益向发达国家倾斜，毕竟也将为中国、新兴经济体和其他发展中国家提供机会，借此在全球经济治理中提升自身的话语权。

中国分别作为最大或者最大之一的经济体、进出口国、对外直接投资者、外汇储备国、债券市场、大宗商品市场，其增长速度对世界经济十分重要。而且，中国有能力形成正面的外溢效应，为全球增长提供动力。例如，按照现价算，2015年中国和世界的经济总量分别为10.8万

---

① 参见中共中央文献研究室编《习近平关于社会主义经济建设论述摘编》，中央文献出版社2017年版，第309—311页。

亿美元和73.4万亿美元，中国占全球GDP总量的比重为14.8%。在"十三五"时期的后四年中，我们只需保持6.5%甚至略低的增长速度，就意味着每年平均对世界经济贡献约1个百分点的增长率。设想世界经济在这期间的年均增长速度在2.5%—3.5%的幅度内，中国经济对世界经济增长的贡献率则可以高达1/4到1/3。

但是，归根结底，世界经济需要的是长期可持续增长动力，而不是只管一时之用的镇痛药或强心剂。所以，中国在转变发展方式和调整产业结构，并且更加包容的前提下，实现的平衡、协调、可持续的经济中高速，既是我们自己的目标所在，也是对于全球增长有利，因而各国都乐于看到的增长速度。

面对复杂的国际形势和全球化逆风，我国对外开放正在向深度发展。亚洲基础设施投资银行开业运营，成功举办以"构建创新、活力、联动、包容的世界经济"为主题的二十国集团领导人峰会，人民币被纳入国际货币基金组织特别提款权货币篮子，都标志着中国在全球治理中的话语权不断提升。

第三，在国际经济政治的黑天鹅事件频出的情况下，抓住全球市场的新机遇。既有的或者谈判中的一些多边贸易和投资协定，不可避免地在美国新政府和英国脱欧等政治格局下遭遇挫折。这同时提供了一个构建新的国际合作平台，改变全球治理话语权结构的机会。中国应该积极进取，通过为世界经济指明方向和为全球增长提供动力，达到为国际合作筑牢根基的目标。

西方国家在政治上和政策上抑制全球化发展的一些做

法，固然不排除产生像人们对特朗普的政策所预期的那样，进一步向资本所有者的利益倾斜，但在一定的条件下，贸易协定的再谈判仍然可能产生抑制跨国企业既得利益、注重普通劳动者和消费者利益的后果，则可能或多或少改善其国内收入差距过大从而中低收入家庭消费力不足的问题。抓住与自身比较优势相对应的商机，可使中国和新兴市场经济体获得新的贸易和投资机会。

第四，推动中国经济内外联动，开创对外开放的新格局，制造有利于各国共建共享、互惠互利的经济全球化新成长点（或引爆点）。麦吉利弗雷列举了全球化历史上出现过的4个以十年为单位，导致地球显著缩小的标志性事件作为全球化的引爆点，即1490—1500年伊比利亚瓜分世界、1880—1890年不列颠国际制高点、1955—1965年人造卫星竞争，以及1995—2005年全球供给链。并且他预测，下一个引爆点应该是所谓"热力全球化"（thermo-globalization），即以全球气候变化为焦点，世界性合作得以广泛开展。[①]

2015年12月12日在巴黎气候变化大会上通过、2016年4月22日在纽约签署的《巴黎协定》，体现了共同但有区别的责任原则、公平原则、各自能力原则。中国作为负责任的发展中大国，充分发挥了领导力，积极推动了这项协定的通过和签署。2016年9月3日，全国人民代表大会

---

① Alex Macgillivray, *A Brief History of Globalization: The Untold Story of Our Incredible Shrinking Planet*, Little, Brown Book Group, 2006.

常务委员会在北京批准《巴黎协定》的当天，中国国家主席习近平即与美国前总统奥巴马、联合国前秘书长潘基文，在杭州共同举行了批准文书交存仪式，标志着合作共赢、公正合理的全球气候治理体系正在形成。虽然美国新一届政府在这个问题上食言毁约，中国也将言出必行，与世界其他国家共同扛起这杆大旗。

中国提出的丝绸之路经济带和 21 世纪海上丝绸之路倡议，借用古老的陆地和海上丝绸之路作为符号，旨在发展与沿线国家的经济合作伙伴关系，打造政治互信、经济融合、文化包容的共同体，即体现了全球化的内涵，着眼于构造崭新的全球治理框架，预期可以成为新一轮全球化的引爆点。

"一带一路"倡议着眼于内外联动，以基础设施建设推动实体经济和产能合作，发展投资和贸易关系，实现雁阵式产业转移战略的国内版与国际版相衔接。在全球化治理体系未能根本改变的条件下，以该倡议以及配套的亚洲基础设施投资银行等方式，可以补充现行格局中忽视新兴经济体和其他发展中国家利益的缺陷。为了使参与各方相信其作为比西方主导的全球化更关注共同获益，让西方大国相信其作为现行规则的补充而非挑战，需要从战略层面到务实环节，作出目标明确、紧密衔接且不会走样变形的整体机制设计。

第五，实践新发展理念，使参与经济全球化最大限度地促进创新发展，并通过共享使全体中国人民获益。中国之所以能够在改革开放期间充分利用全球化机遇，在大幅度提升国力的同时使城乡居民明显收益，根本还在于其赶超型经济增长体现了共享理念。在世界经济进入新平庸,甚至可能出现去全球化趋势的条件下,中国经济发展也跨越了刘易斯转折点,随着人口红利消失,劳动密集型产业的比较优势明显弱化,进入以增长速度减慢、增长动能转换和增长模式转型为特征的新常态。在这个发展阶段上,经济增长必然伴随着微观主体的创新和产业结构的升级,实现从要素投入驱动到全要素生产率的驱动。

在成熟的市场经济国家,企业通过竞争达到优胜劣汰,整体上实现提高全要素生产率的目标。在中国正在进入的发展阶段上,劳动力资源重新配置这种大规模的效率改善机会也将减少,生产率提高的源泉越来越依赖"创造性破坏"。然而,美国的教训也表明,如果劳动力市场制度等社会保护机制不健全,普通劳动者在创新中成为"输家",即使经济得以发展,企业整体获得了竞争力,也不能被称作共享发展。因此,从以人为中心的发展思想出发,必须在增强竞争的同时,坚持社会政策保底,使劳动者能够跟上创新发展的步伐,才能实现全体人民共享的全面小康社会。

第四章

新发展理念引领新常态

第一节 践行新发展理念

《中共中央关于制定国民经济和社会发展第十三个五年规划的建议》从全局性、根本性、方向性和长远性着眼,确立了"十三五"时期我国经济社会发展新理念,即实现创新发展、协调发展、绿色发展、开放发展和共享发展。新发展理念,来源于中国共产党全心全意为人民服务的根本宗旨和习近平总书记系列重要讲话精神中一贯体现的以人民为中心的发展思想,升华了国内国外发展的经验和教训,凝聚了关于发展的理论探索的先进共识,是习近平新时代中国特色社会主义经济思想的主体内容。新发展理念针对我国发展中存在的不平衡、不协调和不可持续的问题,回应了广大人民群众对发展的殷切期待,是"十三五"时期全面建成小康社会决胜阶段的行动先导。党的十九大报告进一步将坚持新发展理念作为新时代坚持和发展中国特色社会主义的十四条基本方略之一加以强调,明确指出发展是解决我国一切问题的基础和关键,发展必须是科学发展,必须坚定不移贯彻创新、协调、绿色、开放、共享的发展理念。

习近平总书记指出,坚持创新发展、协调发展、绿色发展、开放发展、共享发展,是关系我国发展全局的一场深刻变革。① 要顺利推进这场变革,首先就要充分意识到,新发展理念相互贯通、相互促进,是具有内在联系的集合体,要统一贯彻,不能顾此失彼,也不能相互替代。哪一个发展理念贯彻不到位,发展进程都会受到影响。下面我们运用这一辩证思维方法,对新发展理念的要义进行阐释。

一 对发展规律认识的新高度

人类关于发展的理论和实践探索经历了不同的阶段,也形成过不尽相同乃至大相径庭的认识及其理论概括。特定发展阶段的主要矛盾决定了主流发展理念和主攻方向。在较早的发展阶段上,发展往往被局限于经济领域,尤其强调经济总量扩大,造成以经济增长替代更广义发展的理论和实践倾向。这种倾向在特定发展阶段上一经形成,则导致发展目标的狭隘性、发展模式的偏倚性和发展结果的局限性。在资本稀缺、劳动力相对过剩和居民收入普遍低下的发展阶段上,以国内生产总值(GDP)增长为导向的发展,无疑有助于扩大经济总量、增加就业、提高居民收入,因而是增强国力和改善民生的必要前提。

---

① 习近平:《在党的十八届五中全会第二次会议上的讲话(节选)》,《求是》2016年第1期。

然而，随着发展进程的不断变化，发展条件和发展环境也必然发生变化，不仅在以往的发展理念及其所指导的实践中，长期存在的问题会逐渐积累、日益凸显，即使一些曾经行之有效的理念和实践，也会随时间的变化而趋于失效。因此，发展理念不应该也不可能是一成不变的，而需根据变化了的发展环境和发展条件，通过回应发展的目的是什么、发展不可以且不应该承担的代价是什么、发展应该以何种方式、路径和手段实现、发展的着力点需要放在哪里、发展绩效应该如何衡量，以及发展的成果如何得到共享等问题而与时俱进。

我国发展阶段变化的最突出特点及其最准确概括，是经济发展进入以增长速度换挡、结构调整加速和增长动力转换为特征的新常态。在我国经济发展进入新常态之际，同时遭遇到一定的周期性冲击，例如全球贸易增速前所未有地减慢，为政策应对增加了复杂性和难度。

但是，周期性因素却不是新常态的本质特征。单纯强调外部因素或周期因素，而不能抓住造成经济下行压力的主导性的结构性因素，政策就容易偏向采用刺激性手段，形成政府越俎代庖配置资源，或者用补贴引导企业投资。这样刺激出的增长速度，由于没有伴随着企业竞争力的提高、财政能力的增强从而公共产品供给的扩大，因而也不能达到增加有效供给、改善民生的目的，甚至会贻误调结构和转方式战机。因此，对经济形势的判断要统一到新常态特征上来，在新常态下理解新发展理念的产生背景，充分认识到把新理念贯穿发展过程始终的紧迫性和必要性。

二 着眼于发展目的和发展路径的统一

创新、协调、绿色、开放、共享的发展理念，充分反映了党的十八大以来我们党治国理政的新理念、新思想和新战略，对关于发展的目的、方式、路径、着力点、衡量和共享等方面的问题作出了全面回应，具体体现了目标导向与问题导向的统一。

创新发展着眼于培养新常态下经济增长新动力。在改革开放期间我国经济实现的长达四十年平均9.8%的高速增长，主要依靠体现在劳动力和土地的低成本优势和技术后发优势上的供给因素，以及居民收入提高、基础设施建设和对外开放带来的巨大需求因素。随着2010年我国成为世界第二大经济体，人均GDP进入中等偏上收入国家行列，同时，15—59岁劳动年龄人口总量达到峰值，人口抚养比抵达从下降转而上升的拐点，经济发展阶段发生了根本性的变化，支撑高速增长的传统动力相应式微。

从国际经验和教训看，许多国家在类似发展阶段上，传统增长源泉逐渐消失，又未能培养出必要的创新能力，失去了经济增长的持续动力，因而陷入中等收入陷阱。从我国经济发展面临的问题和挑战看，创新能力不强仍是我国与发达国家差距所在。因此，使创新成为引领发展的第一动力，形成经济增长的长期可持续动力，才能保持中高速增长，在2020年实现全面建成小康社会的目标，并进而跨越中等收入阶段。根据创新驱动的特点，全要素生产率的提高速度及对增长的贡献能力，是衡量创新成效的一个比较综合性的指标。

协调发展着眼于发展的健康性。我国发展长期存在着不平衡、不协调和不可持续问题，已经成为阻碍新常态下保持中高速增长和实现分享、包容的障碍。国际经验和我国现实都表明，在从中等偏上收入向高收入跨越的阶段上，各种社会矛盾和社会风险，往往因区域、城乡、经济和社会、物质文明和精神文明、经济建设与国防建设等方面的不协调而产生和加深。一些国家也正是因此而落入中等收入陷阱。因此，坚持"四个全面"，促进发展的协调性，是持续健康发展的内在要求。

绿色发展着眼于发展的永续性，顺应人民对美好生活的追求。有一种传统观念认为，增长与污染的关系类似于一条倒"U"形曲线，因此先污染后治理是一种备选或者不可避免的方式。我国长期以来主要依靠物质投入驱动的经济增长，无疑与这种认识偏差有关，已经造成对资源环境和生态的欠债。绿色发展理念认为，绿水青山就是金山银山，人民对优美环境和良好生态的追求，体现了发展的目的本身。而资源一旦枯竭，环境和生态一旦遭到破坏，要么是不可修复的，要么需付出极高的代价。特别是，环境恶化对人的生活环境和人体健康造成的损害，代价尤其昂贵。全面建成小康社会，要让人民从发展中获得幸福感，必然不能以资源环境和生态环境的破坏为代价。

开放发展着眼于用好国际国内两个市场、两种资源，实现内外发展联动。我国以往的经济发展，受益于经济全球化和自由贸易。在我国经济与世界经济深度融合，同时世界上出现了逆转经济全球化，甚至一些国家从国际金融和经贸实务与规则等方面钳制我国的条件下，我们不仅要不断提高利用国际市场、在全球范围配置产能和应对国际经贸摩擦的能力,还要努力发展更高层次的开放型经济,提高国际经贸等方面的制度性话语权,通过参与全球经济治理、提供国际公共产品和打造广泛的利益共同体,主动利用、扩大和引领经济全球化。

共享发展着眼于解决社会公平正义问题,体现中国特色社会主义本质要求和发展目的。我国发展中的不协调问题表现为城乡、区域和居民之间的收入差距以及享受基本公共服务方面的不均等。全面建成小康社会,必须以全体人民共同进入为根本标志。在最后五年决胜阶段,分好蛋糕的重要性和难度,丝毫不亚于做大蛋糕。以人民为中心的发展思想,最终要落脚于共享发展理念和举措,具体体现为坚持普惠性、保基本、均等化、可持续方向,从解决人民最关心最直接最现实的利益问题入手,提供更充分、更均等的公共服务。

三 新时代的"两步走"战略

改革开放之后,我们党对我国社会主义现代化建设作出战略安排,在党的十三大上正式提出"三步走"战略目标。第一步,1981—1990年实现GDP比1980年翻一番,解决人民的温饱问题;第二步,1991年到20世纪末,GDP再翻一番,人民生活达到小康水平;第三步,到21世纪中叶,人均GDP达到中等发达国家水平,人民生活比较富裕,基本实现现代化。

解决人民温饱问题、人民生活总体上达到小康水平这两个目标已提前实现。在原定现代化建设"三步走"战略部署基础上，党的十六大指出，从"第三步"即 21 世纪上半叶的 50 年中，划出其中头 20 年（2001—2020 年），作为"更高水平的小康社会"以及"第三步战略目标必经的承上启下的发展阶段"。

在这个基础上，党的十八大明确指出"两个一百年"奋斗目标，即到建党一百年时建成经济更加发展、民主更加健全、科教更加进步、文化更加繁荣、社会更加和谐、人民生活更加殷实的小康社会，然后再奋斗三十年，到新中国成立一百年时，基本实现现代化，把我国建成社会主义现代化国家。

在中国特色社会主义进入新时代的背景之下，习近平总书记在党的十九大报告中指出，从现在到二〇二〇年，是全面建成小康社会决胜期。要按照党的十六大、十七大、十八大提出的全面建成小康社会各项要求，紧扣我国社会主要矛盾变化，统筹推进经济建设、政治建设、文化建设、社会建设、生态文明建设，坚定实施科教兴国战略、人才强国战略、创新驱动发展战略、乡村振兴战略、区域协调发展战略、可持续发展战略、军民融合发展战略，突出抓重点、补短板、强弱项，特别是要坚决打好防范化解重大风险、精准脱贫、污染防治的攻坚战，使全面建成小康社会得到人民认可、经得起历史检验。

到 2020 年，我国将全面建成小康社会。到那时，中国经济社会发展水平将进一步提高，综合国力将进一步增强，人均收入与发达国家差距将进一步缩小，现行标准下的贫困人口将全部脱贫。但是，我们仍要清醒地认识到，全面建成小康社会只是我国现代化的新起点，必须在此基础上，开启现代化建设的新征程。

在这种背景下，党的十九大对中国的现代化进程作出了新的部署：

从党的十九大到党的二十大，是"两个一百年"奋斗目标的历史交汇期。我们既要全面建成小康社会、实现第一个百年奋斗目标，又要乘势而上开启全面建设社会主义现代化国家新征程，向第二个百年奋斗目标进军。

综合分析国际国内形势和我国发展条件，从二〇二〇年到21世纪中叶可以分两个阶段来安排。

第一个阶段，从二〇二〇年到二〇三五年，在全面建成小康社会的基础上，再奋斗十五年，基本实现社会主义现代化。到那时，我国经济实力、科技实力将大幅跃升，跻身创新型国家前列；人民平等参与、平等发展权利得到充分保障，法治国家、法治政府、法治社会基本建成，各方面制度更加完善，国家治理体系和治理能力现代化基本实现；社会文明程度达到新的高度，国家文化软实力显著增强，中华文化影响更加广泛深入；人民生活更为宽裕，中等收入群体比例明显提高，城乡区域发展差距和居民生活水平差距显著缩小，基本公共服务均等化基本实现，全体人民共同富裕迈出坚实步伐；现代社会治理格局基本形成，社会充满活力又和谐有序；生态环境根本好转，美丽中国目标基本实现。

第二个阶段，从二〇三五年到21世纪中叶，在基本实现现代化的基础上，再奋斗十五年，把我国建成富强民主文明和谐美丽的社会主义现代化强国。到那时，我国物质文明、政治文明、精神文明、社会文明、生态文明将全面提升，实现国家治理体系和治理能力现代化，成为综合国力和国际影响力领先的国家，全体人民共同富裕基本实现，我国人民将享有更加幸福安康的生活，中华民族将以更加昂扬的姿态屹立于世界民族之林。

新时代的"两步走"战略部署涵盖经济、政治、文化、社会、生态等领域，体现了新发展理念的本质要求，反映了人类社会发展进步的基本趋势，回应了人民对过上美好生活的新向往。这是以习近平同志为核心的党中央根据时代条件的变化作出的战略抉择，必将指引我们在现代化建设和中华民族伟大复兴的历史进程中不断取得新的成就。

第二节 创新发展

创新注重的是解决发展动力问题。在国际发展竞争日趋激烈和我国发展动力转换的形势下，只有把发展基点放在创新上，形成促进创新的体制架构，才能塑造更多依靠创新驱动、更多发挥先发优势的引领型发展。坚持创新发展，是分析近代以来世界发展历程特别是总结我国改革开放成功实践得出的结论，是应对发展环境变化、增强发展动力、把握发展主动权，更好引领新常态的根本之策。这也是将创新发展置于新发展理念之首的原因所在。

习近平总书记指出，抓住了创新，就抓住了牵动经济社会发展全局的"牛鼻子"。树立创新发展理念，就必须把创新摆在国家发展全局的核心位置，不断推进理论创新、制度创新、科技创新、文化创新等各方面创新，让创新贯穿党和国家一切工作,让创新在全社会蔚然成风。①

一 创新发展的丰富内涵

创新是一个历史悠久且极为重要的经济社会现象,它对经济发展、市场运行和社会生活都有着大象无形般的根本性影响,是构成生产效率改进、生活品质提高和国家竞争力提升的一个基本条件。今天的人们无法想象,没有造纸术和印刷术、没有飞机和汽车、没有电话和互联网的世界会是什么样子。也正因如此,创新成了一个经常被提及的基础性概念,企业创新、产业创新、科技创新、制度创新和理论创新等术语都是日常生产生活中常见的高频词汇。

创新是历史进步的动力、时代发展的关键。根据习近平总书记的讲话精神,创新发展理念的内涵不仅仅局限于器物层面,更是一个涵盖了理论、制度、科技和文化的系统性发展方略。

理论创新是先导。思想理论创新是社会发展和变革的先导,也是各类创新活动的思想灵魂和方法来源。当年的改革开放,就是以"实践是检验真理的唯一标准"的理论大讨论为先声。当前在发展新阶段所遇到的种种困难和问题,也正需要我们以巨大的勇气、深刻的洞察和理性的光辉,对事物发展的本质、规律、趋势等作出正确的分析与判断,用创新理论为创新实践开辟道路。

---

① 中共中央宣传部:《习近平总书记系列重要讲话读本(2016年版)》,学习出版社、人民出版社2016年版,第131—133页。

制度创新是保障。制度创新是持续创新的保障,能够激发各类创新主体活力,也是引领经济社会发展的关键,核心是推进国家治理体系和治理能力现代化,形成有利于创新发展的体制机制。要坚持科技创新和制度创新"双轮驱动",在实践载体、制度安排、政策保障、环境营造上下功夫,在创新主体、创新基础、创新资源、创新环境等方面持续用力,提升国家创新体系整体效能。[①]

科技创新是基础。中国四十年来改革开放本身就是规模宏大的创新行动,今后创新发展的巨大潜能依然蕴藏在体制改革之中。科技创新是全面创新的重中之重。新常态下,要从根本上解决我国发展方式粗放、产业层次偏低、资源环境约束趋紧等急迫问题,兼顾发展速度与质量、统筹发展规模与结构,关键是要依靠科技创新转换发展动力。培育壮大新产品、新业态,淘汰落后产能,提升中国产品和服务业在全球价值链中的位置,让中国制造走向中国创造,背后都是科技创新在支撑。

文化创新是根本。文化创新本质上是"软实力"创新,培植民族永葆生命力和凝聚力的基础,为各类创新活动提供不竭的精神动力。中国社会从来不缺文化创新的基因,"日新之谓盛德""苟日新,日日新,又日新",这是中国古老的经典《周易》和《礼记·大学》中的核心要义,也是中国社会数千年来不息脉动的文化精魂。如何把

---

① 习近平:《在中国科学院第十九次院士大会、中国工程院第十四次院士大会上的讲话》,《人民日报》2018年5月29日第2版。

中国传统文化中这种求新求变的禀赋与新时代的大变革、大转型有机结合起来，让历史的品质焕发出时代的光辉，正是今日中国文化创新已经和正在做的事情。

技术、制度等因素事实上与一国的主流文化——价值观、态度、信仰等——息息相关。如同前文所述，有学者研究发现，保护和激发个性、想象力、理解力和自我实现的文化有助于促进一个国家的自主创新。[①] 为了培育有助于提高自主创新能力的主流文化，各级政府在舆论上和政策导向上应当全面形成"创造兴国"的良好氛围，保护并鼓励人们追求个性化的生活，激励人们探索、挑战和自我表现的精神。在制定经济政策时更加体现包容性，对创新的负面影响加以制度性的约束，以使广大民众更容易接纳创新。同时加大知识产权保护力度，以使企业更加放心地在创新领域投入资源。

理论创新、制度创新、科技创新和文化创新这四大创新连同其他方面创新一起"发力"，共同构成了创新发展理念的完整内涵。

二 创新发展是世界共同主题

2016年G20杭州峰会主题是"创新、活力、联动、包容"，建设创新型世界经济成为会议的核心议题，一致通过的《二十国集团创新增长蓝图》是本次峰会的重要成果之一。这表明，创新发展是当今世界共同的主题。习近

---

① 参见［美］菲尔普斯《大繁荣：大众创新如何带来国家繁荣》，中信出版社2013年版。

平总书记在本次峰会的开幕式演讲中指出，近些年来，上一轮科技进步带来的增长动能逐渐衰减，新一轮科技和产业革命尚未形成势头。加上主要经济体先后进入老龄化社会，人口增长率下降，这就给各国经济社会发展带来了压力。因此，要彻底摆脱危机以来全球经济低迷增长的困境，各国都应当致力于创新发展。危机以来各主要经济体之所以出现经济绩效的分化，究其根本还是由于各国创新发展质量的差异导致的。

就新兴经济体而言，俄罗斯、巴西、沙特阿拉伯等国家，其经济结构长期以原料工业为主，受制于基础性工业发展滞后影响，装备制造业等国计民生重点产业发展缓慢，在新一轮全球信息化浪潮和工业革命到来之时，由于缺乏促进工业与信息化结合发展、融合推进的技术、装备、人才和研发体系，新兴产业创新发展整体性滞后。

因此，在世界大宗原料经济黄金周期结束后，受全球石油天然气、铁矿石等原材料产能过剩和需求增长下降等因素制约，这些国家普遍出现较为严重的经济失速，跌入衰退周期。2014 年和 2015 年，巴西和俄罗斯经济增长率分别只有 0.6%、0.5% 和 –3.7%、–3.8%，沙特的增长率也从 5% 下滑至 2%。这充分说明，缺乏创新而仅仅依靠资源优势的增长，具有不可持续的特征，甚至在某种程度上印证了一个经济学的假说——"资源诅咒"。

印度逐渐显现出赶超的趋势，经济增长速度受人瞩目。总体来说，印度的增长优势还是其有利的人口结构。印度人口抚养比开始下降的年份与亚洲其他国家大体相当，但是，下降的速度相对缓慢，预计在 2040 年前后才从下降趋势转为上升。在此之前，印度将长期处于人口红利期，比中国的人口红利期长大约 25 年。因此，在中国人口红利消失从而劳动密集型产业比较优势消失的情况下，印度是潜在的比较优势接续国家。然而，印度的增长势头能否持续，归根结底在于其是否能够较快地补足其人力资本短板，加快创新步伐。

中国自 2010 年以来着力布局 21 世纪全球战略性新兴产业，正沿着创新性经济方向稳步发展，效果较为显著，经济增长率在全球也遥遥领先。特别是，中国在互联网经济、战略新兴产业等新经济业态 15%—20% 高速蓬勃发展的事实，以及中国首度跻身全球创新经济体前二十五强，充分证明中国创新驱动发展战略的成效。

就发达经济体而言，经济恢复表现较好的美国与德国，均受益于经济创新发展的推动。德国 2014 年和 2015 年，分别实现了 1.4% 和 1.7% 的经济增长率，领先于整个欧元区，是名副其实的欧盟经济火车头，主要原因在于德国多年来始终致力于经济尤其是工业经济的转型升级。早在 2010 年德国政府就发布《思想·创新·增长——德国 2020 高技术战略》报告，提出"工业 4.0"发展战略，通过信息技术和物理世界的创新性结合，实现第四次工业革命，保持德国工业在全球的领先地位。

反观之，日本、法国经济，受制于国内原有财税、社会制度和政策约束，全球创新性产品技术发展滞后于美国、德国、韩国等发达经济体，经济恢复一直徘徊在零左右的衰退边缘。英国经济较早转向以金融、商业、教育服务业为主的第三产业，为保持全球金融业中心地位，英国突破原有金融格局，积极创新金融机构和各类金融产品，大力拓展与中国、俄罗斯等新兴国家的金融业务范围，有力地巩固了原有国际地位[①]。

三 创新是引领发展第一动力

习近平总书记强调，把创新摆在发展理念的第一位，在于创新是引领发展的第一动力。一些经济学家提出的理论框架可以帮助我们更加深入地理解习近平总书记讲话的深刻内涵。例如，迈克尔·波特指出："国家竞争力的唯一意义就是国家生产力。竞争力指一国（或产业、企业）在世界市场上均衡地生产出比其竞争对手更多财富的能力。国家经济的升级需要生产力的持续成长。"也就是说，在全球分工体系中，一国所处的位置，在很大程度上取决于其科技实力的强弱及其相应生产力水平的高低。生产力或生产率的重要性无论如何强调也不过分。20世纪80年代兴起的新增长理论，就将生产率或创新视为增长的根本源泉。

2016年中央经济工作会议强调"三个提高"——提高劳动生产率，提高全要素生产率，提高潜在增长率，抓住了中国经济行稳致远的关键。三者之间的关系是全要素生产率是劳动生产率提高的可持续源泉，而在较高的经济发展阶段上，全要素生产率几乎是潜在增长率提高的唯一源泉。经济学文献提供的证据表明，全要素生产率可以解释国家之间人均收入水平上的差异、苏联经济的崩溃、日本

[①] 李鹏：《创新发展是世界经济的共同主题》，《学习时报》2016年9月8日第A2版。

"失去的 30 年"以及许多高速增长国家减速的现象。① 诺贝尔经济学奖得主保罗·克鲁格曼也曾指出,从长期看,生产率提高并非经济增长的全部动力,但几乎是全部动力。

习近平总书记进一步指出,我国同发达国家的科技经济实力差距主要体现在创新能力上。② 必须清醒地看到,虽然我国经济规模很大、经济总量已跃居世界第二位,但大而不强、臃肿虚胖体弱问题仍然突出;尽管我国经济增速很快,但依然快而不优。主要依靠资源等要素投入推动经济增长和规模扩张的粗放型发展方式是不可持续的。创新能力不强、科技发展水平总体不高、科技对经济社会发展的支撑能力不足、科技对经济增长的贡献率远低于发达国家水平,是中国这个经济大块头的"阿喀琉斯之踵"。

针对于此,习近平总书记明确要求坚持创新发展,加

---

① 这类研究中最具有代表性的重要文献包括[美]斯蒂芬·帕伦特、爱德华·普雷斯科特《通向富有的屏障》,中国人民大学出版社 2010 年版;Paul Krugman, "The Myth of Asia's Miracle", *Foreign Affairs*, November/December, 1994; Fumio Hayashi and Edward C. Prescott, "The 1990s in Japan: A Lost Decade", *Review of Economic Dynamics*, Vol. 5, No. 1, 2002; Barry Eichengreen, Donghyun Park and Kwanho Shin, "When Fast Growing Economies Slow Down: International Evidence and Implications for China", *NBER Working Paper*, No. 16919, 2011, National Bureau of Economic Research, Massachusetts。

② 习近平:《关于〈中共中央关于制定国民经济和社会发展第十三个五年规划的建议〉的说明》,《人民日报》2015 年 11 月 4 日第 2 版。

快从要素驱动、投资规模驱动向以创新驱动发展为主转变，是应对发展环境变化、增强发展动力、把握发展主动权，更好引领新常态的根本之策，是加快转变经济发展方式、破解经济发展深层次矛盾和问题、保持我国经济持续健康发展的必然选择。所以说，抓创新就是抓发展，谋创新就是谋未来。①

麦肯锡研究报告分析了未来中国创新发展的潜力与趋势。报告认为：中国当前面临的很多问题源于投资驱动的增长模式。而从投资驱动模式转向生产率驱动模式，到2030年，将会实现新增5.6万亿美元（约合36万亿元人民币）的GDP。② 而要做到这一点，根本在于创新。中国通过创新提升生产率尚有很大的潜力。迄今，中国的劳动生产率只相当于经合组织（OECD）平均水平的15%—30%。尽管那些一流中国公司的投入资本回报率与其美国同行相差无几，但许多表现糟糕的公司拖累了平均值。中国超过80%的经济收益来自金融行业——这种经济结构显然是失衡的，未来的改进空间非常可观。

麦肯锡认为，到2030年，中国将有五大机遇提升生产率：一是更好地服务于中产和富裕阶层消费者可释放超过6万亿美元（约合39万亿元人民币）；二是利用数字化推进新的经营模式；三是通过创新以及沿着价值链上移，

---

① 习近平：《在省部级主要领导干部学习贯彻党的十八届五中全会精神专题研讨班上的讲话》，《人民日报》2016年5月10日第2版。

② MGI, *Capturing China's ＄5 Trillion Productivity Opportunity*, June, 2016.

尤其是研发密集型产业，当前中国企业的收益仅为全球领先业者的1/3；四是推进运营转型，如精益生产和提高能源效率等方式，可提升15%—30%的生产率；五是"走出去"可提升10%—15%的生产率。为了抓住以上机遇，需要以科技创新为核心，全方位推进产品创新、品牌创新、产业组织创新、商业模式创新，把创新驱动发展战略落实到现代化建设整个进程和各个方面。

正因如此，我们必须在创新发展理念的指引下，把发展基点放在创新上，形成促进创新的体制架构，塑造更多依靠创新驱动、更多发挥先发优势的引领型发展。① 这就要求我们要进行系统的结构性改革，为创新发展提供制度保障，加快建设创新型国家。党的十九大报告还提出了一系列有针对性的战略举措，包括瞄准世界科技前沿，强化基础研究，实现前瞻性基础研究、引领性原创成果重大突破。加强应用基础研究，拓展实施国家重大科技项目，突出关键共性技术、前沿引领技术、现代工程技术、颠覆性技术创新，为建设科技强国、质量强国、航天强国、网络强国、交通强国、数字中国、智慧社会提供有力支撑。加强国家创新体系建设，强化战略科技力量。深化科技体制改革，建立以企业为主体、市场为导向、产学研深度融合的技术创新体系，加强对中小企业创新的支持，促进科技成果转化。倡导创新文化，

---

① 《中共中央关于制定国民经济和社会发展第十三个五年规划的建议（2015年10月29日中国共产党第十八届中央委员会第五次全体会议通过）》，《人民日报》2015年11月4日第1版。

强化知识产权创造、保护、运用。培养造就一大批具有国际水平的战略科技人才、科技领军人才、青年科技人才和高水平创新团队。

把上述政策取向进行抽象提炼，其内在本质就是党的十八届五中全会提出的"坚持创新发展，着力提高发展质量和效益"和党的十九大提出的"创新是引领发展的第一动力，是建设现代化经济体系的战略支撑"的表述。我们要把提高供给体系质量作为主攻方向，通过持之以恒地实施中央提出的培育发展新动力、拓展发展新空间、构建产业新体系和发展新体制等方面战略，努力破除一切制约创新的思想障碍和制度藩篱，处理好政府和市场的关系，推动科技和经济社会发展深度融合，打通从科技强到产业强、经济强、国家强的通道，显著增强我国经济质量优势，使得中国经济发展的基点逐步转移到创新上来。

四　创新能力决定前途命运

习近平总书记特别强调，科技是国家强盛之基，创新是民族进步之魂，综合国力竞争说到底是创新的竞争。纵观人类历史，一个国家和民族的科技创新能力，从根本上影响甚至决定了其前途命运。一些国家抓住科技革命的难得机遇，实现了经济、科技、国防实力迅速增强，综合国力快速提升；反之，不识变、不应变、不求变，一个国家就会陷入战略被动，甚至错过整整一个时代。近代以来中国逐渐由领先变为落后，一个重要原因就在于错失了多次科技和产业革命带来的巨大发展机遇。① 正如习近平总书记所指出的,当前我们迎来了世界新一轮科技革命和产业变革同我国转变发展方式的历史性交汇期,我们必须清醒地认识到,有的历史性交汇期可能产生同频共振,有的历史性交汇期也可能擦肩而过。②

从国际经验看,每一次科技和产业革命都深刻改变了世界发展的面貌和格局。一些国家抓住了机遇,经济社会发展驶入快车道,经济实力、科技实力、军事实力迅速增强,甚至一跃成为世界强国。发端于英国的第一次产业革命,使英国走上了世界霸主地位;美国抓住了第二次产业革命机遇,赶超英国成为世界第一。从第二次产业革命以来,美国就占据世界第一的位置,这是因为美国在科技和产业革命中都是领航者和最大获利者。第二次世界大战之后,日本加强自主创新,迅速实现经济复苏并跃升为世界经济强国,这些成功经验证明了自主创新是实现经济增长、提高国家竞争力的重要驱动要素。

习近平总书记进一步指出,放眼当今世界,新一轮科技和产业革命蓄势待发,新技术替代旧技术、智能型技术替代劳动密集型技术趋势愈发明显,经济社会发展越来越依赖理论、制度、科技、文化等领域的创新,国际竞争新

---

① 习近平:《在省部级主要领导干部学习贯彻党的十八届五中全会精神专题研讨班上的讲话》,《人民日报》2016年5月10日第2版。

② 习近平:《在中国科学院第十九次院士大会、中国工程院第十四次院士大会上的讲话》,《人民日报》2018年5月29日第2版。

优势也越来越体现在创新能力上。不创新就要落后，创新慢了也要落后，谁在创新上先行一步，谁就能拥有引领发展的主动权。①

这一判断是基于对现实的冷静观察作出的。进入21世纪以来，伴随着国际力量对比发生的重大变化和国际体系的深刻复杂调整，国际竞争尤其是大国间的综合国力竞争日益加剧。随着知识经济时代的到来，智力资源已成为稀缺资源，谁掌握智力资源，谁就拥有财富，谁就具有经济发展的主动权。

因此，各国不断加强对智力资源的开发与利用，科技创新能力已经成为国家综合国力的要素。一个国家及其企业拥有技术创新成果的质量和创新能力基本决定了该国在国际分工中的地位。许多国家都将创新提升到国家发展的战略核心层面，将创新作为抓手打造社会发展新的不竭动力。特别是，虽然世界主要经济体处于危机过后的复苏与再平衡之中，但新科技革命正孕育突破，新一轮产业革命蓄势待发，建立在互联网和新材料、新能源、人工智能等基础上的第三次工业革命即将叩响人类的大门。这将从前所未有的深度广度上重塑各国的比较优势与竞争优势，刷新世界经济版图，调整全球利益分配格局。

---

① 习近平：《在省部级主要领导干部学习贯彻党的十八届五中全会精神专题研讨班上的讲话》，《人民日报》2016年5月10日第2版。

表4-1　　　工业革命以来发达经济体五次长周期的基本特征

长周期			主要基础结构的重要特征				
时限	康德拉季耶夫周期	早期代表性发明	科技、教育与培训	交通、信息传输	能源系统	廉价的关键性要素	上升期的代表性现象
第一次 1780—1840（上升期：1780—1825）	工业革命：纺织品工厂化生产	飞梭（1733）珍妮纺织机（1765）	学徒制、干中学、科学社团	运河、车行道	水力	棉花	运河狂热、英国经济的大跃进
第二次 1840—1890（上升期：1840—1873）	蒸汽动力与铁路时代	蒸汽机（1785）蒸汽机车（1814）铁路（1825）	专业机械与土木工程师、技术学院、大众初级教育	铁路、电报	蒸汽	煤、铁	欧洲的铁路狂潮与英国的维多利亚繁荣
第三次 1890—1940（上升期：1890—1913）	电气与钢铁时代	发电机（1866）电话（1876）	工业研发实验室、化学品	铁路、电话	电气	钢	欧洲的美好时代、美国的狂飙突进年代
第四次 1940—1980（上升期：1940—1971）	汽车与合成材料的大批量生产时代	汽车（1886）无线电（1895）电视（1925）	大批量生产产业的研发、政府的研发、普及的高等教育	汽车公路、无线电、电视、航空	石油	石油、塑料	发达经济体"二战"后的黄金增长时代
第五次 1980—？（上升期：1980—2007）	微电子学和计算机网络时代	计算机（1946）互联网（1969）	数据网络、研发全球网络、终身教育培训	信息高速公路、数字化网络	天然气、石油	微电子	全球经济的大稳定时期

资料来源：根据Freeman & Soete（1997）改编。

值得注意的是，这种新的科技革命的酝酿与当前全球经济的长期停滞并不冲突，因为从工业革命以来的历次技术变革来看，其所带来的长周期的上升期通常会晚于相应的技术发明（见表4-1）。造成这种现象的一个可能原因是技术—经济范式具有相对稳定性，从而使得科技革命所带来的技术—经济范式更迭以及经济增长效应需要经过一段时间方能在全社会各个领域扩展开来。

和技术变迁相对应的社会经济范式转换一直在进行着，但技术创新周期往往引领着社会经济周期。回顾历史我们看到，由于技术革命的内在动力，自英国工业革命以来，大约每隔二三十年，自由市场和政府干预（最典型的两类社会经济范式）的地位就像钟摆一样向相反方向摆动。在技术创新导入期开始时，由于旧范式的束缚，经济增长放缓甚至陷入停滞。为了唤起经济自身的内在动力，自由市场意识形态开始处于上升地位。例如在20世纪70年代欧美发达经济体的滞胀危机中，所谓"凯恩斯主义的终结"，导致了新自由主义的兴起。

但到了拓展期开始时，这一方向就又颠倒过来。而对于自由放任的过度强调，也导致了严重的社会、经济和政治冲突。这时，只有通过剧烈的金融危机，才可能大大削弱金融资本的权力，恢复并加强政府管制的力量以及对公共福利的关注。比如20世纪30年代的大萧条就曾导致了凯恩斯主义的兴起，而本轮金融危机也使得市场原教旨主义者变得灰头土脸，政府干预在世界各地重振雄风。

事实上，由于新技术革命正在酝酿之中（或许初露端倪），未来的技术路线面临着巨大的不确定性。这个时候，需要更多的试错和容错来培育新技术的胚芽。这就需要更灵活的市场机制来分担和分散创新失败所带来的风险。政府如果希望更好地发挥作用（而不是相反），需要注重两个问题。

其一，要推动政府职能由研发管理向创新服务转变。

政府部门主要负责科技计划的宏观管理，不再直接具体管理项目，通过建立统一的国家科技管理平台，彻底改变政出多门、九龙治水的格局，并着力改革和创新科研经费的使用和管理方式，改革科技评价制度，建立决策、咨询、执行、评价、监管各环节职责清晰、协调衔接的新体系。政府还要加快转变职能，营造有利于大众创业、市场主体创新的政策环境和制度环境，在保护产权、维护公平、改善金融支持、强化激励机制、集聚优秀人才等方面积极作为。

其二，政府作为风险投资家通过市场来挑选赢家。即发挥市场在筛选产业中发挥主导性、决定性作用，而不简单地依赖政府的偏好和判断。这就是让政府作为风险投资家（government as venture capitalist）来发挥作用，即主要依靠市场来选择赢家，并且通过市场信号的引领来进行风险投资选择。比如有私人风险投资的先行，发现机会和市场操作的可行性，政府投资随后再出手。值得一提的是，美国的页岩气开发就是首先由私人企业做起来然后才由政府跟进并造成现在所谓的能源革命的。

这两个方面的改革，其实质就是习近平总书记2014年6月9日在第十七次中国科学院院士大会和第十二次院士大会上所指出的"要让市场在资源配置中起决定性作用，同时要更好发挥政府作用，加强统筹协调，大力开展协同创新，形成推进自主创新的强大合力"。

五　从模仿借鉴到自主创新

历史上，中国与第一次工业革命失之交臂，仅抓住了第二次工业革命的尾端，而第三次工业革命与中国转型发展发生了历史性交会，为中国走创新驱动的跨越式发展道路提供了难得契机。

全球生产率增长潜力的3/4来自对于现存最佳实践的广泛应用——也就是说是一种赶超型的生产率提升。这里所提供的积极的信息是，所有这些机会（最佳实践）我们都知道且存在于世界的某个地方。新兴经济体推动生产率进步有82%的机会都是来自赶超，只有18%是靠自主创新。作为对比，发达经济体提高生产率的机会，有45%得靠自主创新，借此推动生产率的前沿进一步往外扩展。①

中国目前仍处于赶超阶段，因此，仍能享受部分的赶超红利。特别是当科技没有重大新突破的情况下，赶超型国家往往可以通过利用传统技术获得更多的经济增长机会。

不过，这并不意味着我们可以对于新的技术革命浪潮视若无睹，相反，这次需要我们紧跟技术前沿的可能变化，花大气力，尤其在制度与政策支撑方面，为迈向技术前沿作出努力，真正实现我国科技水平由跟跑并跑向并跑领跑转变，增强我国经济整体素质和国际竞争力。毕竟目前阶段不同于四十年前。一方面，中国产业体系逐步完备，技术基础较为扎实，有了自主创新的基础；另一方面，经过较长时间的模仿赶超，我们离前沿技术越来越近，在某些领域，和发达经济体几乎处在同一起跑线上，

---

① MGI, *The China Effect on Global Innovation*, July, 2015.

赶超空间已经不大。从而,"十三五"以及今后更长时间,在充分利用技术赶超的同时,需要把自主创新放在更为重要的位置。

在实现重要科技领域的跨越式发展的过程中,需要正确地、辩证地处理好开放和自主的关系。不能总是用别人的昨天来装扮自己的明天,不能总是指望依赖他人的科技成果来提高自己的科技水平,更不能做其他国家的技术附庸——实践告诉我们,自力更生是中华民族自立于世界民族之林的奋斗基点,自主创新是我们攀登世界科技高峰的必由之路。习近平总书记指出,创新从来都是九死一生,但我们必须有"亦余心之所善兮,虽九死其犹未悔"的豪情,矢志不移自主创新,坚定创新信心,着力增强自主创新能力。①

核心技术是国之重器,市场换不来、有钱买不来,必须靠自己研发、自己发展。只有把核心技术掌握在自己手中,才能真正掌握竞争和发展的主动权,才能从根本上保障国家经济安全、国防安全和其他安全。因此,要高度重视原始性专业基础理论突破,夯实自主创新的物质技术基础,加快建设以国家实验室为引领的创新基础平台,保证基础性、系统性、前沿性技术研究和技术研发持续推进,强化自主创新成果的源头供给。

另外,自主创新不是闭门造车、单打独斗,不是排

---

① 习近平:《在中国科学院第十九次院士大会、中国工程院第十四次院士大会上的讲话》,《人民日报》2018年5月29日第2版。

斥学习先进、把自己封闭于世界之外，而是开放环境下的创新。要聚四海之气，借八方之力，积极主动整合和利用好全球创新资源，积极开展国际科技交流合作，融入全球创新网络，全面提高我国科技创新的国际合作水平。[①]

第三节 协调发展

党的十八届三中全会提出全面深化改革总目标是完善和发展中国特色社会主义制度，推进国家治理体系和治理能力现代化。国家治理体系涉及经济、政治、社会、文化和生态文明各个领域。经济建设领域各项制度改革的成败，都是以是否符合国家治理现代化的要求为根本标准，与政治建设、社会建设、文化建设和生态文明建设无法分割，必须要协调推进。协调是持续健康发展的内在要求，注重的是解决发展不平衡的问题。只有坚持区域协同、城乡一体、物质文明精神文明并重、经济建设国防建设融合，才能在协调发展中拓宽发展空间，在加强薄弱领域中增强发展后劲。

树立协调发展理念，就必须牢牢把握中国特色社会主义事业总体布局，正确处理发展中的重大关系，重点促进城乡区域协调发展，促进经济社会协调发展，促进新型工

---

① 《习近平主持召开中央财经领导小组第七次会议强调 加快实施创新驱动发展战略 加快推动经济发展方式转变 李克强刘云山张高丽出席》，《人民日报》2014年8月19日第1版。

业化、信息化、城镇化、农业现代化同步发展，在增强国家硬实力的同时注重提升国家软实力，不断增强发展整体性。① 具体体现在区域协调发展、城乡发展一体化、物质文明与精神文明协调发展、经济建设与国防建设融合发展四个方面。习近平总书记的一系列经济工作论述和部署中，都体现了协调发展的丰富内容。

一 增强发展的整体性协调性

协调发展的思想和方法论来源于马克思主义政治经济学。马克思虽然主要以资本主义生产方式为分析对象，但是，他关于资本主义基本矛盾的论述，提供了基本立场和方法论的遵循，他本人和列宁、毛泽东等马克思主义政治经济学经典作家关于两大部类关系的分析、中国社会主义经济建设十大关系的具体论述，也都强调了发展的协调性。虽然传统社会主义经济模式错误地选择了计划经济模式，也是出于"按比例"以便避免资本主义生产方式根本弊端的设想。

党的十八大报告指出全面建成小康社会目标，也是在发展的平衡性、协调性、可持续性增强的前提下所要完成的任务，强调要促进经济更加发展、民主更加健全、科教更加进步、文化更加繁荣、社会更加和谐、人民生活更加殷实，促进现代化建设各个环节、各个方面协调发展，避

---

① 中共中央宣传部：《习近平总书记系列重要讲话读本（2016年版）》，学习出版社、人民出版社2016年版，第131—134页。

免长的很长、短的很短。① 继承马克思主义和中国特色社会主义发展理论大量关于协调与平衡的讨论，吸取国内和国际发展的历史经验教训，强调增强发展的整体性与协调性，以习近平同志为核心的党中央提出包括协调发展在内的五大发展理念，使我们党关于发展的理论更为全面系统。

无论从理论上还是实践中，协调发展新理念都具有显著的时代感和针对性。同时，在我国经济发展进入新常态的形势下，协调发展具有一些新特点，要求我们在完整把握党的十八大以来，以习近平同志为核心的党中央治国理政新理念、新思想、新战略的基础上深刻领会。

首先，协调发展是统筹推进"五位一体"总体布局的要求。"五位一体"总体布局的表述外延完整、内涵丰富、关系清晰，形成一个紧密衔接、一脉相承的逻辑体系。这也决定了统筹推进"五位一体"总体布局要求各方面齐头并进，而不是一枝独秀。把握"五位一体"总体布局，必须深刻理解五大建设的丰富内涵，其中经济建设是根本，政治建设是保证，文化建设是灵魂，社会建设是条件，生态文明建设是基础。

党的十八届三中全会提出全面深化改革的要求，部署经济体制、政治体制、文化体制、社会体制和生态文明体制的全面改革，成立中央全面深化改革领导小组，以及六个专项小组，一系列举措彰显了党中央全面深化改革的决

---

① 习近平：《在党的十八届五中全会第二次全体会议上的讲话（节选）》，《求是》2016年第1期。

心，同时也体现了在发展理念上向着整体、协调的方向转变。

其次，协调既是发展手段又是发展目标，同时还是评价发展的标准和尺度。协调发展是拓宽发展空间，在加强薄弱领域中增强发展后劲的重要途径，同时是体现共享发展理念，实现基本公共服务均等化的目标要求。习近平总书记特别强调，要时刻把群众满意不满意、高兴不高兴、答应不答应作为工作的最高标准。以人民为中心的发展思想，从根本上把我们党的发展思想区别于任何其他的发展理论流派。

随着全球经济社会发展总体上进入更高阶段，西方发展理论也越来越重视发展的协调性，并且这一演进趋势也的确标志着发展理论的整体进步。然而，这些理论往往是把协调发展作为实现发展可持续性的手段，而不是发展的目的本身。因此，一系列具有提升生产率和福利水平的进步因素，如技术进步、生态改善、经济全球化等，并没有使发达国家与发展中国家、跨国公司与普通劳动者均等获益，反而造成巨大的经济分化，加大了社会风险，在很多国家酿成了政治危机。

再次，协调是两点论和重点论的统一。习近平总书记特别强调协调发展要运用辩证法、善于"弹钢琴"。"有上则有下，有此则有彼"，唯物辩证法认为事物是普遍联系的，事物及事物各要素相互影响、相互制约，整个世界是相互联系的整体，也是相互作用的系统。践行协调发展，需要坚持和运用唯物辩证法，从客观事物的内在联系去认识事物，特别是学会统筹兼顾、"弹钢琴"的思想方法和工作方法，坚持多要素联动的原则，处理好局部和全局、当前和长远、重点和非重点的关系，在权衡利弊中趋利避害、作出最为有利的战略抉择。①

最后，协调发展是挖掘发展潜力和补足短板的统一。一个国家、地区、行业在其特定发展时期，既有发展优势也存在制约因素，在发展思路上既要着力破解难题、补齐短板，又要考虑巩固和厚植原有优势，两方面相辅相成、相得益彰，才能实现高水平发展。协调是平衡和不平衡的统一，由平衡到不平衡再到新的平衡是事物发展的基本规律，平衡是相对的，不平衡是绝对的。

习近平总书记也指出，强调协调发展不是搞平均主义，而是更注重发展的机会公平、更注重资源的配置均衡；我国正处于由中等收入国家向高收入国家迈进的阶段，国际经验表明，这一阶段是各种矛盾集中爆发的时期，发展不协调、存在诸多短板是难免的。坚持协调发展理念，就要找出短板，并通过着力补齐短板挖掘发展潜力、增强发展后劲。②

二 区域协调发展、城乡发展一体化与乡村振兴战略

在我国经济发展水平整体提高的基础上，经过实施

---

① 习近平：《在省部级主要领导干部学习贯彻党的十八届五中全会精神专题研讨班上的讲话》，《人民日报》2016 年 5 月 10 日第 2 版。

② 同上。

第四章 新发展理念引领新常态

一系列区域发展战略和旨在促进公平的社会政策,贫困地区加快脱贫和赶超的步伐,各省、直辖市和自治区之间的发展差距以及城乡之间收入差距,呈现了显著缩小的趋势,基本公共服务均等化程度明显提升。例如,根据国家统计局的数据计算,在2005—2014年间,各省、自治区、直辖市人均GDP总体水平都得到显著提高,按现价计算的平均值从7668元提高到24613元,提高了2.2倍。与此同时,地区之间的差距显著缩小,反映各省之间人均GDP差异幅度的指标——变异系数在此期间下降了22.9%(见图4-1)。

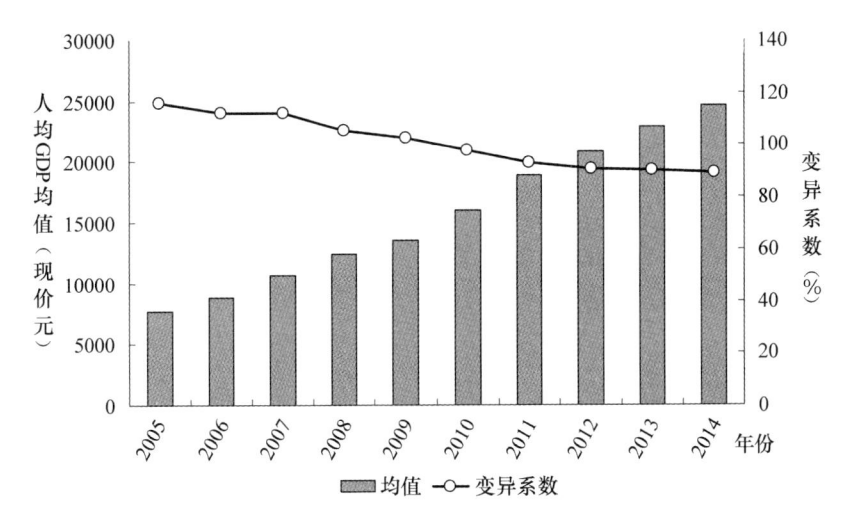

图4-1 各省、自治区、直辖市人均GDP水平增长和差距缩小

资料来源:国家统计局官方网站:http://data.stats.gov.cn。

与此同时,地区和城乡之间在人均GDP、居民平均收入和基本公共服务方面存在的差距,仍然是我们经济发展不平衡、不协调问题的突出表现，是制约发展可持续性的短板。因此，在习近平总书记亲自主持起草的《中共中央关于制定国民经济和社会发展第十三个五年规划的建议》中，提出明确要求，即从塑造要素有序自由流动、主体功能约束有效、基本公共服务均等、资源环境可承载的协调发展新格局出发推动区域协调发展，坚持工业反哺农业、城市支持农村，健全城乡发展一体化体制机制，推进城乡要素平等交换、合理配置和基本公共服务均等化出发，推动城乡协调发展。

习近平总书记在一系列重要讲话中，具体部署和论述了推动区域协调发展战略的重要方面。他强调，一方面，各地区应找准主体功能区定位和自身优势，加大力度支持革命老区、民族地区、边疆地区、贫困地区加快发展，强化举措推进西部大开发形成新格局，深化改革加快东北等老工业基地振兴，发挥优势推动中部地区崛起，创新引领率先实现东部地区优化发展；另一方面，应促进各地区协调发展、协同发展、共同发展，通过改革创新打破地区封锁和利益藩篱，全面提高资源配置效率。培育若干带动区域协同发展的增长极，重点实施"一带一路"建设，以及京津冀协同发展、长江经济带发展战略，特别要以疏解北京非首都功能为"牛鼻子"推动京津冀协同发展，高起点规划、高标准建设雄安新区；以共抓大保护、不搞大开发为导向推动长江经济带发展。以上述战略为抓手，要探索出人口经济密集地区优化开发的模式，构建连接东中西、贯通南北方的多中心、网络化、开放式的区域开发格局，不断缩小地区发展差距。①②

加快推进城乡发展一体化是党的十八大提出的战略任务，也是落实"四个全面"战略布局的必然要求，以人民为中心发展思想的直接体现。习近平总书记要求努力在统筹城乡关系上取得重大突破，特别是要在破解城乡二元结构、推进城乡要素平等交换和公共资源均衡配置上取得重大突破，给农村发展注入新的动力，让广大农民平等参与改革发展进程、共同享受改革发展成果。从城乡发展一体化思想出发，新型城镇化必须以人为核心推进，农业现代化必须与工业化、信息化、城镇化同步推进。

以人为核心的新型城镇化，是党的十八大以来，以习近平同志为核心的党中央提出的一个城镇化战略新理念。这一新理念是在总结国内外成功的城镇化经验，反思国内外城镇化实践中存在问题的基础上形成的，既具有高屋建瓴的理论高度，也符合当代中国国情，因应经济发展进入新常态所面临的挑战。坚持目标导向与问题导向相结合，推进以人为核心的新型城镇化，是践行创新、协调、绿色、开放、共享发展理念的重要一环。

根据习近平总书记的重要讲话精神，以及结合党中央国务院的一系列战略部署，从其体现中国特色社会主义经济学

---

① 习近平：《在省部级主要领导干部学习贯彻党的十八届五中全会精神专题研讨班上的讲话》，《人民日报》2016年5月10日第2版。

② 《中央经济工作会议在北京举行 习近平李克强作重要讲话 张德江俞正声刘云山王岐山张高丽出席会议》，《人民日报》2014年12月12日第1版。

内涵的角度，我们可以把以人为核心的新型城镇化战略所强调的"新"字所在及其重要意义，作以下简要概括。

首先，是以人民为中心的发展思想的具体体现。新型城镇化更加强调以人的城镇化为核心，更加注重提高户籍人口城镇化率，更加注重城乡基本公共服务均等化，更加注重环境宜居和历史文脉传承，更加注重提升人民群众获得感和幸福感。一句话，以人为核心的新型城镇化必须是由全体人民共享成果的城镇化。

其次，是贯彻落实新的发展理念的具体抓手。推进新型城镇化是转变发展理念和转变经济发展方式的一个主要抓手，直接反映创新、协调、绿色、开放、共享的发展理念是否落到实处。实现经济发展方式的转变，要求把一切为了人民作为发展的中心，以新常态这个经济发展大逻辑引领经济工作，针对当前发展中存在的不平衡、不协调、不可持续的问题，把保持经济中高速增长、调整产业结构、转换经济增长动能等任务统一起来。为此，通过实现目标导向与问题导向的有机结合，新型城镇化依照规律发挥自身功能，同时有助于解决好我国发展中面临的紧迫问题。

最后，是供给侧结构性改革的具体领域。习近平总书记指出，供给侧结构性改革，重在解决结构性问题，注重激发经济增长动力，主要通过优化要素配置和调整生产结构来提高供给体现质量和效率，进而推动经济增长。① 以人为

---

① 习近平：《在省部级主要领导干部学习贯彻党的十八届五中全会精神专题研讨班上的讲话》，《人民日报》2016年5月10日第2版。

核心的新型城镇化，可以通过深化户籍制度等领域的改革，推动以基本公共服务均等化为中心内容的农民工市民化进程，一方面，通过改善生产要素供给的政策环境，挖掘传统增长动能的潜力；另一方面，通过优化资源配置，提高全要素生产率，赢得经济增长长期可持续动力。

习近平总书记高度关注和关心"三农"问题，他在这方面的一系列重要论述是其治国理政思想的重要组成部分，是马克思主义政治经济学的当代化和中国化，是新时期党和国家指导农业和农村工作的重要依据。

习近平总书记强调，"三农"工作是做好经济发展和社会治理工作的基础。农业基础稳固，农村和谐稳定，农民安居乐业，整个大局就有保障，各项工作都会比较主动。① 马克思曾经说过："超过劳动者个人需要的农业劳动生产率，是一切社会的基础。"这一重要论断既没有过时，也需要与时俱进地予以理解。在2015年中央农村工作会议上，习近平总书记指出："重农固本，是安民之基。任何时候都不能忽视和放松'三农'工作。"② 习近平总书记将解决农业和农村问题置于党和政府工作的首位，既是对我党长期以来"三农"思想的继承和发展，也是根据我国基本国情作出的正确判断。

---

① 《中央农村工作会议在北京举行 习近平李克强作重要讲话 张德江俞正声刘云山王岐山张高丽出席会议》，《人民日报》2013年12月25日第1版。

② 《中央农村工作会议在京召开 习近平对做好"三农"工作作出重要指示 李克强作出批示》，《人民日报》2015年12月26日第1版。

2016年4月在安徽省凤阳县小岗村主持召开的农村改革座谈会上，习近平总书记再次强调，中国要强农业必须强，中国要美农村必须美，中国要富农民必须富。① 2014年12月在江苏调研时习近平总书记指出："没有农业现代化，没有农村繁荣富强，没有农民安居乐业，国家现代化是不完整、不全面、不牢固的。"②

发展现代农业是习近平总书记关于"三农"的重要论述强调的重要内容。他多次论述工业化、信息化、城镇化、农业现代化"四化"同步的问题。他所说的"农业必须强"，就是指要构建一个现代化的农业生产方式。习近平总书记认为：发展现代农业一方面能稳定粮食和重要农产品产量、保障国家粮食安全和重要农产品有效供给；另一方面现代农业可以让农业经营有效益，让农业成为有奔头的产业，是农民致富的好路子。③ 例如，他在讲到土地制度改革问题时指出：要更多考虑推进中国农业现代化问

---

① 《习近平在农村改革座谈会上强调 加大推进新形势下农村改革力度 促进农业基础稳固农民安居乐业》，《人民日报》2016年4月29日第1版。

② 《习近平在江苏调研时强调 主动把握和积极适应经济发展新常态 推动改革开放和现代化建设迈上新台阶》，《人民日报》2014年12月15日第1版。

③ 《中央农村工作会议在北京举行 习近平李克强作重要讲话 张德江俞正声刘云山王岐山张高丽出席会议》，《人民日报》2013年12月25日第1版；《习近平在江苏调研时强调 主动把握和积极适应经济发展新常态 推动改革开放和现代化建设迈上新台阶》，《人民日报》2014年12月15日第1版。

题，既要解决好农业问题，也要解决好农民问题，走出一条中国特色农业现代化道路。①

目前，农业经营规模是农业现代化的一个短板。我国农户的平均经营规模为0.6—0.7公顷，仅为世界银行定义的"小规模经营者"标准（2公顷）的1/3。这导致农业本身不能满足农民收入增长的可持续性要求，目前农户平均可支配收入中60％以上与农业经营无关。随着劳动力转移速度减慢，农民收入增长将受到阻碍。因此，按照习近平总书记的要求，补齐这个短板，发展农业规模经营要与城镇化进程和农村劳动力转移规模相适应，与农业科技进步和生产手段改进程度相适应，与农业社会化服务水平提高相适应，要让农民成为土地适度规模经营的积极参与者和真正受益者。

习近平总书记关于"三农"的重要论述的最新成果集中体现在十九大报告提出的乡村振兴战略中。农业农村农民问题是关系国计民生的根本性问题，必须始终把解决好"三农"问题作为全党工作重中之重。因此，实现农业和农村的现代化是建设现代化经济体系的重要目标之一。乡村振兴战略的总要求是产业兴旺、生态宜居、乡风文明、治理有效、生活富裕，体现了农业现代化与农村现代化的有机融合。

乡村振兴战略的主要任务有五项：一是建立健全城乡融合发展体制机制和政策体系，这是战略实施的制度与政

---

① 《习近平主持召开中央全面深化改革领导小组第五次会议强调 严把改革方案质量关督察关 确保改革改有所进改有所成 李克强张高丽出席》，《人民日报》2014年9月30日第1版。

策保障。二是巩固和完善农村基本经营制度，深化农村土地制度改革，完善承包地"三权"分置制度。保持土地承包关系稳定并长久不变，第二轮土地承包到期后再延长三十年。深化农村集体产权制度改革，保障农民财产权益，壮大集体经济。这是优化农村资源配置，保护和激发农民积极性与创造力的根本举措。三是构建现代农业产业体系、生产体系、经营体系，完善农业支持保护制度，发展多种形式适度规模经营，培育新型农业经营主体，健全农业社会化服务体系，实现小农户和现代农业发展有机衔接。促进农村第一、二、三产业融合发展，支持和鼓励农民就业创业，拓宽增收渠道。这是我国现代化农业产业体系的主要特征。四是加强农村基层基础工作，健全自治、法治、德治相结合的乡村治理体系。乡村治理的现代化是国家治理体系现代化的重要组成部分，也是乡村振兴战略落到实处的关键所在。五是培养造就一支懂农业、爱农村、爱农民的"三农"工作队伍。人是发展中最重要的因素，要通过人才体制机制创新把懂农业、爱农村、爱农民的人才吸引到农村建设和农业发展中来。

三　物质文明与精神文明协调发展

物质文明和精神文明，是人类认识世界和改造世界全部活动及成果的总括和结晶。在改革开放初期，我们党就确定了一手抓物质文明建设，一手抓精神文明建设，"两手都要硬"的战略方针。在新时期，习近平总书记更是把以辩证的、全面的、平衡的观点处理"两个文明"的关系，把"两个文明"都搞好、国家物质力量和精神力量都增强、全国各族人民物质生活和精神生活都改善,作为中国特色社会主义事业顺利向前推进的前提。

在我国现实中,迄今仍然存在着"两个文明"之间的不协调、社会思潮多元多样多变的碰撞交锋、文化发展滞后于经济发展、国家软实力与硬实力不相适应等问题。因此,强调和加强"两个文明"协调发展,是增强道路自信、理论自信、制度自信和文化自信的重要举措、坚持和发展中国特色社会主义的必然要求、全面建成小康社会的基本内容和实现中华民族伟大复兴中国梦的重要支柱。

习近平总书记明确指出,意识形态工作是党的一项极端重要的工作。[①] 社会主义精神文明是社会主义社会的重要特征,是社会主义建设的重要目标,是确保我们的事业始终沿着正确的道路前进的保障。

习近平总书记强调,要把培育和弘扬社会主义核心价值观,作为凝魂聚气、强基固本的基础工程,使核心价值观的影响像空气一样无所不在、无时不有。[②] 核心价值观,承载着一个民族和国家最集中、最本质的精神追求,体现着一个社会评判是非的根本标准。社会主义核心价值观,包含国家层面的价值目标、社会层面的价值取向、公民个人层面的价值准则,寄托着近代以来中国人民上下求索、

---

① 《习近平在全国宣传思想工作会议上强调 胸怀大局把握大势着眼大事 努力把宣传思想工作做得更好》,《人民日报》2013年8月21日第1版。

② 《习近平在中共中央政治局第十三次集体学习时强调 把培育和弘扬社会主义核心价值观作为凝魂聚气强基固本的基础工程》,《人民日报》2014年2月26日第1版。

历经千辛万苦确立的理想和信念，反映了全国各族人民共同认同的价值观"最大公约数"。

推进社会主义文化强国建设，是党的十八大以来，以习近平同志为核心的党中央提出的一系列新理念、新思想和新战略的重要内容，既是"五位一体"总体布局的重要一环，也是增强"两个文明"协调性的具体抓手，强调的是凝神聚气，树魂壮骨，凸显了文化在"举精神旗帜、立精神支柱、建精神家园"，"弘扬中国精神、传播中国价值、凝聚中国力量"，展现崭新的时代特色和恢宏的文化气象。

一个国家、一个民族的强盛，总是要以文化兴盛作为支撑。当今时代，文化软实力在综合国力竞争中的地位和作用越来越突出，成为国家核心竞争力的重要因素，世界主要国家纷纷推出文化战略，从文化中借力，在文化上发力。习近平总书记站在治国理政的高度，强调提高国家文化软实力，关系"两个一百年"奋斗目标和中华民族伟大复兴中国梦的实现。

提高文化软实力涉及面广、影响面宽，必须作为一项战略部署统筹推进。要坚持走中国特色社会主义文化发展道路，弘扬社会主义先进文化，深化文化体制改革，推动社会主义文化大发展大繁荣，增强全民族文化创造活力，推动文化事业全面繁荣、文化产业快速发展，不断丰富人民精神世界、增强人民精神力量，不断增强文化整体实力和竞争力。有效提升文化软实力，关键是彰显特色，凸显灵魂。

国家文化软实力建设的一个重要方面就是要积极传播当代中国价值理念，展示中华文化独特魅力，讲好中国故事，传播好中国声音，使中华民族最基本的文化基因与当代文化相适应、与现代社会相协调，以人们喜闻乐见、具有广泛参与性的方式推广开来，把跨越时空、超越国度、富有永恒魅力、具有当代价值的文化精神弘扬起来，把继承传统优秀文化又弘扬时代精神、立足本国又面向世界的当代中国文化创新成果传播出去。党的十八大以来提高国家文化软实力的新思想和新战略，既立足传统又融入现代，既植根中国又面向世界，为全面提升综合国力、推动中华文化走向世界提供了重要遵循。

四　经济建设与国防建设融合发展

推动经济建设与国防建设融合，兼顾发展与安全，实现国家经济实力和国防实力同步增长，是以习近平同志为核心的党中央作为国家战略作出的重大部署，是促进协调发展不可或缺的重要内容。我们党的军民融合思想也是一脉相承、与时俱进发展的。

早在中华人民共和国成立之初，毛泽东同志就提出了军民结合的战略思想。20世纪80年代，邓小平同志提出了军民结合、平战结合、军品优先、以民养军的国防工业方针。江泽民同志和胡锦涛同志都分别强调了探索军民结合、平战结合和寓军于民的重要意义。2015年习近平总书记在十二届全国人大三次会议解放军代表团全体会议上指出，军民融合作为一项国家战略，既是兴国之举，又是强军之策，要推动军民融合深度发展。这一战略思想的重要意义，可以从以下三个方面认识。

首先，是全面推进国防和军队建设同全面建成小康社会进程相一致的要求。随着全面建成小康社会的步伐，我国经济总量增大、综合实力上升,面临的各种风险挑战也在增多。贯彻总体国家安全观和军事战略要求,需要加强各方面各领域军事斗争准备,加强新型作战力量建设,加快推进国防和军队改革,深入推进依法治军、从严治军。到2020年全面建成小康社会之时,也要基本完成国防和军队改革目标任务,基本实现机械化,信息化取得重大进展,构建能够打赢信息化战争、有效履行使命任务的中国特色现代军事力量体系。

其次,有利于同步提高国家现代化和国防现代化水平,军民融合提高科技创新能力。习近平总书记要求我们积极探讨世界科技创新发展趋势,高度重视、密切跟踪、迎头赶上,并作出一系列高屋建瓴的判断。他指出,"进入21世纪以来,新一轮科技革命和产业变革正在孕育兴起,全球科技创新呈现出新的发展态势和特征","传统意义上的基础研究、应用研究、技术开发和产业化的边界日趋模糊,科技创新链条更加灵巧,技术更新和成果转化更加快捷,产业更新换代不断加快。科技创新活动不断突破地域、组织、技术的界限,演化为创新体系的竞争,创新战略竞争在综合国力竞争中的地位日益重要"[①]。

在当今世界科技革命浪潮中,国防与经济社会结合面越来越宽,军地人才、技术、资源的兼容性和共享性越来越强,军队建设和作战对经济、科技、社会的依赖性空前

---

① 习近平:《在中国科学院第十七次院士大会、中国工程院第十二次院士大会上的讲话》,《人民日报》2014年6月10日第2版。

增强。世界各国纷纷探索"以民掩军""以军带民"和"军民融合"各种模式。许多经验表明,国防工业对科技发展提出需求,从而发挥创新的引领作用。例如,美国在第二次世界大战结束以来的重大科技创新,与最初由国防部提出的军事需求密切相关,甚至有人认为,正是艾森豪威尔倡导建立的"军事工业复合体",演变成如今的"国家创新体系"[①]。

最后,密切军政、军民团结,党政军警民合力强边固防。我国的国防是全民的国防,参与国家经济社会发展,也是我们人民军队的分内之责。一方面,军民融合发展为民用经济、民营经济提供了投资机会和发展空间,例如,工信部、国防科工局联合发布了2016年度《军用技术转民用推广目录》和《民参军技术与产品推荐目录》,聚焦诸多技术和产品领域及发展项目;另一方面,军队和军工企业也是一股不可或缺的重要力量,参与和服务于各种区域发展战略、国家重点工程、生态建设和扶贫开发,履行反恐维稳、抢险救灾等使命。

第四节 绿色发展

绿色是永续发展的必要条件和人民对美好生活追求的重要体现。绿色发展,就是要解决好人与自然和谐共生问题。习近平总书记在党的十九大报告中指出,人与自然是

---

① Daniel Sarewitz, "Saving Science", *The New Atlantis*, No. 49, Spring/Summer, 2016, pp. 4–40.

生命共同体，人类必须尊重自然、顺应自然、保护自然。人类只有遵循自然规律才能有效防止在开发利用自然上走弯路，人类对大自然的伤害最终会伤及人类自身，这是无法抗拒的规律。这一论断深刻揭示了人与自然关系在人类文明进步中的地位。树立绿色发展理念，就必须坚持节约资源和保护环境的基本国策，坚持可持续发展，坚定走生产发展、生活富裕、生态良好的文明发展道路，加快建设资源节约型、环境友好型社会，形成人与自然和谐发展现代化建设新格局，推进美丽中国建设，为全球生态安全作出新贡献。①

习近平总书记在十九大报告中指出加快生态文明体制改革，建设美丽中国的战略任务，强调我们要建设的现代化是人与自然和谐共生的现代化，既要创造更多物质财富和精神财富以满足人民日益增长的美好生活需要，也要提供更多优质生态产品以满足人民日益增长的优美生态环境需要。必须坚持节约优先、保护优先、自然恢复为主的方针，形成节约资源和保护环境的空间格局、产业结构、生产方式、生活方式，还自然以宁静、和谐、美丽。

在全国生态环境保护大会上，习近平总书记进一步指出，新时代推进生态文明建设，必须坚持以下原则：一是坚持人与自然和谐共生，坚持节约优先、保护优先、自然恢复为主的方针；二是绿水青山就是金山银山，加快形成

---

① 中共中央宣传部：《习近平总书记系列重要讲话读本（2016年版）》，学习出版社、人民出版社2016年版，第134—135页。

节约资源和保护环境的空间格局、产业结构、生产方式、生活方式;三是良好生态环境是最普惠的民生福祉,坚持生态惠民、生态利民、生态为民;四是山水林田湖草是生命共同体,要全方位、全地域、全过程开展生态文明建设;五是用最严格制度最严密法治保护生态环境,让制度成为刚性的约束和不可触碰的高压线;六是共谋全球生态文明建设,深度参与全球环境治理。①

在庆祝改革开放40周年大会上,习近平总书记又一次强调,我们要加强生态文明建设,牢固树立"绿水青山就是金山银山"的理念,形成绿色发展方式和生活方式,把我们伟大祖国建设得更加美丽,让人民生活在天更蓝、山更绿、水更清的优美环境之中②。

一 绿色发展要义是人与自然和谐共生

绿色发展,就其要义来讲,是要解决好人与自然和谐共生问题。人类发展活动必须尊重自然、顺应自然、保护自然,否则就会遭到大自然的报复,这个规律谁也无法抗拒。③ 习近平生态文明思想是在全球化背景下应对环境危

---

① 《习近平在全国生态环境保护大会上强调 坚决打好污染防治攻坚战推动生态文明建设迈上新台阶 李克强韩正讲话 汪洋王沪宁赵乐际出席》,《人民日报》2018年5月20日第1版。

② 习近平:《在庆祝改革开放40周年大会上的讲话》,《人民日报》2018年12月19日第2版。

③ 习近平:《在省部级主要领导干部学习贯彻党的十八届五中全会精神专题研讨班上的讲话》,《人民日报》2016年5月10日第2版。

机、解决经济发展与资源环境矛盾的基础上提出的。

从国内看,绿色发展面临严峻挑战。多年经济高速增长成就了世界第二大经济体的"中国奇迹",但也积累了一系列深层次矛盾和问题。其中一个突出的矛盾和问题就是资源环境承载力逼近极限,高投入、高消耗、高污染的传统发展方式已不可持续。习近平总书记强调,单纯依靠刺激政策和政府对经济大规模直接干预的增长,只治标,不治本,而建立在大量资源消耗、环境污染基础上的增长则更难以持久。[①] 粗放型发展方式不但使我国能源、资源不堪重负,而且造成大范围雾霾、水体污染、土壤重金属超标等突出环境问题。种种情况表明:全面建成小康社会,最大的瓶颈是资源环境,最大的"心头之患"也是资源环境。绿色发展理念的提出,是突破资源环境瓶颈、消除人民"心头之患"的必然要求,是调整经济结构、转变发展方式、实现可持续发展的必然选择。

从国际看,绿色发展渐成世界潮流。当今时代,"环球同此凉热",各国已成为唇齿相依的生态命运共同体。一个时期以来,全球温室气体排放、臭氧层破坏、化学污染、总悬浮微粒超标以及生物多样性减少等问题日益严重,全球生态安全遭遇前所未有的威胁。建设生态文明成为发展潮流所向,成为越来越多国家和人民的

---

① 习近平:《共同维护和发展开放型世界经济——在二十国集团领导人会议第一阶段会议上关于世界经济形势的发言》,《人民日报》2013年9月6日第2版。

共识。

习近平总书记指出,"建设生态文明关乎人类未来。国际社会应该携手同行,共谋全球生态文明建设之路"[①]。在这样的高度定位生态文明建设,并将绿色发展作为理念写入发展战略、发展规划,充分彰显了大国的责任担当。在2015年召开的气候变化巴黎大会上,习近平总书记向与会各国领导人介绍了我国生态文明建设的规划与实践,着重强调绿色发展理念。他提出,中国把应对气候变化融入国家经济社会发展中长期规划,坚持减缓和适应气候变化并重,通过法律、行政、技术、市场等多种手段,全力推进各项工作。中国可再生能源装机容量占全球总量的24%,新增装机占全球增量的42%。中国是世界节能和利用新能源、可再生能源第一大国。中国在"国家自主贡献"中提出将于2030年左右使二氧化碳排放达到峰值并争取尽早实现,2030年单位国内生产总值二氧化碳排放比2005年下降60%—65%,非化石能源占一次能源消费比重达到20%左右,森林蓄积量比2005年增加45亿立方米左右。[②]

[①] 《习近平出席第七十届联合国大会一般性辩论并发表重要讲话强调 继承和弘扬联合国宪章宗旨和原则 构建以合作共赢为核心的新型国际关系 打造人类命运共同体》,《人民日报》2015年9月29日第1版。

[②] 习近平:《携手构建合作共赢、公平合理的气候变化治理机制——在气候变化巴黎大会开幕式上的讲话》,《人民日报》2015年12月1日第2版。

二 保护与发展的关系

改革开放以来，中国的经济发展取得了令世人瞩目的历史性成就，在短短四十年内，走过了发达国家用上百年时间才完成的工业化、城镇化过程，但同时也付出了沉重的资源环境代价。在这四十年的持续快速发展中，我国农产品、工业品、服务产品的生产能力迅速扩大，但提供优质生态产品的能力却在减弱，大量积累的生态环境问题已成为未来发展的明显短板。目前，我国环境承载能力已达到或接近上限，资源约束趋紧、环境污染严重、生态系统退化的问题十分严峻，生态环境领域的不平衡、不协调、不可持续的状况不容低估。

在经济学中，对于环境的分析集中在负外部性上。此概念是由马歇尔和庇古在 20 世纪初提出的，是指一个经济主体在自己的活动中对旁观者的福利产生了一种不利影响，其损失不由经济主体本人全部承担，这造成市场对具有负外部性的产品——诸如空气污染、水污染等——供给过量。[①]

不讲生态保护的增长，直接减少了人类的福祉，这样的经济增长当然要大打折扣。同时，长达四十年的快速经济增长，已经使得发达国家一两百年方才出现的环境问题，集中在我们的国土上显现出来，资源环境约束已经成为阻滞我国经济快速增长的硬约束。随着越来越多的新兴

---

① ［美］斯蒂格利茨、沃尔什：《经济学》（第四版）上册，中国人民大学出版社 2010 年版。

经济体进入工业化阶段,这一约束将越收越紧。正如习近平总书记指出的:"我们在生态环境方面欠账太多了,如果不从现在起就把这项工作紧紧抓起来,将来会付出更大的代价。"①

与发达国家相比,我国经济发展水平依然较低,发展不均衡现象依然突出。尤其是大量贫困人口的存在仍是全面建成小康的短板。而这些集中连片特殊困难地区、国家扶贫开发重点县,大多是生态环境敏感、脆弱的区域,发展的愿望非常迫切,保护与发展之间的矛盾十分突出。解决这些问题必须依靠发展。但是,如果这种发展是以生态环境破坏为代价,那么也是不可持续的。短期所取得的经济收益将会远远小于破坏生态环境带来的长期损失。

对此,早在 2005 年,时任浙江省委书记的习近平就指出"绿水青山就是金山银山"。2013 年,习近平总书记进一步指出,"我们既要绿水青山,也要金山银山。宁要绿水青山,不要金山银山,而且绿水青山就是金山银山"。2016 年,习近平总书记进一步强调,生态环境没有替代品,用之不觉,失之难存。环境就是民生,青山就是美丽,蓝天也是幸福,绿水青山就是金山银山;保护环境就是保护生产力,改善环境就是发展生产力。②

这一充满辩证思维的重要论述,深刻阐明了生态环境

---

① 中共中央宣传部:《习近平总书记系列重要讲话读本(2016年版)》,学习出版社、人民出版社 2016 年版,第 234—235 页。

② 习近平:《在省部级主要领导干部学习贯彻党的十八届五中全会精神专题研讨班上的讲话》,《人民日报》2016 年 5 月 10 日第 2 版。

与生产力之间的关系，是尊重经济规律与尊重自然规律的重要体现，是对生产力理论的重大发展，其中，饱含着尊重自然、谋求人与自然和谐发展的价值理念和发展理念。关于经济增长与生态环境的关系，一直有"先发展后治理"，或"边发展边治理"的说法，这体现出两者间的一种对立关系。事实上，从更高层次上来认识，生态环境与经济发展是相辅相成的，改善生态环境就是发展生产力，注重环境保护与生态文明建设，也能促进经济社会发展。

处理好保护环境和发展经济的关系，根本在于实现经济发展方式转变和增长动能的转换。地方政府也好，企业也好，目前的激励跟环境保护的目标还是有矛盾的。在新的增长动能还没有形成的情况下，就会出现增长目标和环境保护目标不一致的情况。

现在有些中西部地区增长速度是高于全国的，但是与此同时，它在某种程度上又在复制着原来沿海地区的发展方式，也就是说，它的污染情况、环境保护的不力也是后来居上，这使得环保目标和经济发展目标在现实中成了一对矛盾的东西。因此，加快经济发展方式的转变是根本。如果这个发展方式转变不了，无论执法有多强硬，这是与千千万万投资者和企业的激励机制不一致的，终究没有办法约束它。因此，要创造必要的机制，让绿色发展成为发展的机会，而不要成为成本。[1]

---

[1] 《全国人大常委会分组审议环境保护法执法检查报告 委员指出要以更大力度推进环境综合治理》，《法制日报》2016年11月4日第2版。

有鉴于此，习近平总书记在党的十九大报告中明确指出要着力解决突出环境问题。主要任务包括以下六项：一是坚持全民共治、源头防治，持续实施大气污染防治行动，打赢蓝天保卫战；二是加快水污染防治，实施流域环境和近岸海域综合治理；三是强化土壤污染管控和修复，加强农业面源污染防治，开展农村人居环境整治行动；四是加强固体废弃物和垃圾处置，提高污染排放标准，强化排污者责任，健全环保信用评价、信息强制性披露、严惩重罚等制度；五是构建政府为主导、企业为主体、社会组织和公众共同参与的环境治理体系；六是积极参与全球环境治理，落实减排承诺。

三 推动绿色低碳循环发展

绿色循环低碳发展，是当今时代科技革命和产业变革的方向，是最具前景的发展领域。世界各国都在对与低碳技术相关的基础设施和产业进行巨额投入，绿色低碳循环发展已成为国家竞争力的关键领域。从人类历史上历经的几次主要变革来看，与前几次工业革命不同，绿色革命将是一次全方位的变革，是对1750年以来资本主义发展模式的一次自我觉醒与自觉超越，要从根本上解决经济发展模式与自然资源、生态环境之间的发展悖论。它将对主流经济学中的传统生产函数进行重新定义，形成新的绿色生产函数，发生从以自然要素投入为特征到以绿色要素投入为特征的跃迁过程。

绿色发展是构建高质量现代化经济体系的必然要求，

是解决污染问题的根本之策。① 推进绿色发展、绿色富国，将促进发展模式从低成本要素投入、高生态环境代价的粗放模式向创新发展和绿色发展双轮驱动模式转变，能源资源利用从低效率、高排放向高效、绿色、安全转型，节能环保产业将实现快速发展，循环经济将进一步推进，产业集群绿色升级进程将进一步加快，绿色、智慧技术将加速扩散和应用，从而推动绿色制造业和绿色服务业兴起，实现"既要金山银山，又要绿水青山"。综合来看，绿色发展已成为我国走新型工业化道路、调整优化经济结构、转变经济发展方式的重要动力，成为推动中国走向富强的有力支撑。

根据党的十九大报告的论述，推进绿色发展要着力推进四个方面的工作。一是加快建立绿色生产和消费的法律制度和政策导向，建立健全绿色低碳循环发展的经济体系。二是构建市场导向的绿色技术创新体系，发展绿色金融，壮大节能环保产业、清洁生产产业、清洁能源产业。三是推进能源生产和消费革命，构建清洁低碳、安全高效的能源体系。四是推进资源全面节约和循环利用，实施国家节水行动，降低能耗、物耗，实现生产系统和生活系统循环链接。倡导简约适度、绿色低碳的生活方式，反对奢侈浪费和不合理消费，开展创建节约型机关、绿色家庭、绿色学校、绿色社区和绿色出行等行动。

---

① 《习近平在全国生态环境保护大会上强调 坚决打好污染防治攻坚战 推动生态文明建设迈上新台阶 李克强韩正讲话 汪洋王沪宁赵乐际出席》，《人民日报》2018年5月20日第1版。

归结起来，推动绿色低碳循环发展关键是要积极推动形成绿色生产方式和绿色生活方式。

首先，推动形成绿色生产方式，就是努力构建科技含量高、资源消耗低、环境污染少的产业结构，加快发展绿色产业，形成经济社会发展新的增长点。绿色产业包括环保产业、清洁生产产业、绿色服务业等，致力于提供少污染甚至无污染、有益于人类健康的清洁产品和服务。发展绿色产业，要求尽量避免使用有害原料，减少生产过程中的材料和能源浪费，提高资源利用率，减少废弃物排放量，加强废弃物处理，促进从产品设计、生产开发到产品包装、产品分销的整个产业链绿色化，以实现生态系统和经济系统良性循环，实现经济效益、生态效益、社会效益有机统一。

其次，大力发展节能环保产业。扩大绿色环保标准覆盖面。支持推广节能环保先进技术装备，广泛开展合同能源管理和环境污染第三方治理。加大建筑节能改造力度，加快传统制造业绿色改造。开展全民节能、节水行动，推进垃圾分类处理，健全再生资源回收利用网络，把节能环保产业培育成我国发展的一大支柱产业。

最后，积极培育绿色生活方式。大力倡导勤俭节约、绿色低碳、文明健康的生活方式和消费模式，将绿色生活方式体现在日常生活细节之中。广泛开展绿色生活行动，自觉抵制和反对各种形式的奢侈浪费、不合理消费。积极引导消费者购买节能环保低碳产品，大力倡导绿色低碳出行，倡导绿色生活和休闲方式，努力使绿色发展、绿色消费和绿色生活方式成为每个社会成员的自觉行动。

四　完善环境治理体系

绿色发展，需要有完善的环境治理体系提供保障。"十三五"规划建议首次将最严格的环境保护制度纳入规划，习近平总书记在党的十九大报告中明确指出要改革生态环境监管体制。有效的制度建设将为我国生态文明建设保驾护航。其中既涉及经济社会发展的考核评价制度，也涵盖全面的资源生态环境管理制度。

（一）健全自然资源资产产权制度

自然资源资产的范围较广，主要包括矿藏、水流、森林、山岭、草原、荒地、海域、滩涂等全部国土空间的各类自然资源资产。但是，长期以来我国自然资源资产管理中存在着所有者不到位、所有权边界模糊等问题。由于产权关系不明确、产权边界不清晰，在生态环境保护中造成了诸多问题。在政府管理方面，难以落实不同职能部门和区域间的监管责任，形成监管的"真空地带"，出现监管缺位。在市场方面，难以发挥市场对自然资源资产配置的作用，阻碍了对自然资源资产的高效利用。

因此，需要构建归属清晰、权责明确、监管有效的自然资源资产产权制度。简单来说，就是要明确自然资源资产"归谁有""归谁管"和"归谁用"。

习近平总书记在党的十九大报告中指出，要加强对生态文明建设的总体设计和组织领导，设立国有自然资源资产管理和自然生态监管机构，完善生态环境管理制度，统一行使全民所有自然资源资产所有者职责，统一行使所有国土空间用途管制和生态保护修复职责，统一行使监管城乡各类污染排放和行政执法职责。通过建立完善这些制度，一方面，可以避免"公地悲剧"，明确责任主体，加强自然资源保护监管。通过确权登记、明晰边界，建立独立机构统一行使自然资源资产所有权；另一方面，可以逐步解决生态环境保护的"外部性"问题。通过推动所有权和使用权相分离，建立有偿出让制度。从这一点也可以推论，通过明晰产权，市场的作用将逐步显现，针对自然资源资产开展产权交易和高效利用在未来有着较为广阔的市场前景。

（二）建立国土空间开发保护制度和空间规划体系

国土空间开发保护制度和空间规划体系，体现了一个地方的资源利用方式、生态保护程度和经济发展方式。由于长期经济增长中"贪大求全"、开发强度过大，我国不少地区资源和空间利用方式十分粗放，空间规划也不尽合理，产生了大量生态环境问题。一个地方的发展模式、发展规划，应该与其生态环境承载力相适应，这其实就是一个简单的供给与需求必须相均衡的道理。

为了解决这些问题，习近平总书记在党的十九大报告中指出，要构建国土空间开发保护制度，完善主体功能区配套政策，建立以国家公园为主体的自然保护地体系。工作重点是一要建立国土空间开发保护制度，划定并严守生态保护红线；二要以主体功能区建设为契机，建立空间规划体系，推进"多规合一"。划定并严守生态保护红线，就是改变以前为了开发而让重要生态区域边界不断后退的情况，让开发活动在规定的区域干规定的事。推进"多规合一"，就是要实现"一张蓝图管到底"，让规划真正体现权威性。通过确立这些制度，实现国土空间有序开发，保证发展的持续性和区域间的均衡性。

（三）推进资源节约利用

资源是经济社会发展的战略保障，不完善的资源管理方式、不合理的资源利用方式都会阻碍生态文明建设的进程，降低发展的质量。我国虽然是资源大国，但并不是资源强国，长期以来资源利用粗放，使用浪费较多，节约集约利用程度较低。因此，中央提出：一是要对土地、水和能源等资源建立严格的保护制度；二是要根据土地、水和能源实现总量控制制度；三是要把资源保护成本、损害成本等要素反映到资源使用价格上，建立较为完善的价格形成机制。通过建立实施这些制度，一方面，可以通过"节源"实现"减污"，资源的使用量减少了，浪费量也会减少，排放的污染物也会相应减少，污染防治的压力也会减小；另一方面，可以通过建立资源"壁垒"，淘汰一批耗能高、效率低的企业，推动实现产业升级换代，为那些能耗低、效率高的企业创造更为广阔的市场前景。

（四）加强环境治理依靠政府与市场合力

加强环境治理需要政府与市场的合力，单纯依靠政府的规制和调控是不够的，政府力量还需要与市场机制相结合。

政府职责包括以下四个方面。

首先，划定生态保护红线。生态保护红线的实质是生态环境安全的底线，目的是建立最为严格的生态保护制度，对生态功能保障、环境质量安全和自然资源利用等方面提出更高的监管要求，从而促进人口资源环境相均衡、经济社会生态效益相统一。生态功能保障基线包括禁止开发区生态红线、重要生态功能区生态红线和生态环境敏感区、脆弱区生态红线。环境质量安全底线是保障人民群众呼吸上新鲜的空气、喝上干净的水、吃上放心的粮食、维护人类生存的基本环境质量需求的安全线，包括环境质量达标红线、污染物排放总量控制红线和环境风险管理红线。自然资源利用上线是促进资源能源节约，保障能源、水、土地等资源高效利用，不应突破的最高限值。

其次，完善生态补偿机制。按照谁开发谁保护，谁受益谁补偿的原则，加大对重点生态功能区的转移支付力度，设立国家生态补偿专项基金，推行资源型企业可持续发展准备金制度，积极探索市场化的生态补偿机制方式。扩大生态补偿机制的覆盖范围，扩展到所有的生态系统。明确生态补偿的原则、补偿主体、补偿对象、补偿依据、补偿办法、资金筹措、资金管理等问题。完善生态补偿方面的法律法规，加强生态补偿的执行和监督。

再次，完善污染物排放许可制。简单地说，就是无证禁止排污，排污必须持证，排污必须依法。

最后，严格实行生态环境损害赔偿制度。也就是说，企业等生产者如果造成生态环境损害，要根据损害程度等因素赔偿损失，特别严重的还要追究刑事责任。

政府主动运用市场功能，可以从以下三个方面认识。

首先，完善资源型产品和要素价格的形成机制。推进土地、水、化石资源等自然资源要素的价格改革，建立反映市场供求、要素稀缺和环境保护要求的价格形成机制，确立市场在配置资源型产品和要素时的主导作用，形成灵活的经济杠杆体系，提高资源配置效率和使用效率。

其次，培养环境治理和生态保护市场体系，发展环保市场，改变目前市场主体和市场体系发育滞后，尤其是环保产业对国民经济的贡献率低、环境服务业发育不良、产业层次不高、市场规范不够等问题。

最后，完善碳排放交易市场和交易制度。碳排放是当下影响地球气候和环境的一个重要因素，碳排放的交易既是实现减缓气候变化国际合作的重要机制，又是控制国内碳排放的重要手段。作为对世界经济影响最大的经济体之一，我国不但要建立国内的碳排放交易市场，包括各省、市、区之间的市场和国内重点行业大中型企业之间的市场，还要建立与欧盟、亚太等地区对接的碳交易市场。可见，加强环境治理不仅要政府调控，还需要发挥市场机制的作用。通过政府和市场这两种手段的相互协调、相互配合，形成治理生态环境的合力，构建适应生态文明建设要求的环境治理体系。

（五）落实保护生态环境责任制

长期以来，部分地方党委政府在经济发展上单纯追求GDP的数量增长，为了"金山银山"而破坏了"绿水青山"。虽然短期内经济增长了、税收增加了，但留下的却是污染的环境、破坏的生态、枯竭的资源，要花费大量的精力和巨额的资金来恢复、修复生态环境，即使算经济的"大账"也是"吃亏"了。造成这样的原因是多方面的，主要还在于发展绩效评价不全面、保护监管责任落实不到位、损害责任追究缺失等因素。因此，明确地方党委政府在保护生态环境方面的责任制是生态文明制度建设中的一大突破。一是明确了党政同责。实行地方党委和政府领导成员生态文明建设一岗双责制,明确了责任承担对象。二是逐步改变单纯以 GDP 为导向的发展评价机制。通过制定生态文明建设目标评价考核办法,把资源消耗、环境损害、生态效益纳入经济社会发展评价体系,并实行差异化绩效评价考核。三是终身追究生态环境损害责任。一方面,对干部离任时实行自然资源资产审计,客观评价其任期内履行自然资源资产管理职责情况,造成生态环境损害的要追究责任,不让这些干部"带病提拔";另一方面,充分考虑部分生态环境损害情况的滞后性,对造成严重后果的领导干部终身追究责任,为其任期内开展决策套上了"紧箍咒"。

(六)健全环境信息公开制度

完善生态环境监测网络,健全环境信息公布制,能够为环境保护提供科学依据,促进形成政府主导、部门协同、社会参与、公众监督的环境治理新格局。应特别注重依靠科技创新和技术进步,提高生态环境监测立体化、自动化、智能化水平,推进全国生态环境监测数据联网共享,开展生态环境监测大数据分析,实现生态环境监测和监管有效联动。

一些环境信息由于不公开、公开不完全或不及时公开,往往容易造成"信息黑洞"和"信息真空",使得真实情况没有及时让公众知晓,而一些片面、偏激甚至错误的看法往往容易扩散、放大,进而占据舆论的高地,影响公众的认知和判断,加剧了公众的不信任情绪。通过健全环境信息公开制度,可以让公众及时、准确掌握环境信息，引导大众积极参与环境保护，让环境违法行为暴露在阳光下，增进公众的信任度，为生态文明建设发挥积极作用。

第五节　开放发展

开放是国家繁荣发展的必由之路，注重的是解决发展内外联动问题，只有丰富对外开放内涵，提高对外开放水平，协同推进战略互信、经贸合作、人文交流，才能开创对外开放新局面，形成深度融合的互利合作格局。树立开放发展理念，就必须顺应我国经济深度融入世界经济的趋势，奉行互利共赢的开放战略，坚持内外需协调、进出口平衡、引进来和走出去并重、引资和引技引智并举，发展更高层次的开放型经济，积极参与全球经济治理和公共产品供给，提高我国在全球经济治理中的制度性话语权，构建广泛的利益共同体。①

一　国家繁荣发展的必由之路

开放发展注重的是解决发展内外联动问题。改革开放40年的实践启示我们：开放带来进步，封闭必然落后。② 开放是国家繁荣发展的必由之路，一国要发展壮大，必须

---

① 中共中央宣传部：《习近平总书记系列重要讲话读本（2016年版）》，学习出版社、人民出版社2016年版，第131—136页。
② 习近平：《在庆祝改革开放40周年大会上的讲话》，《人民日报》2018年12月19日第2版。

主动顺应经济全球化潮流，充分运用人类社会创造的先进科学技术成果和有益管理经验。问题不在于一个国家要不要对外开放，而在于如何提高对外开放的质量和发展的内外联动性。不断扩大对外开放、提高对外开放水平，以开放促改革、促发展，也是我国发展不断取得新成就的重要法宝。经过四十年的改革开放，中国经济正在发生从引进来到引进来和走出去并重的重大转变，已经出现了市场、资源能源、投资"三头"对外深度融合的新局面，更高水平的开放格局正在形成。

以1978年年底中共十一届三中全会召开为标志，中国进入改革开放时期。这里有两层含义。第一，改革与开放是同时发生的，也是紧密联系、相互促进的。改革是开放条件下的改革，开放也是在改革过程中得以推进。所以，国内经济发展与融入全球经济是相互交织在一起的。第二，对外开放又是具有独立和确切内容的。初期的对外开放还带有实验性和地域性，从建立经济特区、开放沿海城市和沿海省份等入手。及至20世纪90年代，中国为加入世界贸易组织作出努力，开始了全方位地拥抱经济全球化。无论从经济特区的成功经验，还是从高速经济增长与深度对外开放的一致性，都可以得出结论，中国是这一轮全球化毋庸置疑的受益者，对此我们也从不讳言。

所谓经济全球化，是指货物和生产要素在全球范围内的自由流动程度提高的过程。它虽然几百年前就已经以各种方式开始，但在最近二十年中速度大大加快了，而且特别是生产要素的流动速度加快。习近平总书记指出："总体而言，经济全球化符合经济规律，符合各方利益。"① 中国借助改革开放实现了前所未有的高速增长，并且，在全球性金融危机之后世界经济进入新平庸的条件下，中国仍然保持着与自身所处新常态相符的中高速增长，以及经济增长总体上具有为广大人民群众分享的性质。

习近平总书记指出，经济全球化大致经历了三个阶段。一是殖民扩张和世界市场形成阶段，西方国家靠巧取豪夺、强权占领、殖民扩张，到第一次世界大战前基本完成了对世界的瓜分，世界各地区各民族都被卷入资本主义世界体系之中。二是两个平行世界市场阶段，第二次世界大战结束后，一批社会主义国家诞生，殖民地半殖民地国家纷纷独立，世界形成社会主义和资本主义两大阵营，在经济上则形成了两个平行的市场。三是经济全球化阶段，随着冷战结束，两大阵营对立局面不复存在，两个平行的市场随之不复存在，各国相互依存大幅加强，经济全球化快速发展演化。

与之相对应，我国同世界的关系也经历了三个阶段。一是从闭关锁国到半殖民地半封建阶段，先是在鸦片战争之前隔绝于世界市场和工业化大潮，接着在鸦片战争及以后的数次列强侵略战争中屡战屡败，成为积贫积弱的国家。二是"一边倒"和封闭半封闭阶段，新中国成立后，我们在向苏联"一边倒"和相对封闭的环境中艰辛探索社会主义建设之路，"文化大革命"中基本同世界隔绝。三

---

① 习近平：《深化伙伴关系，增强发展动力——在亚太经合组织工商领导人峰会上的主旨演讲》，《人民日报》2016年11月21日第3版。

是全方位对外开放阶段,改革开放以来,我们充分运用经济全球化带来的机遇,不断扩大对外开放,实现了我国同世界关系的历史性变革。

实践告诉我们,要发展壮大,必须主动顺应经济全球化潮流,坚持对外开放,充分运用人类社会创造的先进科学技术成果和有益管理经验。改革开放初期,在我们力量不强、经验不足的时候,不少同志也曾满怀疑问,面对占据优势地位的西方国家,我们能不能做到既利用对外开放机遇而又不被腐蚀或吃掉?当年,我们推动复关谈判、入世谈判,都承受着很大压力。今天看来,我们大胆开放、走向世界,无疑是选择了正确方向。

20年前甚至15年前,经济全球化的主要推手是美国等西方国家,今天反而是我们被认为是世界上推动贸易和投资自由化便利化的最大旗手,积极主动同西方国家形形色色的保护主义作斗争。这说明,只要主动顺应世界发展潮流,不但能发展壮大自己,而且可以引领世界发展潮流。[1]

也正因为此,习近平总书记反复强调,中国开放的大门不会关闭,只会越开越大。[2]

---

[1] 习近平:《在省部级主要领导干部学习贯彻党的十八届五中全会精神专题研讨班上的讲话》,《人民日报》2016年5月10日第2版。

[2] 参见习近平《在庆祝海南建省办经济特区30周年大会上的讲话》,《人民日报》2018年4月14日第2版;习近平《开放共创繁荣 创新引领未来——在博鳌亚洲论坛2018年年会开幕式上的主旨演讲》,《人民日报》2018年4月11日第3版。

二 开放发展的新阶段

当今中国的开放发展之路所面临的国际国内形势同以往有很大不同。总体而言,有利因素比以往任何时候都多,但深层次的矛盾、风险与博弈也前所未有。

一是国际力量对比正在发生前所未有的积极变化,新兴市场国家和发展中国家群体性崛起正在改变全球政治经济版图,世界多极化和国际关系民主化大势难逆。以西方国家为主导的全球治理体系出现变革迹象,但争夺全球治理和国际规则制定主导权的较量十分激烈,西方发达国家在经济、科技、政治、军事上的优势地位尚未改变,更加公正合理的国际政治经济秩序的形成依然任重道远。

比如,从经济总量来看,G7的GDP总和在2015年占到全球GDP总和的46.56%。又比如,知识产权与科技事业部和中国科学院文献情报中心联合发布的《2015研究前沿》报告显示,在全世界100个热点科学研究前沿和49个新兴研究前沿领域中,美国在143个前沿领域都有核心论文入选,且在108个前沿的核心论文数量都排名第一;世界科学研究的前沿突破基本上有八成来自美国。

二是世界经济逐渐走出国际金融危机阴影,西方国家通过再工业化总体保持复苏势头,国际产业分工格局发生新变化,但国际范围内保护主义严重,国际经贸规则制定出现政治化、碎片化苗头,不少新兴市场国家和发展中国家经济持续低迷,世界经济还没有找到全面复苏的新引擎。世界银行数据显示,2012年全球关税税率达6.8%,其中高收入国家为3.91%,中等偏上收入国家为8.01%,

中等偏下收入国家为 8.41%，低收入国家为 11.51%。图 4-2 展现了金砖国家自 2000 年以来的 GDP 增速情况，从中可见，近些年各国均出现不同程度的 GDP 增速下滑，只有印度从 2012 年以来增速开始有所加快，但仍未达到国际金融危机之前的水平。

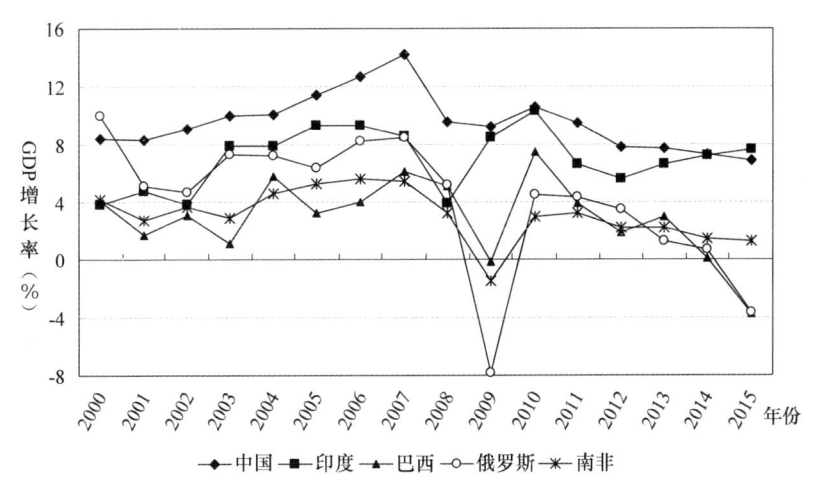

图 4-2 2000 年以来金砖国家 GDP 增长率

资料来源：世界银行数据库。

三是我国在世界经济和全球治理中的分量迅速上升。我国是世界第二经济大国、最大货物出口国、第二大货物进口国、第二大对外直接投资国、最大外汇储备国、最大旅游市场，已成为影响世界政治经济版图变化的一个主要因素。但我国经济大而不强的问题依然突出，人均收入和人民生活水平更是同发达国家有很大差距，我国经济实力转化为国际制度性权力依然需要付出艰苦努力。

四是我国对外开放进入引进来和走出去更加均衡的阶

段。我国对外开放从早期引进来为主转为大进大出新格局，但与之相应的法律、咨询、金融、人才、风险管控、安全保障等都难以满足现实需要，支撑高水平开放和大规模走出去的体制和力量仍显薄弱。

以金融为例，中国的金融机构至今仍对企业投资海外所需的贷款持审慎的态度，严格控制贷款量，这严重制约了中国企业的对外直接投资。中国进出口银行作为政策性银行，在一定程度上具有支持对外直接投资的责任，但其更多地负责与贸易有关的贷款，给予对外直接投资企业的贷款相对不多，并且仅有符合国家发展规划和对国家利益有重要影响的对外直接投资项目，才有资格通过层层审批申请获得贷款，相应地，企业的融资成本很高，还投入了很多不必要的精力。

此外，针对中国企业对外直接投资的险种少、费率高、额度低。到目前为止，商业保险公司还未向对外直接投资企业提供针对政治风险的险种，政策性机构则更多地向大型企业的对外直接投资项目提供相关服务。中国出口信用保险公司原则上向中国企业投资海外给予风险保障，但其更多地关注国家重点项目的投资保险，针对企业对外直接投资的政治风险的业务十分有限。

三　形成全面开放新格局

党的十九大报告从统筹国内国际两个大局的高度、从理论和实践两个维度，系统回答了新时代要不要开放、要什么样的开放、如何更好推动开放等重大命题。报告指出的全面开放内涵丰富，既包括开放范围扩大、领域拓宽、层次加深，也包括开放方式创新、布局优化、质量提升，是习近平新时代中国特色社会主义思想和基本方略的重要内容。

目前中国对外开放水平总体上还不够高，用好国际国内两个市场、两种资源的能力还不够强，应对国际经贸摩擦、争取国际经济话语权的能力还比较弱。为此，中国必须坚持对外开放的基本国策，顺应我国经济深度融入世界经济的趋势，奉行互利共赢的开放战略，完善对外开放区域布局、对外贸易和投资布局，形成全面开放新格局，形成更高层次的开放型经济体系，从而驱动创新、推动改革、促进发展，同时积极参与全球经济治理和公共产品供给，提高中国在全球经济治理中的制度性话语权，构建广泛的人类命运共同体。

党的十九大报告明确了新时代的开放理念、开放战略、开放目标、开放布局、开放动力、开放方式等，规划了今后一个时期对外开放的路线图，推出了一系列新任务新举措。以下三个方面将是形成开放发展新格局的主要着力点。

（一）完善对外开放战略布局，激发贸易和投资活力

自2012年起，国际贸易增速连续3年低于世界经济增速，其中2014年全球外国直接投资更是下降8%。如果把世界经济比作人的肌体，那么贸易和投资就是血液，当气滞血瘀、难畅其流时，世界经济就无法健康发展。因此，重振贸易和投资，让世界经济这两大引擎重新高速转动起来，是开放发展理念的重点之一。开放发展应通过推进双向开放，促进国内国际要素有序流动，资源高效配置及市场深度融合。

第一，优化区域开放布局。报告提出了3项重要举

措：一是加大西部开放力度。就是坚持以开放促开发的思路，完善口岸、跨境运输等开放基础设施，实施更加灵活的政策，建设好自贸试验区、国家级开发区、边境经济合作区、跨境经济合作区等开放平台，打造一批贸易投资区域枢纽城市，扶持特色产业开放发展，在西部地区形成若干开放型经济新增长极。二是赋予自贸试验区更大改革自主权。2013年以来，我国自贸试验区建设取得多方面重大进展，形成了一批改革创新重要成果。下一步要着眼于提高自贸试验区建设质量，对标国际先进规则，强化改革举措系统集成，鼓励地方大胆试、大胆闯、自主改，形成更多制度创新成果，进一步彰显全面深化改革和扩大开放的试验田作用。三是探索建设自由贸易港。自由港是设在一国（地区）境内关外、货物资金人员进出自由、绝大多数商品免征关税的特定区域，是目前全球开放水平最高的特殊经济功能区。中国香港、新加坡、鹿特丹、迪拜都是比较典型的自由港。我国海岸线长，离岛资源丰富。探索建设中国特色的自由贸易港，打造开放层次更高、营商环境更优、辐射作用更强的开放新高地，对于促进开放型经济创新发展具有重要意义。在庆祝海南建省办经济特区30周年大会上，习近平总书记郑重宣布，党中央决定支持海南逐步探索、稳步推进中国特色自由贸易港建设，分步骤、分阶段建立自由贸易港政策和制度体系。①

第二，加快贸易强国建设。报告提出拓展对外贸易，

---

① 习近平：《在庆祝海南建省办经济特区30周年大会上的讲话》，《人民日报》2018年4月14日第2版。

推进贸易强国建设,就是要加快转变外贸发展方式,从以货物贸易为主向货物和服务贸易协调发展转变,从依靠模仿跟随向依靠创新创造转变,从大进大出向优质优价、优进优出转变。一是加快货物贸易优化升级,加快外贸转型升级基地、贸易平台、国际营销网络建设,鼓励高新技术、装备制造、品牌产品出口,引导加工贸易转型升级。二是促进服务贸易创新发展,鼓励文化、旅游、建筑、软件、研发设计等服务出口,大力发展服务外包,打造"中国服务"国家品牌。三是培育贸易新业态新模式。坚持鼓励创新、包容审慎的原则,逐步完善监管制度、服务体系和政策框架,支持跨境电子商务、市场采购贸易、外贸综合服务等健康发展,打造外贸新的增长点。四是实施更加积极的进口政策,扩大先进技术设备、关键零部件和优质消费品等进口,促进进出口平衡发展。办好中国国际进口博览会,打造世界各国展示国家形象、开展国际贸易的开放型合作平台。

第三,完善投资布局,积极有效引进境外资金和先进技术。支持企业扩大对外投资,推动装备、技术、标准、服务走出去,深度融入全球产业链、价值链、物流链,建设一批大宗商品境外生产基地,培育一批跨国企业。把利用外资同转变经济发展方式、调整经济结构紧密结合起来,更加注重引进先进技术、管理经验和高素质人才。

(二)以制度创新为动力,培育新的竞争优势

提高利用国际国内两个市场、两种资源的能力,应以制度和规则层面的改革作为发力点,坚持内外统筹、破立结合的原则,即破除一切阻碍对外开放的体制机制障碍,

形成有利于培育新的比较优势和竞争优势的制度安排，推进放宽市场投资准入、加快自由贸易区建设、扩大内陆沿边开放等在内的体制机制改革，完善市场准入和监管、产权保护、信用体系等方面的法律制度，使制度创新成为推动开放发展、构建竞争优势的强大动力。

第一，建立法治化、国际化、便利化的营商环境。目前，全球引资竞争日趋激烈，不少国家要素成本比我国更低，政策优惠力度比我国更大。培育引资竞争新优势，不是竞相攀比优惠政策，而是要营造稳定公平透明、法治化、可预期的营商环境。重点是健全有利于合作共赢并同国际贸易投资规则相适应的体制机制。统一内外资法律法规，保持外资政策稳定、透明、可预期，全面实行准入前国民待遇加负面清单管理制度，促进内外资企业一视同仁、公平竞争。

第二，放宽投资准入，完善境外投资管理。近10年，我国对外投资年均增长27.2%，跻身对外投资大国行列。但总体看，企业走出去仍处于初级阶段，利用两个市场、两种资源的能力不够强，非理性投资和经营不规范等问题较为突出，一些领域潜藏着风险隐患。对外投资既要鼓励，也要加强引导。报告要求创新对外投资方式，形成面向全球的贸易、投融资、生产、服务网络。具体看，既要有序放开金融、教育、文化、医疗等服务业领域的外资准入限制，进一步放开一般制造业；更要健全对外投资促进政策和服务体系，改革涉外投资审批体制，允许企业及个人发挥自身优势到境外开展投资合作、自担风险到各国各地区自由承揽工程和劳务合作项目，允许创新方式走出去开展绿地投资、并购投资、证券投资、联合投资等。推动同更多国家签署高标准双边投资协定，扩大投资合作空间。

第三，扩大金融业双向开放。有序实现人民币资本项目可兑换，推动人民币成为可兑换、可自由使用货币。转变外汇管理和使用方式，从正面清单转变为负面清单。放宽境外投资汇兑限制，放宽企业和个人外汇管理要求，放宽跨国公司资金境外运作限制。加强国际收支监测，保持国际收支基本平衡。推进资本市场双向开放，改进并逐步取消境内外投资额度限制。

第四，实行高水平的贸易和投资自由化便利化政策。要坚持世界贸易体制规则，坚持双边、多边、区域次区域开放合作，扩大同各国各地区利益汇合点，逐步构筑起立足周边、辐射"一带一路"、面向全球的高标准自由贸易区网络。积极扩大服务业开放，加快环境保护、投资保护、政府采购、电子商务等新议题谈判。加快转变政府职能，改革市场准入、海关监管、检验检疫等管理体制。

（三）积极参与全球经济治理，积极承担国际责任和义务

建设"一带一路"和倡议成立亚投行，是中国承担更多国际责任、推动完善现有国际经济体系、提供国际公共产品的建设性举动，有利于促进各方实现互利共赢。

丝绸之路经济带和 21 世纪海上丝绸之路建设是扩大开放的重大举措和经济外交的顶层设计。这一倡议顺应了时代要求和各国加快发展的愿望，提供了一个包容性巨大的发展平台，具有深厚历史渊源和人文基础，能够把快速发展的中国经济同沿线国家的利益结合起来。应秉持亲、

诚、惠、容的周边外交理念，本着互利共赢的原则同沿线国家开展合作，让沿线国家得益于中国发展，使沿线国家对中国更认同、更亲近、更支持。可见，"一带一路"建设是我国扩大对外开放的重大举措，也是今后一段时期对外开放的工作重点。在各方共同努力下，"一带一路"建设逐渐从理念转化为行动，从愿景转变为现实。

据世行、亚开行测算，2010—2020年，亚洲地区每年基础设施建设资金缺口达8000亿美元。建立亚投行，主要是为满足亚洲地区基础设施建设的需求以及亚洲各国在深化合作方面的愿望。亚洲基础设施投资银行正式成立并开业，将为"一带一路"有关沿线国家的基础设施建设提供资金支持，多渠道动员各种资源特别是私营部门资金投入基础设施建设领域，推动区域互联互通和经济一体化进程，也有利于改善亚洲发展中成员国的投资环境，创造就业机会，提升中长期发展潜力，给亚洲乃至世界经济增长带来积极提振作用。

全球治理的实质，是大国及主要国家和非国家行为体合作，向国际社会提供解决全球性问题的国际公共产品。在全球治理中，大国向国际社会提供公共产品的能力，取决于综合国力的强弱，决定着其国际地位与话语权。作为此前公共产品主要提供者的美国与西方国家趋向衰落，其继续提供国际公共品的意愿和能力显著下降。美国和欧洲减少公共产品供应之际，正是中国和平崛起增加公共产品供应之时。这一"减"一"增"标志着权力结构的变化，显现出领导力的增减。这就给中国带来一个展现全球领导力的历史契机。

近年来，中国根据自身发展和经济转型升级的需要，不断推进国际经济战略调整，提升构建国际经济金融新秩序的参与水平和参与能力，在促进全球经济治理结构改革方面也采取了一系列积极措施。

一是人民币国际化进程对于优化国际货币体系产生积极影响。着力筹建海外人民币国际结算中心、启用人民币跨境支付系统等，中国的举措显示了人民币国际化的稳步推进态势，人民币加入特别提款权（SDR）货币篮子则成为人民币国际化进程中的标志性事件。这将进一步优化国际货币体系，增加新兴经济体在全球金融秩序重构中的影响力。

二是亚洲基础设施投资银行、金砖国家新开发银行等机制建设为弥补原有多边开发性金融体系能力不足带来了新机遇。在现有全球或地区开发性金融领域，多边国际金融机构始终扮演着十分重要的角色，成为主要的融资平台。但世界银行、亚洲开发银行等多边金融机构侧重于减贫援助，并且可提供的融资规模远远难以适应弥补巨大资金缺口的需要。

中国倡导成立的亚洲基础设施投资银行、金砖国家新开发银行等多边开发性金融机构，以基础设施为重点投资领域，具有较强资金实力，不仅有利于提升新兴经济体参与金融秩序重构的影响力和话语权，使多边金融体系具有更加广泛的代表性，而且有利于提升多边开发性金融体系的融资能力，满足许多发展中国家不断增加的基础设施建设资金需求。亚投行和原有多边机构之间不是替代，而是互补关系。目前亚投行和世界银行、亚洲开发银行正在一些具体项目方面加强合作，进一步彰显了这些新机制的开放性和合作精神，契合了实现全球经济联动和包容性增长的迫切需要。

三是"一带一路"倡议为新时期全球互利共赢合作体系建设指明了方向。中国的发展得益于国际社会，也愿为国际社会提供更多公共产品。中国提出"一带一路"倡议，旨在同沿线各国分享中国发展机遇，促进共同繁荣。从合作目标来看，是实现参与各方互利共赢、区域绿色发展和各国民心相通；从中国的作用来看，是更好地履行大国责任、促进陆海统筹和东西双向开放。这些理念和举措适应了全球和区域经济发展与治理改革的新要求，也是中国倡导"共商、共建、共享"区域合作模式的重大实践，对于实现参与各方的命运共同体建设目标具有重要影响。

习近平总书记在党的十九大报告中强调，遵循共商共建共享原则，积极促进"一带一路"国际合作，努力实现政策沟通、设施联通、贸易畅通、资金融通、民心相通，打造国际合作新平台，增添共同发展新动力。为此，要抓好以下五个方面工作：第一，加强同沿线国家发展战略对接，增进战略互信，寻求合作的最大公约数，将"一带一路"建成和平之路。第二，聚焦发展这个根本，以"六廊六路多国多港"为主体框架，大力推动互联互通和产业合作，拓展金融合作空间，将"一带一路"建成繁荣之路。第三，提高贸易和投资自由化便利化水平，与相关国家商谈优惠贸易安排和投资保护协定，全面加强海关、检验检疫、运输物流、电子商务等领域合作，将"一带一路"建成开放之路。第四，抓住新一轮科技革命和产业变革的机遇，加强创新能力开放合作，将"一带一路"建成创新之路。第五，建立多层次的人文合作机制，推动教育、科技、文化、体育、卫生、青年、媒体、智库等领域合作，夯实民意基础，将"一带一路"建成文明之路。

四是积极推动G20自身的机制改革。G20已成为全球经济治理的首要平台和东西方共同治理的新的国际模式。目前，G20机制存在执行力、协调力、领导力三个方面的缺陷。这对中国而言既是挑战也是机遇。中国应充分利用这一平台，使之不再只是一个危机应急管理机制，而应随着世界秩序的大调整而转型成为一个常态化的全球治理机制。

中国在推动这一转型进程中，无疑应发挥积极的领导作用。在全球治理的基础是大国共识与合作，更是G20机制改革的基础。中国正致力于倡导G20国家间的政治合作，打造合作平台，创新机制建设，推动G20从危机应对向长效治理机制转型，从而为经济增长与繁荣、全球经济治理，开创新愿景，提供新动力。通过这个平台，中国正在推动G20从危机应对向长效治理机制转变、从清谈到行动转变，更加充分倾听世界各国特别是发展中国家的声音，着眼同舟共济、合作共赢。

在G20的发展历程中，2016年9月召开的G20杭州峰会是一个重要事件，对世界和中国而言都意义非凡。对世界而言，国际金融危机至今已经8年，但世界经济仍未重回正轨，旧问题尚未解决，新挑战不断涌现。对中国而言，杭州峰会正值我国实施"十三五"规划开局之年和全面深化改革关键之年，我国发展站在新的历史起点上。当多国经济深陷低迷泥潭难以自拔之时，中国凭借自己的智慧和努力，不仅担起了稳定世界经济的重任，而且为全球治理提供了极具价值的"中国方案"，加强创新与结构性改革是该方案的亮点。

这一理念基于中国自身发展理念与经验，同峰会主题以及中国的五大发展理念一脉相承，这表明中国的改革发展理念正在成功"全球化"。此外，杭州峰会还提出，G20有必要进一步从危机应对机制向长效治理机制转型，从侧重短期政策向短中长期政策并重转型，这标志着G20机制改革正逐步向纵深推进。

未来，中国还可适时提出G20机制常设化的解决方案。这一解决方案，应体现对上述全球治理权力结构失衡的改革，机构设置透明、专业、公平，奉行廉洁，追求效率。未来，G20应更多采用第三方监督与评估的方式，邀请专家或国际组织就某问题的执行情况为各国评分，借此敦促各方落实承诺。

第六节　共享发展

共享发展理念注重解决社会公平正义问题，其实质就是坚持以人民为中心的发展思想，体现的是逐步实现共同富裕的要求。这反映了坚持人民主体地位的内在要求，彰显了人民至上的价值取向。

一　中国特色社会主义的本质要求

共同富裕自古以来就是中国人民的梦想。孔子说："不患寡而患不均，不患贫而患不安。"孟子说："老吾老以及人之老，幼吾幼以及人之幼。"《礼记·礼运》具体而生动地描绘了"小康"社会和"大同"社会的状态。可见，邓小平同志借鉴古人的"小康社会"概念，以及党的十八大提出的全面建成小康社会目标，逻辑上已经包含了共享发展的要求。

共同富裕也是社会主义的一个基本目标。17—18世纪，资本主义制度在欧洲迅速发展，它"像用了魔法一样唤醒了沉睡在社会劳动中的生产力"[1]，极大地推动了西方世界的技术创新和经济发展。然而，资本主义的发展也带来了两个对立的阶级——拥有全部生产资料的资本家与一无所有的劳动者的两极分化。社会主义者的主张集中反映了底层群众对资本主义社会各种不公正现象的抗争和对美好社会的向往。从一开始，社会主义理想的实质就是实现所有人的权利平等、共同富裕和社会公正。

把人民群众视为社会生产、社会生活和社会历史的主体，是马克思主义唯物史观的基本观点。在马克思、恩格斯看来，资本主义社会的两极分化使得人民群众不能公平地分享经济社会发展的成果，而这正是社会化大生产和生产资料资本主义私有制之间的基本矛盾造成的。于是，社会主义经济就是要把"脱离资产阶级掌握的社会化生产资料变为公共财产"[2]，然后通过自由人的联合

---

[1] 《共产党宣言》，中共中央马克思恩格斯列宁斯大林著作编译局译，人民出版社1997年版，第32页。
[2] 《社会主义从空想到科学的发展》，《马克思恩格斯选集》第三卷，人民出版社2013年版，第437页。

体将公有财产组织起来进行生产的经济系统。在这样的社会中，阶级之间、城乡之间、脑力劳动和体力劳动之间的对立和差别将被彻底消除，国家机器将被完全抛弃，取而代之的是各尽所能、按需分配的政策。于是，阶级之间、城乡之间、脑力劳动和体力劳动之间的对立和差别将被彻底消除，社会共享和每个人自由而全面的发展将真正实现。

列宁则把社会主义经济比拟成一个"国家辛迪加"，即由国家垄断经营的大公司。在这种体制中，国家机器成为社会主义经济的组织者，国家所有制是社会主义的唯一经济基础。斯大林把"国家辛迪加"从一种理论转变为现实的经济模式。在斯大林授意下编写的苏联《政治经济学教科书》把国家所有制和由国家机关组织实施的计划经济看作社会主义制度的两个关键特征。

苏联式的社会主义经济的定义一度在各主要社会主义国家占据权威地位。不过，国有化和计划经济的实践，由于没有有效的激励机制和资源配置机制，并没有实现共同富裕的目标，反而导致了资源配置效率低下、经济结构扭曲、人民生活水平提高缓慢等一系列问题。这表明苏联式的计划经济实践，最终偏离了社会公正和共同富裕的社会主义理想。

中国共产党在社会主义建设的探索历程中一直致力于实现社会公正与共同富裕。在新中国成立初期，毛泽东同志就指出："现在我们实行这么一种制度，这么一种计划，是可以一年一年走向更富更强的，一年一年可以看到更富更强些。而这个富，是共同的富，这个强，是共同的强，大家都有份。"①

到了20世纪80年代，邓小平同志尖锐地指出，改革开放以前出现的曲折和失误，归根结底是因为，对于什么是社会主义"没有完全搞清楚"②，"照搬苏联搞社会主义的模式"③。邓小平同志按照社会主义的本来含义，指明"社会主义的本质，是解放生产力，发展生产力，消灭剥削，消除两极分化，最终达到共同富裕"④。"社会主义的原则，第一是发展生产；第二是共同致富。"⑤

此后，江泽民同志强调："实现共同富裕是社会主义的根本原则和本质特征，绝不能动摇。"⑥ 胡锦涛同志也要求"使全体人民共享改革发展的成果，使全体人民朝着共同富裕的方向稳步前进"⑦。在上述战略思想的指导下，我

---

① 《在资本主义工商业社会主义改造问题座谈会上的讲话》，《毛泽东文集》第六卷，人民出版社1999年版，第495—496页。

② 《改革是中国发展生产力的必由之路》，《邓小平文选》第三卷，人民出版社1993年版，第137页。

③ 《解放思想，独立思考》，《邓小平文选》第三卷，人民出版社1993年版，第261页。

④ 《在武昌、深圳、珠海、上海等地的谈话要点》（1992年1月18日至2月21日），《邓小平文选》第三卷，人民出版社1993年版，第373页。

⑤ 《答美国记者迈克·华莱士问》，《邓小平文选》第三卷，人民出版社1993年版，第172页。

⑥ 《正确处理社会主义现代化建设中的若干重大关系》，《江泽民文选》第一卷，人民出版社2006年版，第466页。

⑦ 胡锦涛：《在省部级主要领导干部提高构建社会主义和谐社会能力专题研讨班上的讲话》，《人民日报》2005年6月27日第1版。

们党把坚持全心全意为人民服务的根本宗旨和发展为了人民、发展依靠人民、发展成果由人民共享的执政要求明确写入党章。

如果以"发展生产力，逐步实现共同富裕"的社会主义概念作为理论基石，那么，社会主义市场经济的基本含义就是以发展生产力和逐步实现共同富裕为目标的市场经济。于是，共同富裕就成为我国社会主义经济建设和改革的最根本目标，共享发展的理念也自然深深植根于中国特色社会主义政治经济学理论体系之中。

在十八届中央政治局常委同中外记者见面时，习近平总书记代表党中央作出庄严承诺："我们的责任，就是要团结带领全党全国各族人民，继续解放思想，坚持改革开放，不断解放和发展社会生产力，努力解决群众的生产生活困难，坚定不移走共同富裕的道路。"[①] 此后，在 2015 年秋季召开的中共十八届五中全会上，以习近平同志为核心的党中央在深刻分析国内外发展大势的基础上首次明确提出了共享发展理念。习近平总书记认为，共享理念实质就是坚持以人民为中心的发展思想，体现的是逐步实现共同富裕的要求。全面调动人的积极性、主动性、创造性，让广大人民群众共享改革发展成果，这是社会主义的本质要求，体现了我们党全心全意为人民服务的根本宗旨，体现了人民是推动发展的根本力量

---

① 《习近平在十八届中共中央政治局常委同中外记者见面时强调 人民对美好生活的向往就是我们的奋斗目标》，《人民日报》2012 年 11 月 16 日第 4 版。

的唯物史观。[①]

党的十八届五中全会提出的共享发展理念,其内涵主要有四个方面。其一,共享是全民共享。这是就共享的覆盖面而言的。共享发展是人人享有、各得其所,不是少数人共享、一部分人共享。其二,共享是全面共享。这是就共享的内容而言的。共享发展就要共享国家经济、政治、文化、社会、生态各方面建设成果,全面保障人民在各方面的合法权益。其三,共享是共建共享。这是就共享的实现途径而言的。共建才能共享,共建的过程也是共享的过程。要充分发扬民主,广泛汇聚民智,最大激发民力,形成人人参与、人人尽力、人人都有成就感的生动局面。其四,共享是渐进共享。这是就共享发展的推进进程而言的。"一口吃不成胖子",共享发展必将有一个从低级到高级、从不均衡到均衡的过程,即使达到很高的水平也会有差别。我们要立足国情、立足经济社会发展水平来思考设计共享政策,既不裹足不前、铢施两较、该花的钱也不花,也不好高骛远、寅吃卯粮、口惠而实不至。这四个方面是相互贯通的,要整体理解和把握。

习近平总书记在党的十九大报告中强调,全党必须牢记,为什么人的问题,是检验一个政党、一个政权性质的试金石。带领人民创造美好生活,是我们党始终不渝的奋

[①] 习近平:《在党的十八届五中全会第二次全体会议上的讲话(节选)》,《求是》2016年第1期。

斗目标。必须始终把人民利益摆在至高无上的地位，让改革发展成果更多更公平惠及全体人民，朝着实现全体人民共同富裕不断迈进。

二 实现共享发展的成就与挑战

从实现共享发展角度看，中国的成就与挑战并存。伴随着经济的高速增长，人民生活水平显著提高：城镇居民可支配收入从1978年的343元提高到2015年的31195元；农村居民人均纯收入从1978年的134元提高到2015年的11422元。人均收入的快速增长使得中国的7亿多人摆脱了赤贫状态，世界银行减贫统计数据显示，在1981—2011年间，世界脱贫人口的81%来自中国。

同时也要看到，改革开放以来的较长一个时期内，城乡、区域和居民之间的收入差距以及享受基本公共服务方面的不均等程度均有所提高。仅就收入差距而言，城乡居民收入差距已从1978年的2.56倍扩大到2007年的3.33倍；加上行业和地区收入差距的不断扩大，导致中国总体基尼系数持续攀升，2008年的基尼系数已经达到0.491的峰值，远高于0.4的国际警戒线。

一方面，收入差距持续扩大的态势在很大程度上是中国所处的特定发展阶段决定的。诺贝尔经济学奖得主库兹涅茨对发达经济体的历史数据进行了系统的挖掘和分析，发现各发达经济体在收入结构上都存在一个以不平等为特征的倒"U"形曲线：在从前工业文明向工业文明过渡的早期阶段，不平等程度扩大，其后一段时间保持稳定，直至工业化后期，不平等程度才逐步缩小①。中国的工业化进程还远未结束，加上中国的农村人口众多，二元结构尤为突出，劳动力从农业、农村向工业、城镇的转移过程必然较长。因此，收入差距的持续扩大是中国经济发展必经的一个历史阶段。要使这一趋势发生逆转，根本出路是要继续加快推进工业化，保持经济快速增长，不断创造新的就业岗位。归根到底就是要通过不断发展生产力来实现共同富裕。

另一方面，收入差距持续扩大的态势与市场化改革不到位和政府的越位、错位、缺位也有关系：资源能源价格的扭曲、资源产权的模糊以及行业垄断的存在推动了行业间收入差距扩大，行政权力对微观经济活动的过多干预和对社会资源的垄断导致寻租和腐败现象难以根除，政府在基础教育、公共卫生、社会保障等方面的投入不足和改革滞后阻碍了机会均等的实现，诸如此类的各种因素在一定程度上加剧了收入差距的不均等。所有这些都需要通过继续推进市场化改革、转变政府职能来加以解决。

由此看来，中国在实现共同富裕道路上面临的收入差距扩大问题是在发展和改革的特定阶段中出现的，从根本上说要靠进一步加快发展、推进改革来解决。生产力的发展可以为实现共同富裕提供物质基础；完善的社会主义市场经济体制能够保证机会的均等和过程的公平，并为全体

---

① Kuznets, Simon, "Economic Growth and Income Inequality", *American Economic Review*, Vol. 5, 1955.

公民提供基本的生活保障。习近平总书记的概括极为精准:"落实共享发展理念,归结起来就是两个层面的事。一是充分调动人民群众的积极性、主动性、创造性,举全民之力推进中国特色社会主义事业,不断把'蛋糕'做大。二是把不断做大的'蛋糕'分好,让社会主义制度的优越性得到更充分体现,让人民群众有更多获得感。"①

遵循上述政策思路,党的十八大以来,以人民为中心的发展思想在我国发展实践中进一步贯彻落实,我国经济增长更具有共享性和包容性。第一,"十二五"时期,城乡居民人均收入增长整体上跑赢了GDP;第二,城乡居民收入差距和基尼系数双双下降,前者从2007年的3.33倍降至2015年的2.73倍,后者从2008年的0.491降至2015年的0.462;第三,就业保持稳定和扩大;第四,社会保障水平和覆盖率持续提高,城乡统筹水平上了一个新台阶。我们在实现共同富裕的道路上迈出了坚实步伐。

我们仍需清醒地看到,我国的城乡区域发展不平衡、收入差距较大、基本公共服务供给不足、消除贫困任务艰巨等问题依然突出。毫无疑问,全面建成小康社会,必须以全体人民共同进入为根本标志。在最后5年决胜阶段,既要用发展的办法做大蛋糕,又要用改革的办法构建更具共享性的蛋糕分配机制。以人民为中心的发展思想,最终要落脚于共享发展理念和举措,具体体现为坚持普惠性、

---

① 习近平:《在省部级主要领导干部学习贯彻党的十八届五中全会精神专题研讨班上的讲话》,《人民日报》2016年5月10日第2版。

保基本、均等化、可持续方向,从解决人民最关心最直接最现实的利益问题入手,提供更充分、更均等的公共服务。

三 坚持和落实共享发展理念

习近平总书记指出:"以人民为中心的发展思想,不是一个抽象的、玄奥的概念,不能只停留在口头上、止步于思想环节,而要体现在经济社会发展各个环节。"[①] 坚持目标导向与问题导向相统一,落实共享发展理念,是贯彻落实以人民为中心的发展思想的重要组成部分,应充分体现在当前全面建成小康社会的各项决策部署中。始终坚持目标导向与问题导向相统一,才能使发展成果更多更公平惠及全体人民。以下四个方面是按照这一方法论落实共享发展理念的重点领域。

第一,两个翻番目标与经济保持中高速增长。党的十八大提出了到2020年实现国内生产总值和城乡居民人均收入比2010年翻一番的目标。这要求经济保持中高速增长以及城乡居民收入提高与经济增长同步。2010年,我国国内生产总值为40.9万亿元,按照不变价计算,2015年已增长到59.6万亿元。按照全面建成小康社会的要求,到2020年我国国内生产总值需要达到81.8万亿元。按照目标导向倒推,"十三五"时期我国经济年均增长率必须达到6.53%。在我国经济发展进入新常态的条件下,依靠

---

① 习近平:《在省部级主要领导干部学习贯彻党的十八届五中全会精神专题研讨班上的讲话》,《人民日报》2016年5月10日第2版。

资源要素投入驱动的增长难以保证实现这一增长速度目标，必须挖掘新的增长源泉，即依靠全要素生产率的提高实现创新驱动的增长。按照问题导向顺推，只有加快供给侧结构性改革才能获得新的增长源泉，创造更多改革红利，提高潜在增长率，切实保障蛋糕不断做大。

第二，人人都有更多获得感与收入差距明显缩小。全面建成小康社会要求人民生活水平和质量普遍提高，使全体人民在共建共享发展中有更多获得感。因而，仅仅达成经济总量和城乡居民人均收入翻番的数量目标并不意味着建成了全面小康社会，而必须明显缩小城乡之间、地区之间和社会群体之间的收入差距。缩小收入差距，要求扩大基本公共服务供给并提高其均等化水平，不仅要做大"蛋糕"，还要分好"蛋糕"。

随着社会保障体系建设和劳动力市场发育，我国在基本公共服务均等化和缩小收入差距方面的政策努力已经取得明显效果。但是，在今后短短4年左右时间实现有更多获得感的全面小康目标，仍需显著加大再分配力度。从那些收入差距较小的发达国家经验看，再分配政策可以把初次分配的基尼系数进一步降低36.2%。这表明，在不损害劳动力市场机制的前提下，在财政税收、扶贫济困工作和社会保障等基本公共服务供给方面，仍有发挥政府再分配作用的巨大空间。

第三，全面小康的要求与农村贫困人口脱贫。如果到2020年我国仍有几千万农村贫困人口没有脱贫，就不能说已经建成了全面小康社会。因此，"十三五"规划纲要提出明确目标要求：到2020年我国现行标准下农村贫困人口实现脱贫，贫困县全部摘帽，解决区域性整体贫困。党中央作出了打好脱贫攻坚战，实施精准扶贫、精准脱贫的决策部署。精准扶贫、精准脱贫，强调因人因地施策，分类扶持贫困家庭，通过产业扶持、转移就业、易地搬迁等措施解决贫困人口脱贫问题；对完全或部分丧失劳动能力的贫困人口，全部纳入低保覆盖范围，实行社保政策兜底脱贫。这些具有创新性的科学扶贫方略，充分体现了目标导向与问题导向相统一、战略性与可操作性相结合的方法论。

第四，供给侧结构性改革与社会政策托底。做好当前经济工作，要从供给侧认识和适应新常态，以供给侧结构性改革引领新常态。习近平总书记概括了新常态下我国经济发展的主要特点：增长速度要从高速转向中高速，发展方式要从规模速度型转向质量效率型，经济结构调整要从增量扩能为主转向调整存量、做优增量并举，发展动力要从主要依靠资源和低成本劳动力等要素投入转向创新驱动。这些概括也规定了我们要实现的目标，指明了达到目标需要在哪些方面推进供给侧结构性改革。供给侧结构性改革可以提高潜在增长率，进而促进经济保持中高速增长。

但是，涉及调整产业结构、化解过剩产能、处置僵尸企业等方面的改革，也不可避免地会造成部分传统产业和企业职工转岗。因此，要特别关注那些受结构性改革和产业调整影响的劳动者，如产能过剩行业的劳动者、东北地区等老工业基地的职工和进城农民工，既以社会政策为他们的基本生活托底，又加强培训、职业介绍等公共就业服务,促进其尽快转岗就业或创业。

四 在发展中保障与改善民生

从落实共享发展理念角度看,实现全面建成小康社会奋斗目标,应把握两个关键词:一是"小康",这是对发展水平的要求;二是"全面",这是指惠及全体人民,体现发展的平衡性、协调性和可持续性。习近平总书记反复强调的"小康不小康,关键看老乡",正是对这两个关键词之间逻辑关系的高度概括和生动阐释。

从更深层次上说,增进民生福祉是发展的根本目的。习近平总书记在党的十九大报告中要求,必须多谋民生之利、多解民生之忧,在发展中补齐民生短板、促进社会公平正义,在幼有所育、学有所教、劳有所得、病有所医、老有所养、住有所居、弱有所扶上不断取得新进展,深入开展脱贫攻坚,保证全体人民在共建共享发展中有更多获得感,不断促进人的全面发展、全体人民共同富裕。

值得注意的是,对于2035年基本实现社会主义现代化和2050年建成社会主义现代化强国,党的十九大报告没有提出GDP增长或者翻番类的目标要求。这固然反映了经济发展进入新常态,高速增长已不再是中国经济特征的现实,以及强调改变片面追求增长速度政绩观的要求,更重要的是,这样可以把宏伟目标更直接更鲜明地指向发展目的本身,把提高人民收入和提高人民生活水平更加突出出来,立足于围绕在发展中保障和改善民生,让改革发展成果更多更公平惠及全体人民这个根本出发点和落脚点。只有这样,全面建成小康社会才能得到人民的认可,经得起历史检验。

习近平总书记在党的十九大报告中进一步指出,保障和改善民生要抓住人民最关心最直接最现实的利益问题,既尽力而为,又量力而行,一件事情接着一件事情办,一年接着一年干。坚持人人尽责、人人享有,坚守底线、突出重点、完善制度、引导预期,完善公共服务体系,保障群众基本生活,不断满足人民日益增长的美好生活需要,不断促进社会公平正义,形成有效的社会治理、良好的社会秩序,使人民获得感、幸福感、安全感更加充实、更有保障、更可持续。

第一,把就业当作最大民生举措来促进。这就是说只有通过更加充分的就业,才能使人人通过辛勤劳动实现自身发展的机会,提高收入水平。随着经济发展进入新常态,就业问题的新特征也日趋明显,即在总量性就业矛盾趋于缓解的同时,摩擦性和结构性的就业矛盾愈显突出,提高就业质量的任务更具挑战。解决摩擦性就业矛盾的关键在于完善劳动力市场机制,增强劳动力供需双方的匹配性。解决结构性就业矛盾的关键在于改善劳动者的技能,增强人力资本禀赋与经济发展方式转变和产业结构优化升级的适应性。提高就业质量的关键则在于劳动力市场制度的建立和完善,形成和谐劳动关系。政府应该从促进增长、创造就业岗位为主的政策手段,转向更加着眼于提高劳动力市场匹配水平和就业质量,提供全方位的公共就业服务。

第二,把提高劳动生产率作为增加收入的根本手段。经济理论和发展经验都表明,劳动者工资增长从而居民收入水平提高，基础和源泉在于劳动生产率的长期持续提高。我国城乡居民收入增长在经历了一段反超劳动生产率增速的"补课"阶段之后，由于工资上涨超越了劳动生产率的支撑，过去一两年已开始略有减速。为了确保实现2020年翻番目标乃至更长期更可持续的收入提高要求，必须进一步加大提高劳动生产率的努力。提高劳动生产率通常有三条途径。一是资本替代劳动，即以机器或机器人替代人工，这个过程的节奏需要与劳动者素质提高相匹配，否则会导致资本报酬下降和排斥就业的不利结果。二是提高作为劳动生产率组成部分的全要素生产率。党的十九大报告中提出了提高全要素生产率的要求，这在党的代表大会报告中尚属首次，足见其重要性。三是提高人力资本水平。这是资本替代劳动和提高全要素生产率的前提条件和重要保障。

第三，把扩大中等收入群体作为提高人民收入的抓手。我们知道基尼系数是衡量收入分配均等程度的一个指标。根据定义，其所度量的是有多大比重的人口处在远离均等分配的状态，因此，扩大中等收入群体规模和比重，既是收入分配改善的标志，也是改善不平等状况、提高整体收入水平的途径。随着2020年实现农村贫困人口全部脱贫，保持人民收入持续提高的关键，在于脱贫之后，这些群体的收入能够保持继续上升的状态。党的十九大报告首次指出破除妨碍劳动力、人才社会性流动的体制机制弊端。这包括三个方面的含义：一是保持劳动者横向流动的势头，按照生产率从低到高的顺序，在区域、城乡、产业和企业之间流动，微观上增加个人和家庭收入，宏观上提高劳动生产率；二是政府创造良好的政策环境和公共服务平台，促进劳动者实现纵向流动，使人人都有通过辛勤劳动实现自身发展的机会，打破社会身份的固化，阻断贫困的代际传递；三是深化相关领域的改革，消除阻碍劳动者横向和纵向流动的体制性障碍。

第四，决不能让一个贫困地区和贫困群众掉队。全面小康是全体人民的全面小康，必须注重补齐贫困地区和贫困人口脱贫这块短板，着力推进精准扶贫、精准脱贫。我国经济社会发展仍然不平衡，还存在各种因素造成的贫困现象。从群体角度看，特别要关注农村贫困人口以及老年人、残疾人、农村留守儿童和妇女等特殊困难人群；从区域角度看，农村、边疆地区、革命老区、民族地区、贫困地区是全面建成小康社会的难点和重点。只有加强公共产品和服务供给，从培育贫困地区和贫困群众的发展能力、促进发展机会均等化、完善发展的基础设施等环节入手，才能使全体人民共同迈入全面小康社会。

第五，实现人人参与、人人尽力、人人享有。实现发展成果由人民共享的途径，既包括政府努力提供越来越充分的公共产品和服务，也需要建立必要的激励机制，以最广泛地汇聚民智、最大限度地激发民力，实现全民共建共享。人民福祉的不断增加乃至达到全面小康社会标准，取决于市场产品和公共产品（服务）的不断增加和公平享有。

在市场产品供给领域，要坚持市场机制配置资源并提供激励信号的原则，让广大人民群众依靠自己的智慧和劳动致富。在这方面，发展共享经济大有可为。所谓共享经济，是指以信息化技术手段为桥梁，以市场为资源配置机制，通过个体消费者之间的分享、交换、借贷、租赁等协作行为，使得所有者暂时让渡使用权以获取收入的经济形态。从理论上看，互联网技术的发展大大降低了交易主体之间由信息不对称引起的各类交易成本，从而增加了有效供给，提高了资源利用效率，缓解了信用缺失问题。同时，共享经济还增加了从业者的自由度，增加了普通人的发言权，也使得社会化大生产带来的异化问题能够得到一定程度的缓和。鼓励市场竞争、构建从业者的社会安全网络、建立完善消费者权益保护制度是政府在发展共享经济方面应提供的公共品。

在公共服务供给领域，政府既要承担责任，也要有所为有所不为，即坚持普惠性、保基本、均等化、可持续方向，确保基本公共服务供给；同时创新公共服务提供方式，广泛吸引社会资本参与，增强一般公共产品和服务的共建能力，增加供给数量、丰富供给类型、提高供给质量和效率。

第六，尽力而为、量力而行，福利的提高不能超越阶段。共享发展与共同富裕是渐进的过程，以发展和社会财富扩大为前提。因此，要处理好做大"蛋糕"和分好"蛋糕"的关系。"蛋糕"做大了需要公平分享，而公平分享的前提则是"蛋糕"不断做大。因此，习近平总书记在党的十九大报告中指出：坚持在经济增长的同时实现居民收入同步增长、在劳动生产率提高的同时实现劳动报酬同步提高。既讲"同步"也讲"同时"，使党的十九大报告的表述丰富了以前"两个同步"的含义，也就是明确强调既要防止收入增长跟不上经济增长、劳动报酬提高滞后于劳动生产率提高的情形，也要避免相反的情形，即收入增长过度超前于经济增长、劳动报酬提高脱离劳动生产率提高的情形，不至于使收入增长和劳动报酬提高成为无源之水、无米之炊，缺乏可持续性。

我国人均国内生产总值已超过8000美元，进入世界银行定义的中等偏上收入国家行列。但我国仍处于并将长期处于社会主义初级阶段的基本国情没有变，人民日益增长的美好生活需要和不平衡不充分的发展之间依然存在矛盾。无论加强社会建设还是改善民生，都要从这一基本国情出发，尽力而为、量力而行，不能提出超越阶段的目标和要求。当前，我国面临经济下行压力加大和财政收入增速放缓、人口老龄化进程加快等严峻挑战。应始终牢记发展是解决我国所有问题的关键，牢牢扭住经济建设这个中心不动摇，通过不断解放和发展生产力，筑牢全国各族人民幸福安康的雄厚物质基础。

第五章

建设现代化经济体系

第一节　建设现代化经济体系是跨越关口的迫切要求

习近平总书记在党的十九大报告中指出，我国经济已由高速增长阶段转向高质量发展阶段，正处在转变发展方式、优化经济结构、转换增长动力的攻关期，建设现代化经济体系是跨越关口的迫切要求和我国发展的战略目标。

改革开放四十年来，我国经济保持了年均近10%的高速增长，创造人类历史上未曾有过的人口大国经济长时期高速增长的奇迹。当然，这种增长不可避免地带有数量规模快速扩张的特征，伴随着一些不平衡、不协调、不可持续的矛盾和问题。

党的十八大以来，面对新情况、新问题，党中央作出了我国经济发展进入新常态的重大判断。从支撑我国经济增长的因素和条件看，正在经历着不少重要变化：劳动力低成本的优势正在减弱、技术上的后发优势不断缩小、生态环境压力持续加大、产能过剩和产品库存过多等问题突出、部分领域杠杆率过高、经济增长效率呈现下降态势等等。伴随着这些变化，我国经济结构出现重大转变，经济增长转向更多地依靠消费、服务业和国内需求，更多地依靠劳动者素质提高、技术进步和全要素生产率改进。相应地，经济发展阶段开始转换，由过去的高速增长阶段转向高质量发展阶段。这意味着，盲目追求速度和以规模为重点的发展方式已经难以为继，只有实现高质量发展，才能推动经济建设再上新台阶，才能满足人民日益增长的美好生活需要。

建设现代化经济体系，就是要主动求变，坚持变中求新、变中求进、变中突破，在新发展理念指导下，加快转变经济发展方式，推动我国经济不断提质增效升级，跨越转方式、优结构、转动力的关口，努力实现消费投资良性循环、城乡区域协调发展、人与自然和谐共生、国内国际两个市场良性互动、经济社会协调协同发展，从而实现平衡充分的发展，为解决新时代社会主要矛盾创造必要条件。换言之，如果不建设现代化经济体系，经济发展方式不可能最终转变，经济结构也不可能优化，社会经济也不可能实现高质量、高效益、持续稳定的发展。

建设现代化经济体系的一个重要的时间节点是，到2020年前后初步转变发展方式、优化经济结构、转换增长动力，初步建成现代化经济体系。首先，党的十九大到二十大是一个历史的交汇期，第一个百年目标和第二个百年目标在此交会，接下来我们要开启新的社会主义现代化国家建设的新征程。建设社会主义现代化国家需要以现代化经济体系为基本支撑和依托，因此，2020年前后初步建立起现代化经济体系是保证我们从第一个百年目标向第二个百年目标过渡的重要前提条件。其次，党的十八届三中全会曾提出，通过全面深化改革，到2020年，各方面制度要更加成熟、定型。与之相对应，与现代化经济体系相适应的体制政策环境也应在2020年前后成型，现代化经济体系的基本框架也要在这个时间点前后搭建起来。

站在2020年这一时间节点展望未来，建设现代化经济体系是实现新征程新目标的必由之路。从全面建成小康社会到基本实现现代化，再到全面建成社会主义现代化强国，是新时代中国特色社会主义发展的战略安排。要实现这一战略安排，必须坚定不移把发展作为党执政兴国的第一要务，坚持解放和发展社会生产力，推动经济持续健康发展。从国际看，国际金融危机深层次影响继续显现，世界经济复苏进程仍然曲折，只有实现我国经济的高质量发展，才能在激烈的国际竞争中赢得主动。这就要求我们以现代化经济体系建设为抓手，着眼于抢占世界科技和经济竞争制高点，着力推进科技进步和产业优化升级，不断提升我国在国际分工中的地位，不断塑造我国在国际竞争中的新优势，不断扩大我国经济对全球的影响力，为实现"两个阶段"新目标奠定坚实基础。

习近平总书记在党的十九大报告中指出，建设现代化经济体系必须坚持质量第一、效益优先，以供给侧结构性改革为主线，推动经济发展质量变革、效率变革、动力变革，提高全要素生产率，着力加快建设实体经济、科技创新、现代金融、人力资源协同发展的产业体系，着力构建市场机制有效、微观主体有活力、宏观调控有度的经济体制，不断增强我国经济创新能力和竞争力。

国际经验表明，经济落后国家在工业化较早阶段实现高速增长相对容易，而从中等收入阶段向高收入阶段的过渡中，发展的难度明显增大。第二次世界大战以后，许多国家进入工业化进程，并达到中等收入阶段，但进入高收入阶段的只有 13 个经济体。一些国家落入"中等收入陷阱"，增长迟缓甚至倒退。如果说在高速增长阶段数量规模扩张容易见效，短期内就能大变样，而到了高质量发展阶段，需要花费相当长的时间才能使提高质量效益见成效、上台阶。因此，建设现代化经济体系并非一日之功，将会遇到以往未曾遇到的挑战，要面对并解决许多新矛盾、新问题，从根本上说，必须进一步深化供给侧结构性改革，加快营造与现代化经济体系相适应的体制政策环境。

在此基础上，要把推动质量变革、效率变革、动力变革作为转变发展方式、优化经济结构、转换增长动力的攻关期的重要内容，切实、持续地提高全要素生产率，通过建设实体经济、科技创新、现代金融、人力资源协同发展的产业体系和构建市场机制有效、微观主体有活力、宏观调控有度的经济体制来引领新常态，开创质量效益明显提高、稳定性和可持续性明显增强的发展新局面，达到不断增强我国经济创新能力和竞争力的目的。

围绕建设现代化经济体系的战略目标和实施路径，习近平总书记在党的十九大报告中还指出了六个方面的主要任务：深化供给侧结构性改革、加快建设创新型国家、实施乡村振兴战略、实施区域协调发展战略、加快完善社会主义市场经济体制、推动形成全面开放新格局。

第二节　推进供给侧结构性改革

一　中国特色社会主义政治经济学概念

在2015年中央经济工作会议上，习近平总书记突出强调了供给侧结构性改革，引起热烈讨论和积极响应。然而，要贯彻落实好这一经济工作任务，要求我们按照习近平总书记讲话精神，立足于中国特色社会主义经济学理论体系，在经济发展进入新常态的中国特定背景和语境下，准确完整理解"供给侧""结构性"和"改革"这一组重要概念。这就是说，不仅需要从实践意义上认识该任务提出的经济发展新常态这一时代背景，还要在理论上将其与西方经济学中的供给学派和西方国家倡导的结构性改革作出区分。

作为一个经济学流派，西方经济学的供给学派滥觞于对凯恩斯主义的反思，进而发展成为新自由主义经济学的一个组成部分。相应地，由该学说衍生出的政策主张，也与新自由主义经济学的政策倡导在渊源上相通，实现了相互合流乃至难分彼此。因此，准确界定在中国经济发展新常态下推进供给侧结构性改革，与西方国家供给侧经济学和结构性改革的本质区别，需要回溯后者的理论渊源，评价其政策主张及实施效果，揭示其理论上和实践中的危害性。

（一）供给学派经济学是怎么一回事？

对于"供给侧""结构性"和"改革"这一组重要概念及其相互之间的逻辑联系，不仅在社会上存在认识不到

第五章 建设现代化经济体系

位之处,在经济学家中也有一些理解上的差异。在描述经济现象、预测经济大势和讨论经济政策时,我们往往会使用一些歧义较小、共识较大的经济学术语和用语,这本身并不必然成为中西方经济学的差别。但是,这些术语和用语及其组合形成的概念和范畴,在不同的语境下则可以具有截然不同的内涵,表现出了西方经济学与中国特色社会主义经济学的本质差异。习近平总书记指出:"我们讲的供给侧结构性改革,同西方经济学的供给学派不是一回事。"理解这一点,需要先来梳理一下西方经济学中的供给学派究竟是怎么一回事。

经过英国经济学家凯恩斯对政府干预和需求管理的极力倡导,以及美国前总统罗斯福实施一系列需求刺激政策并取得较好效果,凯恩斯主义经济学说及其政策主张在第二次世界大战后广为流行。直到20世纪70年代,美国经济遭遇通货膨胀和失业的双重困境,从理论上打破了菲利普斯曲线所断言的通货膨胀与失业率此消彼长的替代关系,西方经济学开始寻求替代凯恩斯主义的新理论。后来才被命名的供给侧经济学,正是在这一潮流中应运而生的。

从当时来看,这一经济学流派并没有严谨的理论框架,也没有形成界定严格的学派群体,只表现为一些以减税为核心主张的经济学家、记者和政治家热衷的探讨和游说活动。其理论和政策主张十分片面、武断,把经济活动的供给侧因素与需求侧因素断然割裂,否定后者的作用。以在餐巾纸上画出著名的"拉弗曲线"(亦即"减税曲线")著称的经济学教授阿瑟·拉弗,也始终没有在教科书或经济学说史上占有与其名气相符的学术地位。

"拉弗曲线"是一个横卧的抛物线，表明税收总量并非随着税率的提高而增加，而是在税率高过一定点的情况下，税收总额不仅不会增加，反而还会减少。由于认为减税可以大幅度增加供给、刺激经济活动，进而最终也使消费者获益，所以围绕这个主张形成的经济学派，被人们称为"供给学派经济学"或"供给侧经济学"。例如，诺贝尔经济学奖获得者卢卡斯认为，"供给侧经济学"是发生在美国，以夸大税收结构对资本积累效果为中心的一系列讨论的产物[①]。西方经济学界有大量的文献，全面批评了该学派的理论和政策。

下面，我们仅从减税这个政策主张出发，利用西方经济学界自身的研究结果，看一下西方的供给侧经济学的片面性、局限性和缺陷，进而揭示其与中国经济所要解决的问题，以及供给侧结构性改革不是一回事。更重要的是，既然供给学派是新自由主义经济学的一个组成部分，并且后者在世界范围内，特别是对各国的改革产生过更大的影响，弄清供给学派究竟是怎么一回事，有助于防止有人借误读供给侧结构性改革，宣扬新自由主义经济学。

卢卡斯之所以认为该学派对税收结构的作用进行夸大或过度兜售，是因为他的实证研究显示，虽然消除对资本收入的征税可以显著提高资本存量的增长率，但是，一旦观察其对福利的总体影响，效果却大打折扣。由于资本报

---

① Lucas, Robert Jr., "Supply-Side Economics: An Analytical Review", *Oxford Economic Papers*, 1990.

酬递减效应的存在，长期来看，更高的资本存量增长率仅能转化为较低的消费增长率，而且，资本扩张在一定时期内会抑制消费增长①。结果是，取消对资本收入征税的总体福利效果，仅相当于美国消费总量的1%。换句话说，这种政策实施的效果，充其量是直接惠及资本收入者，而并不导致显著的总体福利改进。政策后果之一就是资本收入增长快于经济增长和劳动收入增长，导致收入分配差距扩大。因此可以说，减税政策不符合多数中低收入者的利益。

美国学者甚至政治家，通过回顾美国政府政策因素的变化，都得出了过去二三十年间美国社会是朝着有利于富人而不是穷人或中产阶级变化的结论。例如，吉林斯等人用计量方法，对1981—2002年间1779项影响收入的政策进行了分析，发现经济领域的精英和代表商界的利益集团，对美国政府政策具有重要的影响，而普通选民和大众团体的政策影响力则微乎其微。对资本减税的政策正是这一表现的代表，必然付出的民生代价就是收入差距的扩大。

通过回顾美国民主党和共和党的交替执政历史，诺贝尔经济学奖获得者克鲁格曼指出，对待收入分配的不同态度从而采取不同的社会政策，会产生大相径庭的收入分配结果。他本人以及其他经济学家都指出，正是由于美国经济和社会政策日益偏向富人的倾向，使美国成为发达国家中收入差距最大的国家。例如，斯蒂格利茨等指出，目前

---

① Lucas, Robert Jr., "Supply-Side Economics: An Analytical Review", *Oxford Economic Papers*, 1990.

美国1%的最富有人口，分别占有全国接近1/4的收入和40%的财富。皮凯蒂在《21世纪资本论》中也表明，由于资本收入增长快于劳动收入增长，以民生为代价的对资本收入减税，必然造成收入差距越来越大的结果。

（二）新自由主义框架下的"结构性改革"

与供给学派的经济学理念不无相关，并且与其流行在时间上相契合，一种世界性经济政策实践于20世纪70年代开始，这就是国际货币基金组织和世界银行在发展中国家倡导的结构性调整，以及西方工业化国家政府实施的结构性改革。

上述两个布雷顿森林机构的贷款政策及其实施，长期以来受到新自由主义经济学思潮的影响和支配。很长时间内，对于发展中国家和转型中国家的扶贫贷款和救助性贷款，往往附加特殊条件，要求借贷国家实施由银行经济学家设计出来的一揽子政策，即称为结构性调整项目。这类政策的直接目的是保证贷款的偿还，理想目标是引导借贷国家经济走上以"华盛顿共识"为圭臬的道路。因此，它们期望借贷国家实现的对内对外经济体制转变，包括构建自由市场制度、解除政府规制、推动对国有工业和资源的私有化、实施财政紧缩以平衡预算、减少贸易壁垒等等。

这种不顾一个国家的国情，不顾特定时期的具体经济情况的结构性调整，往往是在一些发展中国家或转轨中国家有着紧迫的脱贫或应对危机资金需要时，而被强加于贷款条件中的，并且这些条件在实施中未能遵循的情况下，要遭受财务惩罚。正如国际批评者所形容的，这不啻一种讹诈。总结几十年的实践结果，这类项目遭到广泛诟病。例如，这类项目威胁了国家经济主权，造成严重的债务问题；私有化导致国有资产和资源流入个人手中，公共目标被私利所取代；财政紧缩往往以教育、公共卫生等社会保护项目为代价。极而言之，有的学者认为，这种结构性调整恰恰是原本就贫穷的国家贫困不断滋生的原因。

与此同时，为这类结构性调整项目进行理论支持和背书的"华盛顿共识"和新自由主义理念，也以1994年的墨西哥比索危机、1997年的亚洲金融危机和1998年的俄罗斯金融危机，以及诺贝尔经济学奖获得者斯蒂格利茨的反叛（辞去世界银行首席经济学家一职）为标志，遭到来自世界各地和机构内外的广泛批评，可谓宣告破产。

与发展中国家外力强加的结构性调整不同，始于20世纪80年代初，许多发达国家的结构性改革，是在同一思潮即新自由主义经济学影响下自发推动的。虽然概括而言，这种结构性改革着眼于减少政府规制，即通过鼓励竞争和价格灵活性强化市场机制作用，但是，各国的实施并不像其新自由主义经济学圭臬那样整齐划一。总结下来，各国的改革重点、推进方式和力度，从而改革效果大相径庭。此类改革一般涉及金融部门、劳动力市场、产品市场、税收制度和贸易体制，而各国根据各自对优先次序的判断以及受到难易程度的制约，分别在某些领域实施较深入的改革，而规避了其他领域，分别被认为取得较好效果或不尽成功。

事实说明，尽管发达国家的经济学家和决策者热衷于向发展中国家输出"华盛顿共识"，在他们自己国家的改革中，事实上并不存在那么多的"共识"，改革决策更多的是依据政治收益最大化目标作出的。正如时任卢森堡首相的容克所说，我们都知道该做什么，只是不知道做了之后如何获得连任。由此，按照相同的逻辑，结构性改革可以分别或者同时走向两个极端。

第一，政策朝着越来越有利于富人、牺牲穷人和中低收入者利益的方向演进，实际上阻碍了经济增长。国际货币基金组织经济学家奥斯特里等对支配工业化国家改革的新自由主义进行反思时，通过对其倡导的资本项目自由化和财政紧缩两项政策的评价，指出相关改革导致的收入不平等代价是巨大的，收入差距扩大反过来又伤害经济增长水平和长期可持续性[①]。

第二，囿于其政治制度，对选票从而执政机会最大化的追求，而不是立足于最有利于国家长远利益和民生目标，将许多国家的政策引向民粹主义。一种表现是为了抑制其他国家的发展，特别是抵制新兴经济体的竞争，把自己鼓吹的自由贸易等原则一概放弃，转而大肆实施保护主义。虽然人们以美国共和党的总统候选人特朗普作为民粹主义现象的象征，但其实，美国经济学家早已在理论上进行了铺垫。例如，诺贝尔经济学奖获得者萨缪尔森一贯推崇比较优势学说，另一位获奖者克鲁格曼甚至宣称，经济学家的信条和誓言是"我相信自由贸易"。然而，当看到

---

① Ostry, Jonathan D., Prakash Lounani and Davide Furceri, "Neoliberalism: Oversold?", *Finance and Development*, Vol. 53, No. 2, 2016.

美国不再是全球化的绝对受益者时,他们的政策主张就变了,甚至尝试改写经济理论。

(三)中国特色的供给侧结构性改革

得到高度认同并广泛使用的一系列重要概念,如新常态、供给侧和结构性改革等,是在中国经济发展的特定语境下,对发展阶段变化、面临的重大挑战、当前经济问题主要原因及其解决方式的准确概括,与西方经济学中字面上相似的诸多术语,在内涵上是迥然相异的。

习近平总书记作出的新常态的重要判断和概括,从逻辑与历史相统一的高度,揭示了中国经济发展的趋势性变化和演进方向。同时阐明了新常态的基本特征,就是增长速度从高速向中高速转变,经济发展方式从规模速度型向质量效率型转变,经济结构从增量扩能为主向调整存量与做优增量并存的深度调整转变,发展动能从传统增长点向新增长点转变。从问题导向与目标导向相统一的方法论来认识,中国经济面临的主要问题,根本上在于供给侧的结构性因素,因此,适应和引领新常态必须靠结构性改革。

增长速度的下行趋势,主要是中国经济在新的发展阶段上,一系列供给侧因素的作用结果。例如,在按照人均国内生产总值衡量进入中等偏上收入阶段的条件下,人口红利迅速消失,劳动力短缺推动工资上涨,其速度甚至快于劳动生产率速度,提高了单位劳动成本,降低了制造业比较优势和竞争力;新成长劳动力总量减少也使人力资本改善速度放缓;机器加快替代人提高了资本劳动比,导致资本回报率下降;农村劳动力转移减速缩小了资源重新配置空间，全要素生产率提高速度也放慢了。这些供给侧因素的变化，表现为潜在增长率的降低。也意味着，保持经济中高速增长的关键，在于从供给侧入手挖掘传统增长动能潜力，通过创新发展获得新的增长源泉。

既然经济下行不是周期性的，主要原因不在需求侧，就不应该过度采用刺激需求的办法，追求"V"形反转。在过去粗放的经济发展方式下，不仅在供给侧过度依靠生产要素积累和投入驱动增长，也在需求侧过度依赖投资拉动增长。特别是应对世界金融危机时采取了高强度的刺激办法，很多政策后果累积下来尚未得到消化，加上新情况形成了产能过剩、库存过多、杠杆过高和成本上升的结构性问题，妨碍了中国经济转向新发展方式，延缓经济结构的升级优化和新增长动能的获得。

以新常态这个中国经济发展的大逻辑引领经济工作，要求辩证认识供给与需求的关系，主要从供给侧因素着眼，通过提高全要素生产率，保持经济中高速增长；从结构性问题入手，消除发展中存在的不平衡、不协调和不可持续因素；以改革为根本手段，清除不利于生产要素供给和合理配置的体制障碍，挖掘传统增长动能的潜力，培养新的更可持续增长动能。作为一个完整的概念和工作指导，供给侧结构性改革的长期目标是实现创新发展、协调发展、绿色发展、开放发展和共享发展，近期任务则是去产能、去库存、去杠杆，以及降成本、补短板。长期目标与近期任务都是在中国所处的特殊时代背景下所提出，在逻辑上完全一致。

可见，我们所讲的供给侧结构性改革，作为经济工作遵循的表述，不仅准确揭示了中国经济当前问题的原因和面临的挑战，也指明了解决问题的根本路径；作为习近平新时代中国特色社会主义经济思想的重要组成部分，与西方经济学中的供给侧经济学及其政策主张，以及在新自由主义经济学思潮引导下进行的结构性调整和结构性改革等，具有本质的区别。

不过，这种区别主要并不体现在使用的专业术语或表达方式上面，甚至也不完全在于一些具体的改革领域和举措，而在于改革的根本出发点、问题的针对性和产生的时代背景，以及预期实现的最终目标。

从此着眼，我们讲"结构性减税"并将其作为实行积极财政政策的重要内容，与西方经济学供给学派的减税主张并不是一回事；我们讲"从广度和深度上推进市场化改革，减少政府对资源的直接配置，减少政府对微观经济活动的直接干预，把市场机制能有效调节的经济活动交给市场"，与推进新自由主义经济学的彻底市场化主张大相径庭；我们讲"降低制度性交易成本，转变政府职能、简政放权"，也与西方经济学解除规制和限制政府作用的主张截然不同；我们鼓励、支持、引导非公有制经济发展，致力于为非公有制经济发展营造良好环境和提供更多机会的方针政策，与推进私有化的新自由主义思潮更有天壤之别。

深刻理解习近平新时代中国特色社会主义经济思想的核心，必须牢牢把握住以人民为中心的发展思想，从此出发，才能以中国特色社会主义经济学的本质，与西方经济学特别是新自由主义经济学划清界限，防止因某些用语上的相似性造成认识上的混淆，干扰我们在中国经济发展新常态下推进供给侧结构性改革。

二　经济发展新常态的供给侧视角

（一）新常态下经济增长变化

经济增长减速已经成为全球现象，因而也成为财经舆论界的一个热门话题，以及经济学界的一个引人入胜的研究课题。把减速现象及其学理解说应用到处于中等收入阶段的国家，该话题或课题就转化为另一个命题——"中等收入陷阱"。虽然增长减速是普遍现象，各国却有不同的产生原因，形成诸多并且相异的表现形态，因而需要从不尽相同乃至截然不同的分析视角出发，应用对应的分析框架，才能认识到每一具体减速情形的本质，提出正确、有效的政策建议。然而现实情况则是，对于全球经济减速的原因、应对策略以及对世界经济未来的影响，中外学者的百家之说虽亮点纷呈却莫衷一是。具体到认识单个国家的减速问题，则更是如此。

对于中国经济自2012年开始的明显减速的原因，在国内外舆论界，在经济学家中，甚至在决策部门之间，认识更是相异乃至大相径庭。错误认识形势以及误判减速的原因，不仅会造成对中国经济的盲目悲观，让各种"唱衰论"或"崩溃论"，以及中国应该对世界经济增长孱弱负责等论调大行其道，更会误导中国自身的政策选择，造成应对之策的南辕北辙。

鉴于这次经济增长的下行幅度很大，呈现出长期持续的势头，如何正确认识、成功应对，不仅关乎中国能否跨越"中等收入陷阱"，实现全面建成小康社会的目标，也影响世界经济信心和走向。不仅如此，中国连续四十年高速经济增长和消除贫困的成功实践，对发展中国家具有重要的启示意义，而只有过了这个减速关，中国奇迹才是完美和圆满的，中国经验才具有令人信服的借鉴意义。因此，中国经济减速的确应该，也值得成为主流经济学讨论的一个重要议题。

自20世纪70年代末实施改革开放政策以来，中国经济实现了长达四十年的高速增长，在1978—2011年间年平均增长率为9.9%。虽然其间有过多次经济波动，增长速度降到较低水平的情况也出现过数次，例如在1982年经济增长速度超过9%以后，分别有1989年和1990年低于8%，但是，绝大多数年份以及总体来看，这个时期属于史无前例的高速经济增长。鉴于中国政府始终把"保八"（保证经济增长速度不低于8%）作为实际的增长目标底线①，因此，我们把持续低于8%的起始年份即2012年作为经济显著减速的转折点。在2012年和2013年增长率降到7.7%之后，2014年和2015年分别进一步下降到7.3%和6.9%。

在总体减速的同时，经济增长构成发生了一定的积极

---

① 在五年规划和年度计划中，经济增长率目标往往都低于8%，如"十二五"和"十三五"规划确定的作为预期指标的增长率分别为7.5%和7%。但是在执行中，实际上把"保八"作为底线，如20世纪90年代末的亚洲金融危机和2008—2009年国际金融危机发生时，中央政府都提出要确保8%的增长率。

变化。例如，产业优化升级态势已经呈现，目前的增长速度中已经包含了新的动能。新常态下的增长速度是在新旧增长动能转换中实现的，评价引领新常态的效果，就是要看新动能的形成，能否在合理的程度上舒缓传统动能减弱所导致的增速下行趋势。

首先，三次产业之间特别是第二产业和第三产业之间增长关系更加符合发展规律。总体而言，改革开放以来第二产业增长快于第三产业，但是，在经济增长减速的情况下，第二产业减速幅度大于第三产业，从而到2014年，第三产业增长对GDP贡献率首次超过50%，成为经济增长的主要引擎。

其次，地区之间特别是东中西三类地区之间的增长趋于更加平衡。在按地区分解GDP增长率贡献的情况下中国经济增长率统计始终存在着分省数字大于全国数字的问题。因此，在进行地区分解时，全国历年增长率数字是根据各省GDP加总后计算的，明显高于国家统计局公布的全国增长率。之所以做这种处理是由于数据可得性的原因，并不意味着对不同数据的准确性做判断。我们从图5-1中可以看到，东部地区减速发生得较早，并且减速的趋势是一直持续的，与此同时，得益于国家实施一系列区域发展战略，中西部地区增长速度及其贡献率自2000年以来持续提升，地区差距趋于缩小。然而，正是随着中西部地区从2012年开始减速，才使得整体增长率降到了8%以下。

值得指出的是，中国经济减速恰好契合了国际金融危机爆发后，世界经济整体处于下行这一大背景。根据世界银行数据库，基于2005年美元价格，全球GDP增长率在2008年和2009年大幅跌落，分别下降到1.5%和-2.1%，之后虽然在2010年短暂恢复至4.1%，随后再次深度下滑，在2011—2015年间，世界经济增长率分别为2.8%、2.3%、2.4%、2.5%和2.4%，未恢复到金融危机前的水平。

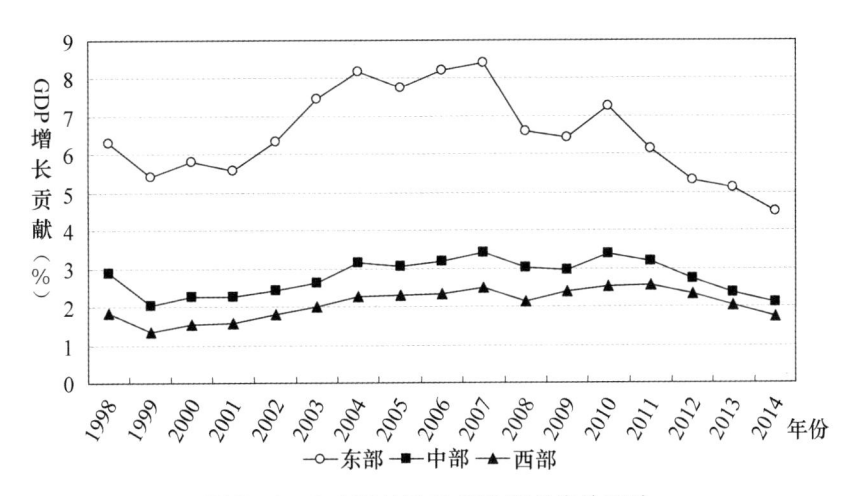

图5-1 东中西地区对GDP增长率的贡献

资料来源：国家统计局（历年）。

2014年世界银行所界定的低收入国家（人均总收入或GNI低于1035美元）GDP平均增长率达到6.3%，中等偏下收入国家（人均GNI在1035—4086美元）为5.7%，中等偏上收入国家（人均GNI在4086—12616美元）为4.6%，而高收入国家（人均GNI高于12616美元）仅为1.7%。这组数字至少说明：其一，处在不同发展阶段的国家，具有不尽相同的增长源泉和潜力，因而增长速度表现出巨大的差异；其二，2014年中国经济增长率为7.3%，明显高出相同发展阶段国家4.6%的平均增速，即使与低收入国家平均6.3%的增速相比依然高出很多；其三，中国经济增速出现变化，是中国已进入从中等偏上收入国家向高收入国家过渡通道的标志。

毋庸讳言，中国经济减速是世界经济减速的一部分。但是，如果说以上比较尚不足以说明的话，随后的分析将揭示，中国经济发展的新常态与世界经济增长的新平庸，就其问题的表现、产生的原因和解决的办法来说都是截然不同的。多年来，中国经济崩溃的论调不绝如缕，一些作者乐此不疲地对中国经济作出"狼来了"的预言，但一次又一次失算。这一次中国经济真减速了，似乎被他们误打误撞上了。不仅如此，还有一些观察者或者投资（机）者，看到中国经济减速后加入这个唱衰（做空）中国的阵营。

不过，鉴于这类观察和喧嚣在方法论上具有明显的缺陷，我们不拟将其作为讨论的对象，而是主要选择以遵循经济学方法论的相关研究为对象，试图澄清一些关于中国经济减速的误解，从而证明中国经济奇迹并没有就此终结。

（二）从供给侧认识增长速度

习近平总书记是从供给侧因素解释作为新常态特点之一的经济增长速度下行的。他说，经济发展面临速度换挡节点，如同一个人，10—18岁间个子猛长，18岁之后长个子的速度就慢下来了。根据这个重要判断，《人民日报》采访权威人士称，综合判断，我国经济运行不可能是"U"形,更不可能是"V"形,而是"L"形的走势。①

关于中国经济减速的最常见解释,是"需求不足说"。这种观点从金融危机后净出口大幅度缩减的需求侧原因(因而也是周期性原因),解释中国经济减速。很自然,一旦可以打破需求瓶颈,如他所建议的进一步加强投资刺激,周期就可以过去,中国经济仍可以回到原有的轨道,实现诸如8%的较高增长速度。类似主张刺激需求的观点,在中外经济学家中比较普遍。

林毅夫教授把人均GDP相当于美国的比率作为发展阶段的判断标准,发现中国目前人均GDP相当于美国的20%,这个发展阶段相当于日本的1951年、新加坡的1967年、中国台湾地区的1975年和韩国的1977年。数据表明,这些经济体在到达这一节点之后的20年中,分别实现了9.2%、8.6%、8.3%和7.6%的经济增长率。由此得出结论是,中国仍有高速增长的潜力。②

但是,这种比较经济发展阶段的方法,忽略了人口因素对经济增长的作用以及中国的"未富先老"特征。经济史表明,当人口转变处在劳动年龄人口持续增长、人口抚养比相应降低的阶段时,人口因素有利于实现较快增长速度,因而带来人口红利。首先,最大的贡献因素在于资本

---

① 《开局首季问大势——权威人士谈当前中国经济》,《人民日报》2016年5月9日第1版。

② Lin, Justin Yifu, "China and the Global Economy", *China Economic Journal*, Vol. 4, No. 1, 2011, pp. 1–14.

积累，而这得益于两个与人口有关的因素，即抚养比下降创造的有利于形成高储蓄率的条件，以及由劳动力无限供给特征所维持的较高的资本边际报酬率。其次，劳动力投入的数量和劳动者受教育程度的提高（人力资本）毋庸置疑有利于经济增长。最后，在全要素生产率提高的因素中，接近一半的贡献来自劳动力从农业转移到非农产业所带来的资源重新配置效率。可见，以往的经济增长几乎全部与有利的人口因素相关。

因此，在对发展阶段进行判断从而预测经济增长速度趋势时，人口转变的阶段性特征是一个不可忽视的因素。考虑或者忽略这个因素往往得出大相径庭的结论，即如果按照劳动年龄人口的增长变化趋势做判断，得出的结论就与按照人均GDP标准判断得出的结论不同。固然，我们同意说中国经济仍有尚未挖掘出来的增长潜力，但是，这种潜力不应该来自传统动力，也主要不会来自需求的扩大，而是供给侧潜在增长率的提高。

具体来说，我们以15—59岁劳动年龄人口到达峰值（从而随后就进入负增长）的时间作为比较的基准，2010年中国的发展阶段，实际上相当于日本的1990—1995年、韩国的2010—2015年，以及新加坡的2015—2020年。如果把人口抚养比（14岁及以下和60岁及以上人口与15—59岁人口的比率）作为人口红利的一个代理指标，日本、韩国和新加坡的抚养比显著上升的时间点，也远远迟于按照人均收入水平定义的时间点。例如，日本的人口抚养比虽然于1970年左右降到最低点，但是，真正开始显著上升也是发生在20世纪90年代。而韩国和新加坡的抚养比上升,在时间上大体与中国相同。①

也就是说,相应于人均 GDP 水平来说,中国人口转变的速度格外快,人口红利丧失的转折点更是提早到来。考虑到过去四十年高速经济增长对人口红利的高度依赖性,以及人口红利既早且快地消失这些因素,中国经济的潜在增长率需要以另一种方式来估算,从而与前述研究相比,必然得出不尽一致的预测结果,进而引出截然不同的政策含义。

蔡昉和陆旸根据人口转变趋势从而对生产要素供给和全要素生产率的影响,估计了 1979—2020 年中国 GDP 的潜在增长率,从各时期的平均数来看,1979—1994 年间为 9.66%,1995—2010 年间为 10.34%,2011—2015 年间下降到 7.55%,预计在 2016—2020 年间进一步下降到 6.20%。②

我们把实际增长率与估算的潜在增长率相减,可以得到各年份的增长率缺口(见图 5-2),借此我们可以回顾一下改革开放以来的宏观经济波动历史。图中实际增长率超过潜在增长率的情形表现为正缺口,实际增长率低于潜在增长率的情形表现为负缺口。

---

① United Nations, Department of Economic and Social Affairs, Population Division, *World Population Prospects: The 2010 Revision*, CD-ROM Edition, 2011.

② Cai Fang, Lu Yang, "The End of China's Demographic Dividend: The Perspective of Potential GDP Growth", in Garnaut, Ross, Cai Fang and Song Ligang (eds.), *China: A New Model for Growth and Development*, ANUE Press, Canberra, 2013.

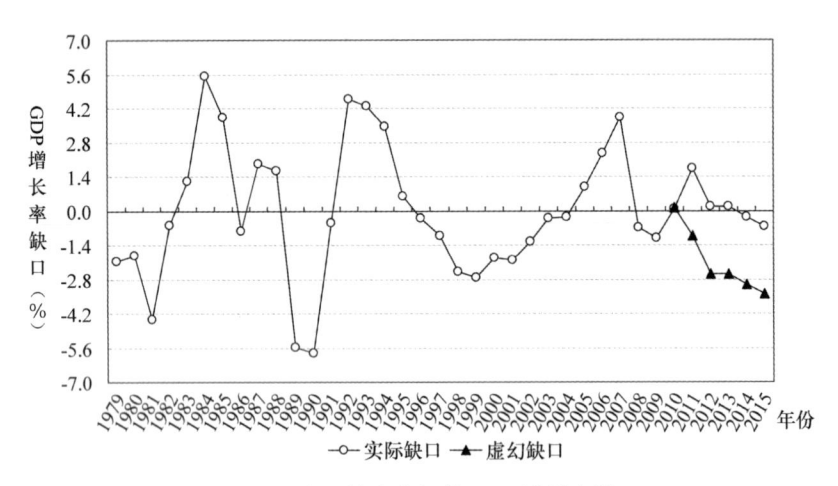

图 5-2　实际的和虚幻的 GDP 增长率缺口

资料来源：根据 Cai & Lu（2013）的数据计算。

从图 5-2 中可以看到，出现较大的负增长率缺口的年份，恰好对应着我们曾经关注并应对过的宏观经济低谷时期。如果我们把潜在增长率看作是一个在特定经济发展阶段上，生产要素禀赋和全要素生产率提高潜力可以支撑的经济增长稳态，负增长率缺口通常则是需求侧出现周期性扰动，从而使得实际增长率不能达到潜在增长率，生产要素未能得到充分利用，这时往往出现产能利用不充分，譬如周期性失业现象。逻辑相同但结果相反的情形则是实际增长率超过潜在增长率所造成的正增长率缺口，对应的则是经济过热的情形，通常表现为出现通货膨胀或经济泡沫。

根据前述估算的 1979—1994 年间和 1995—2010 年间的潜在增长率，这两个期间各年度的增长率缺口为相应年份的实际增长率分别减去这两个平均潜在增长率。可以看到，其间经济增长大体上有三个波动周期，分别在1981年、1990年、1999年和2009年形成四个波谷，周期长度恰好符合一般认为的朱格拉周期（Juglar Cycle）。

如果没有认识到潜在增长率的下降，而是习惯性地认为中国经济应该在原有的水平上增长，譬如以1995—2010年间的10.34%作为基准，则可能错判为出现了增长率缺口（如图5-2中实心三角形曲线所显示的结果）。然而，作为经济发展阶段变化的结果，平均潜在增长率在2011—2015年间和2016—2020年间，分别下降为7.55%和6.20%，按照同样的方法计算几乎不存在增长率缺口（如图5-2中空心圆曲线的趋势）。因此，我们不应该期冀经济增长速度的"V"形反弹。

产生增长率缺口不是中国的特有现象，而是宏观经济学所研究的对象，以及宏观经济政策所要应对的局面。在发达市场经济国家，由于经济增长在正常情况下处于新古典类型的稳态，把长期增长趋势看作是潜在增长率也无不可，围绕之发生的或快或慢的实际增长率就产生相应的增长率缺口，表现为经济周期。可见，人们的经验中最常见的经济增长速度波动，是一个周期现象，当出现负增长率缺口时，自然要到需求侧去寻找原因和出路。虽然宏观经济学派别林立，莫衷一是，但是，每遇经济衰退，各国政府和中央银行往往能够超越学派之争，打破门户界限，或者倚重财政政策，或者倚重货币政策，或者同时借助两种政策手段，冀图对抗乃至消除周期问题。

虽然宏观经济学中的真实经济周期理论试图打破周期

和增长之间的界限,承认生产率冲击可以改变潜在增长率常态,但是,这个学派重点在于否认存在由需求侧冲击导致的周期,而不是正确地区分周期现象和增长的阶段性变化。然而,无论从理论着眼还是从实践出发,把增长减速按照周期性和阶段性两种类型作出划分仍然是必要的。不过,这一理论值得我们关注和借鉴之处在于,周期性问题与增长型问题是可以互相转化的,并且可以彼此交织在一起,互为因果。

对中国来说,2012年以来中国经济减速是由于潜在增长率的下降,是人口转变阶段从而经济发展阶段变化的结果,并没有产生负增长率缺口。这种减速不仅没有造成周期性失业现象,而且中国经济继续面对劳动力短缺的困扰[1]。虽然在任何发展阶段和任何时期,对宏观经济的需求侧扰动难免发生,但是,把经济发展新常态与短期冲击性因素区别开,主要从供给侧而不是需求侧认识中国经济减速,是一个在方法论层面需要牢牢把握的关键。

具体而言,在思考中国经济长期可持续增长问题时,我们应该暂且放弃使用国民经济恒等式 $Y = C + I + G + (E - M)$,或俗称"三驾马车"分析方法,而更为倚重于 $Y = A * F(K, L) = K^{\alpha} * (AL)^{1-\alpha}$ 生产函数分析方法。从后一视角出发,导致中国经济减速的长期供给侧因素(同时也是抑制或延缓减速的着力点所在)表现在

---

[1] Cai Fang, "From Quantitative Issues to Structural Ones: An Interpretation of China's Labor Market", *China Economist*, Vol. 11, No. 1, 2016.

以下四个方面。

首先，劳动力持续严重短缺导致工资增长超过劳动生产率，使单位劳动成本迅速显著上升。在2004—2015年间，作为普通劳动者代表性群体的农民工实际工资的年平均增长率为10.7%。与此同时，面对劳动力短缺现象，资本替代劳动或机器（人）替代工人的进程加快，导致资本劳动比的迅速提高，资本报酬率下降，劳动生产率并没有同步提高。这导致在2004—2013年间，中国制造业单位劳动成本相对于德国、日本（2011年数据）、韩国和美国的比例，分别从19.9%提高到29.7%，从24.8%提高到39.5%，从25.8%提高到36.7%，从24.5%提高到38.7%。

其次，新成长劳动力逐年减少，导致劳动者的人力资本改善速度下降。由于中国劳动年龄人口的受教育年限分布特点是，年龄越大受教育水平越低，从而新成长劳动力是劳动者总体人力资本改善的主要因素，因此，一旦新成长劳动力减少，则会导致人力资本新增量减少。我们粗略地把各级教育阶段毕业未升学（及辍学）的人数加总，作为每年新成长劳动力，根据预测，该数量在2011—2020年间预计以年平均1.1%的速度递减。我们根据各级教育阶段的人数乘以受教育年限，可以得到每年新增人力资本总量。预测表明，该数量在2011—2020年间同样以年平均1.0%的速度递减。

再次，资本报酬递减规律开始发挥作用，投资回报率显著下降。二元经济发展条件下的劳动力无限供给特征，是中国经济在过去四十年的高速增长过程中，资本回报率得以保持在较高水平的机制性保障。随着中国于2004年跨越了刘易斯转折点，这个特征消失并导致资本劳动比的迅速提高，资本报酬递减现象必然发生，资本回报率相应下降。根据白重恩等估算，中国资本回报率从2004年的24.3%降低到2013年的14.7%，其间以年平均5.7%的速度下降。[①]

最后，随着资源重新配置空间缩小，全要素生产率提高的速度也相应减慢。在改革开放时期，全要素生产率提高对中国经济增长作出了重要的贡献。研究者发现，亚洲经济体产业结构变化的典型特征是劳动力从低生产率部门向高生产率部门转移，创造了资源重新配置效率，成为全要素生产率提高的主要组成部分。[②] 中国过去四十年的经济增长和结构变化，可以对这一发现作出完美的诠释。然而，虽然全要素生产率减速是全球现象，中国的人口结构变化却是一个独特的国别因素，正在耗竭资源重新配置潜力，导致全要素生产率减速。[③]

对人口数据进行分析表明，2014年，无论从常住人口还是从户籍人口的口径看，农村16—19岁的人口都达到峰值，随后进入负增长阶段。由于这个年龄组的人口即使

---

① 白重恩、张琼：《中国的资本回报率及其影响因素分析》，《世界经济》2014年第10期。

② McMillan, Margaret S. and Dani Rodrik, "Globalization, Structural Change and Productivity Growth", *NBER Working Paper*, No. 17143, 2011.

③ Eichengreen, Barry, Donghyun Park and Kwanho Shin, "The Global Productivity Slump: Common and Country-specific Factors", *NBER Working Paper*, No. 21556, 2015.

不是农村外出打工者的全部,也至少构成其绝对多数,这种人口变化趋势必然降低农业劳动力转移速度。事实上,根据国家统计局的数据,在2005—2010年间,外出农民工每年增长4%,这个增长率在2014年下降为1.3%,2015年则进一步下降到0.3%。由于户籍制度的制约,农村劳动力转移尚未成为永久性的,而表现为一种有来有去的模式。一旦每年新增外出劳动力人数少于返乡人数,就会产生"逆库兹涅茨化"现象,全要素生产率的提高将进一步受阻。

(三)推进供给侧结构性改革、赢得改革红利

从政治经济学的角度看,供给侧结构性改革的根本,是使我国供给能力更好满足广大人民日益增长、不断升级和个性化的物质文化和生态环境需要,从而实现社会主义生产目的。从国际经验看,一个国家发展从根本上要靠供给侧推动。一次次科技和产业革命,带来一次次生产力提升,创造着难以想象的供给能力。当今时代,社会化大生产的突出特点,就是供给侧一旦实现了成功的颠覆性创新,市场就会以波澜壮阔的交易生成进行回应。习近平总书记强调,供给侧结构性改革,重点是解放和发展社会生产力,用改革的办法推进结构调整,减少无效和低端供给,扩大有效和中高端供给,增强供给结构对需求变化的适应性和灵活性,提高全要素生产率。[1]

推进供给侧结构性改革,当前最紧要的,就是要从生

---

[1] 习近平:《在省部级主要领导干部学习贯彻党的十八届五中全会精神专题研讨班上的讲话》,《人民日报》2016年5月10日第2版。

产端入手，重点促进产能过剩有效化解，促进产业优化重组，降低企业成本，发展战略性新兴产业和现代服务业，增加公共产品和服务供给，提高供给结构对需求变化的适应性和灵活性。简言之，就是去产能、去库存、去杠杆、降成本、补短板。①

从党的十八届三中全会到 2016 年 12 月 30 日期间，习近平总书记主持全面深化改革领导小组会议 31 次，对于各关键领域改革作了全面部署，并以钉钉子精神督办推动，具有四梁八柱性质的改革措施均已出台。

党的十八大，特别是党的十八届三中全会、五中全会全面部署的经济体制改革任务，已经取得明显的进展。与此同时，也有一些改革领域有所推进但尚未取得突破性进展，甚至有些方面的改革推而不动，距离五中全会提出的到 2020 年"十三五"收官之时"各方面制度更加成熟更加定型"要求，尚有较大的差距。为什么达成共识并作出决策部署的改革任务，其中一些迄今进度不尽如人意呢？我们可以从以下三个方面观察，以更好把握为了实质性推动供给侧结构性改革，哪些方面的认识有待澄清，怎样的障碍急需克服，什么情形必须避免。

第一，结构性改革不是经济增长的替代物，而是可以获得实实在在的改革红利这个道理，尚未被普遍且真切地认识到，因而改革激励不充分。很久以来，国内外都存在

---

① 习近平：《在省部级主要领导干部学习贯彻党的十八届五中全会精神专题研讨班上的讲话》，《人民日报》2016 年 5 月 10 日第 2 版。

着一个观点,即以为改革与增长具有非此即彼或者此消彼长的关系,最好的认识也是希望牺牲一点速度,以便取得改革的突破。有鉴于此,对一个高度关注经济增长速度的政府部门或地方政府来说,需求侧的刺激性政策通常在实施手段上是有形的,实施效果也可以是迅速、及时的,并且具有与政策手段的对应性。相反,对于供给侧结构性改革来说,政策手段似乎看不见摸不着,而且政策手段与效果之间没有清晰和确定的一一对应关系。

第二,没有按照恰当的标准界定好不同级别政府间的改革责任,因而尚未形成合理的改革成本分担机制和改革红利分享预期,造成改革的激励不相容。即使当事者可以了解到改革能够带来真金白银的收益,由于承担改革成本的主体和享受改革红利的主体并不一致,成本分担与收益分享分量不对称,因此,一些部门和地方往往产生等待观望的心态和行为。虽然在任何国家推进结构性改革,都需要为实现激励相容而进行必要的说服工作和作出特定的制度安排[①],在中国当前的一些改革领域,如户籍制度改革等,向改革当事人揭示改革红利的客观存在,使其对改革成本分担和改革红利共享形成合理预期,是改革得以及时推进的关键所在。

第三,在存在前述两种认识障碍的情况下,有些领域的改革举措有可能被回避、延缓、走样或者变形,以致或多或少偏离中央顶层设计的初衷、时间表和路线图。这一

---

① [印]拉古拉迈·拉詹:《结构性改革为何如此困难》,《比较》2016年第2辑。

类表现包括：(1) 在供给侧结构性改革方案和需求侧刺激方案之间，偏向于选择易于入手的后者，甚至形成对刺激政策的依赖，推迟了改革的时机；(2) 仅仅以完成指标为导向，而不是立足于体制机制的调整与完善来推进改革工作，这样做的结果可能是，即使旧的存量问题得到了一定程度的解决，体制机制仍会制造出新的问题增量，治标不治本；(3) 改革中偏向于避重就轻，甚至把一般性、常规性管理工作当作改革举措，结果，由于规避了对既得利益的触动而保持旧的格局，未能根本实现体制和机制的转变。

从需求侧认识中国经济减速，政策结论则是着眼于实施刺激性的宏观经济政策和产业政策。一旦认识到中国经济减速的主因在于供给侧，便可以推论出，上述做法只能把实际增长率提高到潜在增长率之上，产生的结果与政策初衷并不一致。相反，供给侧政策努力则是着眼于提高潜在增长率。

2016年中央经济工作会议明确强调提高劳动生产率，提高全要素生产率，提高潜在增长率。前面的分析已经显示，提高中国经济潜在增长率有两个源泉。一是保持传统增长动力。这不意味着维持传统的要素投入驱动型的经济发展方式，而是着眼于挖掘生产要素特别是劳动力供给潜力，延长人口红利。二是启动新的增长动力。这主要在于加大人力资本积累的力度，以及提高全要素生产率增长率及对经济增长的贡献率。这两个经济增长源泉，具体体现在以下四个方面，都需要从供给侧推进结构性改革予以开发。

首先，提高劳动者在高生产率部门的参与率。由于几乎所有导致中国经济潜在增长率下降的因素，归根结底都与劳动力无限供给特征的消失有关，因此，增加劳动力供给可以显著延缓潜在增长率的下降。作为人口年龄结构变化的结果，不仅15—59岁劳动年龄人口已经处于负增长之中，即使考虑到现行的劳动参与率，15—59岁经济活动人口也将于2017年以后进入负增长。因此，劳动力总量已经不再具有增长的潜力，挖掘劳动力供给潜力的唯一出路在于提高劳动参与率。由于中国劳动年龄人口总量巨大，1个百分点的劳动参与率在2015年就对应着900余万经济活动人口。

政策模拟表明，在2011—2022年间，如果非农产业的劳动参与率每年提高1个百分点，可以获得0.88个百分点的额外潜在增长率[①]。而提高劳动参与率的最大潜力，在于推进户籍制度改革，提高户籍人口城镇化率，从而稳定农民工在城市经济和非农产业的就业。

其次，提高总和生育率，均衡未来的人口年龄结构。习近平总书记要求我们"站在中华民族长远发展的战略高度促进人口均衡发展"。根据中国和国际经验，生育率下降是经济社会发展的结果，生育政策本身所能发挥的作用其实是有限的。不过，鉴于中国自1980年开始实施了长

---

① Cai Fang, Lu Yang, "The End of China's Demographic Dividend: The Perspective of Potential GDP Growth", in Garnaut, Ross, Cai Fang and Song Ligang (eds.), *China: A New Model for Growth and Development*, ANUE Press, Canberra, 2013.

达35年的以"一个孩子"为主的计划生育政策,因此,允许生育二孩的改革可以预期在一定时间里产生提高生育率的效果。一般认为,目前的总和生育率为1.5,生育政策调整将在或大或小的程度上使生育率向2.1的替代水平靠近。

政策模拟表明,如果总和生育率提高到接近1.8的水平,与总和生育率1.6的情形相比,可在2036—2040年间把潜在增长率提高0.2个百分点[1]。值得指出的是,旨在均衡人口发展的改革,不应止于生育政策调整,还应该包括其他公共服务供给体系的完善,通过降低家庭养育孩子的成本,让人们能够按照政策要求和个人意愿决定孩子数量。

再次,保持人力资本积累速度。经济学家从东亚经济发展的经验中发现,任何国家和地区在经历了一个以结构调整为特征的经济发展阶段之后,都必然经历一个由人力资本驱动的经济发展阶段。一项模拟表明,对教育和培训发展作出合理假设,从而预期整体人力资本水平可以得到一定提高的情况下,在未来将潜在增长率提高约0.1个百分点[2]。这个改革红利对于旨在维持中高速增长,避免过早陷入中速甚至中低速增长的中国经济发展新常态来说,是一个不容忽视的数字。况且,这一模拟仅仅考虑了人力

---

[1] Cai Fang, Lu Yang, "Take-off, Persistence, and Sustainability: Demographic Factor of the Chinese Growth", *Asia & the Pacific Policy Studies*, September/October, 2016.

[2] Ibid.

资本的数量。如果考虑到教育质量后，人力资本对经济增长的作用会显著提高，比生产率的贡献还要突出①。

最后，提高全要素生产率，获得更可持续的增长源泉。理论上可以预期，计量分析也发现，尽管提高劳动参与率有助于提升潜在增长率，但是，随着时间的推移，这种效果呈现逐渐减弱的趋势②。而全要素生产率提高对潜在增长率的推动作用，不仅是立竿见影的，而且是经久不衰的。随着日益进入一个新古典增长阶段，一方面，中国经济越来越依靠科学技术创新保持经济增长可持续性；另一方面，通过清除体制性障碍获得资源重新配置效率的空间仍然巨大。模拟显示，在 2011—2022 年间，如果全要素生产率年平均增长率提高 1 个百分点，潜在增长率可以提高 0.99 个百分点③。

在对户籍制度改革、教育和培训制度改革、国有企业改革等可能产生的对于劳动参与率、人力资本和全要素生产率的贡献效果作出假设后，再与不同力度的生育政策调

---

① Manuelli, Rodolfo and Ananth Seshadri, "Human Capital and the Wealth of Nations", *The American Economic Review*, Vol. 104, No. 9, 2014.

② Cai Fang, Lu Yang, "Take–off, Persistence, and Sustainability: Demographic Factor of the Chinese Growth", *Asia & the Pacific Policy Studies*, September/October, 2016.

③ Cai Fang, Lu Yang, "The End of China's Demographic Dividend: The Perspective of Potential GDP Growth", in Garnaut, Ross, Cai Fang and Song Ligang (eds.), *China: A New Model for Growth and Development*, ANUE Press, Canberra, 2013.

整（从而不同的生育率情景）相组合，模拟了未来可能获得改革红利的不同情景，发现改革或是不改革以及改革力度大小，会在近期和未来产生明显的潜在增长率差别（见图5-3）。

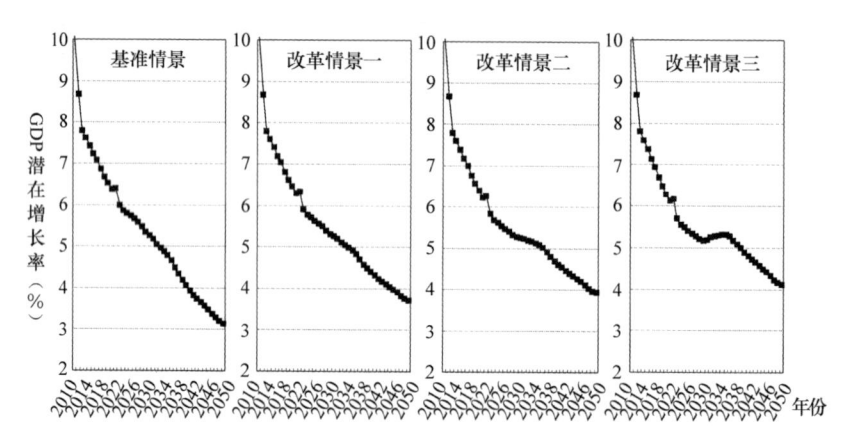

图5-3 供给侧结构性改革红利模拟

资料来源：Cai & Lu（2016）。

图5-3清晰地显示，从供给侧因素观察中国经济长期增长趋势，一方面，的确不应期冀一个与周期因素相关的"V"形复苏；另一方面，在假设的不同改革力度和效果情况下，供给侧结构性改革获得的红利也具有差异。从左至右看观察图的话，与没有明显改革举措的"基准情景"相比，越是深入的改革越能产生显著的红利，未来的潜在增长率的变化轨迹越是接近于"L"形。

（四）实现供求关系新的动态均衡

习近平总书记指出，"供给和需求是市场经济内在关系的两个基本方面，是既对立又统一的辩证关系，二者你离不开我、我离不开你，相互依存、互为条件。没有需求，供给就无从实现，新的需求可以催生新的供给；没有供给，需求就无法满足，新的供给可以创造新的需求"。由此辩证关系出发，"供给侧管理和需求侧管理是调控宏观经济的两个基本手段。需求侧管理，重在解决总量性问题，注重短期调控，主要是通过调节税收、财政支出、货币信贷等来刺激或抑制需求，进而推动经济增长。供给侧管理，重在解决结构性问题，注重激发经济增长动力，主要通过优化要素配置和调整生产结构来提高供给体系质量和效率，进而推动经济增长"①。

2016年中央经济工作会议再次指出，我国经济运行面临的突出矛盾和问题，虽然有周期性、总量性因素，但根源是重大结构性失衡，导致经济循环不畅，必须从供给侧、结构性改革上想办法，努力实现供求关系新的动态均衡。

自2012年起的中国增长减速，是与人口转变阶段从而经济发展阶段的变化相伴形成的新常态，无论其主要成因还是表现形式，与以往主要由需求侧冲击造成的周期现象都是截然相异的。相应地，无论是应对政策的着眼点还是优先序，以及具体政策工具的选择，都应该大不相同。

美国经济学家托宾（James Tobin）曾经说需要一堆"哈伯格三角"才能填满一个"奥肯缺口"。他讲到的两

---

① 习近平：《在省部级主要领导干部学习贯彻党的十八届五中全会精神专题研讨班上的讲话》，《人民日报》2016年5月10日第2版。

个经济学概念，前者指因垄断、价格扭曲等体制因素造成的福利损失，后者指实际经济增长低于潜在增长能力的缺口，都表现为社会总产出（GDP）一个特定幅度的减少。由于研究资源和政策资源都是稀缺资源，配置到哪个领域应该遵循收益最大化原则。所以，托宾这句话的意思无疑是提醒人们，从功利主义的角度出发，关注宏观经济问题比关注体制问题更加有意义，政策资源应该配置到缩小需求侧因素导致的"奥肯缺口"的努力上面。

问题在于，中国经济减速的原因是潜在增长率的下降，而不是实际增长速度低于潜在增长率，从而不存在明显的"奥肯缺口"。因此，反其道而行之，中国经济寻求长期可持续增长的关键，不在于运用宏观经济学司空见惯的需求侧刺激手段，而应该从供给侧推进结构性改革，释放体制潜力，达到提高潜在增长率的目标。鉴于此，凡是从供给侧增加生产要素供给数量和质量以降低生产成本、通过转变政府职能以降低交易费用，以及依靠提高全要素生产率保持产业和企业比较优势的政策调整和体制改革，都属于结构性改革的范畴，应该按照有利于提高潜在增长率的预期效果，安排其出台的优先顺序和推进力度。

中国经济面临诸多严峻挑战。在按照预定目标实现全面建成小康社会、跨越中等收入阶段的关键时期，风险不是来自增速的下降，而是来自误判和不当的应对措施。保持经济中高速增长，决不能以牺牲增长的质量、效益、平衡性、协调性和可持续性为代价，追求超越潜在增长率的增长目标，而应该着眼于提高全要素生产率，提高潜在增长率。从党中央治国理政基本原则出发，遵循新常态这个发展大逻辑，保持战略定力和历史耐心，才能做到"稳中求进"。

三 发展实体经济 提高供给体系质量

"实体经济"的内涵十分丰富，从要素角度看，至少包括物资资源、人口、产品、劳务、劳动生产率、技术等"实体"要素；从产业发展角度看，至少包括农业、制造业及服务业，涵盖第一、二、三产业。实体经济直接创造物质财富，是社会生产力的直接体现，故而也是一国经济发展的根本。

与实体经济相对应的是基于货币、信用等与实体经济相关联的虚拟经济或符号经济体系。物物交换产生货币需求，波动平抑产生信用体系，资源配置产生未来索取权证，如股票等金融工具，这些符号体系具有促进经济发展的重要作用。

现代经济运行的一个突出特点是，在农业、工业等实体经济发展的基础上，货币金融体系急速膨胀，整个经济体日益金融化。这是因为，金融活动日趋多样，货币金融与实体经济的界限开始趋向模糊。尤其是，近几十年来，经过层出不穷的金融创新和持续不断的金融自由化，实体经济已程度不同地被"金融化"或"类金融化"了。这就带来一些国家实体经济的空心化，形成虚拟经济与实体经济"头重脚轻"的不稳定结构。

近年来中国经济也出现了过度金融化的苗头：例如，通过银行和股市从民间汲取资金支持企业盲目扩张，一些企业依靠金融投资和房地产投资等非主营投资来获利，社会资源越来越多地流向虚拟经济领域，资产金融化和资产价格泡沫化现象显现。于是，社会投机气氛较浓，"一夜暴富"的资本神话创造了令人羡慕的财富英雄，实体产业发展却越来越失去脚踏实地的耐心和根基。

进一步分析，作为第三产业的构成部分，金融业发展在服务实体经济的合理限度内是具有真实增长意义的，其提供的服务有利于促进实体经济的增长。但超过一定的限度，金融业自我扩展和衍生膨胀，并推动实体经济的产品和资产过度金融化，将形成巨大的虚拟经济泡沫，成为吸纳社会资源的引力"黑洞"，降低资源配置效率，终将危及实体经济的正常运行和导致巨大的金融风险。因此，上述种种乱象的根源是金融与实体经济之间、实体经济内部出现了重大结构性失衡，导致经济循环不畅。

2016年中央经济工作会议针对上述问题提出的解决方案是必须从供给侧、结构性改革上想办法，努力实现供求关系新的动态均衡。其中的一个重要方略就是着力振兴实体经济，坚持以提高质量和核心竞争力为中心，坚持创新驱动发展，扩大高质量产品和服务供给。这是供给侧结构性改革的重要组成部分。

习近平总书记在党的十九大报告中对发展实体经济的重要意义有着精辟的论述。总书记指出，建设现代化经济体系，必须把发展经济的着力点放在实体经济上，把提高供给体系质量作为主攻方向，显著增强我国经济质量优势。这一论断清晰阐明了建设现代化经济体系、发展实体经济与推动质量变革、效率变革、动力变革的关系。

围绕发展实体经济这一着力点，习近平总书记在党的十九大报告中还指出了七项重点任务：一是加快建设制造强国，加快发展先进制造业，推动互联网、大数据、人工智能和实体经济深度融合，在中高端消费、创新引领、绿色低碳、共享经济、现代供应链、人力资本服务等领域培育新增长点、形成新动能。二是支持传统产业优化升级，加快发展现代服务业，瞄准国际标准提高水平。三是促进我国产业迈向全球价值链中高端，培育若干世界级先进制造业集群。四是加强水利、铁路、公路、水运、航空、管道、电网、信息、物流等基础设施网络建设。五是坚持去产能、去库存、去杠杆、降成本、补短板，优化存量资源配置，扩大优质增量供给，实现供需动态平衡。六是激发和保护企业家精神，鼓励更多社会主体投身创新创业。七是建设知识型、技能型、创新型劳动者大军，弘扬劳模精神和工匠精神，营造劳动光荣的社会风尚和精益求精的敬业风气。

在推进上述工作时，要坚持以提高质量和核心竞争力为中心，坚持创新驱动发展，扩大高质量产品和服务供给。要树立质量第一的强烈意识，开展质量提升行动，提高质量标准，加强全面质量管理。引导企业形成自己独有的比较优势，发扬"工匠精神"，加强品牌建设，培育更多"百年老店"，增强产品竞争力。

从上述战略部署中可以看出，中国实体经济的发展，不仅仅是某些产业领域的变革，而且是全方位的产业现代化，是体制、机制和环境的深刻变革。只有高、中、低产业均衡发展，才能使就业状况得到持续改善，产业竞争力得到全面提升，实现供给质量提升、增长动力转换，达至新的动态均衡等根本目的。

第三节 加快完善社会主义市场经济体制

党的十九大报告将加快完善社会主义市场经济体制作为建设现代化经济体系的重要任务之一，对其战略意义和主攻方向进行了言简意赅的论述。构建市场机制有效、微观主体有活力、宏观调控有度的经济体制是今后一个时期改革的工作重心。下面我们根据党的十九大报告精神，对若干改革重点领域和重点任务进行进一步解读。

一 完善社会主义基本经济制度

揭示社会主义与市场经济之间的客观联系，是邓小平理论的一大贡献。早在1979年，邓小平同志就指出："说市场经济只存在于资本主义社会，只有资本主义的市场经济，这肯定是不正确的。社会主义为什么不可以搞市场经济，这个不能说是资本主义。"[①] 1992年南方谈话时邓小平同志则进一步明确提出"计划经济不等于社会主义，资本主义也有计划；市场经济不等于资本主义，社会主义也有市场"的"两个不等于"论断。最终在党的十四大上"社会主义市场经济"改革目标正式确立。伴随着市场化改革的不断推进，我国经济迅速起飞，1979—2015年的年

---

① 《社会主义也可以搞市场经济》，《邓小平文选》第二卷，人民出版社1994年版，第236页。

均经济增速达 9.6%，创造了人类社会经济长时期快速增长的新奇迹。实践证明，根据我国国情发展社会主义市场经济是正确的、有效的。

1997 年召开的党的十五大将中国改革与发展实践中的这一基本经验进行了初步总结，强调以公有制为主体、多种所有制经济共同发展是中国社会主义初级阶段的一项基本经济制度。到了世纪之交，各种经济成分都在这一基本经济制度的框架内进行了根本性的改革：国有大型企业逐步向各种有战略意义的制高点集中，以"产权清晰、权责明确、政企分开、管理科学"为目标的现代企业制度在国有企业大面积推行，大量中小型国有企业进行了改制，大批乡镇企业实施了民营化，沿海地区个体私营经济的发展显著加快。这些改革措施的推行带来了企业产权的明晰、激励机制的完善和生产效率的提高，为中国经济的高速增长提供了良好的制度基础。

据此可以认为，"公有制为主体、多种所有制经济共同发展＋市场经济"构成中国特色社会主义市场经济的基本特质。因此，坚持和完善这一基本经济制度乃是发展社会主义市场经济的题中应有之义。正因如此，2013 年召开的中共十八届三中全会明确指出，公有制为主体、多种所有制经济共同发展的基本经济制度，是中国特色社会主义制度的重要支柱，也是社会主义市场经济体制的根基。公有制经济和非公有制经济都是社会主义市场经济的重要组成部分，都是我国经济社会发展的重要基础。必须毫不动摇巩固和发展公有制经济，坚持公有制主体地位，发挥国有经济主导作用，不断增强国有经济活力、控制力、影响力。必须毫不动摇地鼓励、支持、引导非公有制经济发展，激发非公有制经济活力和创造力。

正如习近平总书记指出的，丰富和发展中国特色社会主义政治经济学，需要提炼和总结我国发展实践的规律性成果，把实践经验上升为系统化的经济学说。[①] 这对于社会主义市场经济理论来说同样也不例外。若要进一步具体探讨社会主义市场经济相比于资本主义市场经济有哪些独特性，则完全可以从中国的成功实践中来总结。独特的政府与市场关系、不受资本干扰的政治体系、中国特色社会主义文化等，均是在制度层面上可以支撑社会主义市场经济的因素，然而相较而言，公有制经济的主体地位则更是保证中国市场经济的社会主义性质的重中之重。

公有制经济在市场经济国家中是普遍存在的，OECD甚至还针对其成员国的国有企业编制过公司治理方面的指引，然而公有制经济在社会主义市场经济中所扮演的角色远比其在资本主义市场经济中要重要得多。从经济角度来看，中国的公有制经济尤其是国有企业基本上处于经济体系的上层，其对于保障市场经济的社会主义性质发挥着至关重要的作用：第一，从企业层面上讲，国有企业是探索生产资料与生产者的直接结合以及按劳分配的主体，为今后彻底消除异化、实现人的自由全面发展奠定微观的制度基础；第二，从行业层面上讲，国有企业的行业影响力，在一定程度上可以克服市场的自发性、盲目性、投机性、

---

① 中共中央宣传部：《习近平总书记系列重要讲话读本（2016年版）》，学习出版社、人民出版社2016年版，第37页。

短期性、滞后性等弱点，从而保障相关行业及上下游产业的健康发展；第三，从国家层面上讲，国有企业的主体地位是防止私人资本凌驾于国家之上，保障社会主义上层建筑得以建立和顺利运行的物质基础，同时也是国家战略的最有力的贯彻者，使得社会主义集中力量办大事的优越性得以实现。

习近平总书记在党的十九大报告中对国有经济布局调整和国有企业改革的任务有清晰阐述：要完善各类国有资产管理体制，改革国有资本授权经营体制，加快国有经济布局优化、结构调整、战略性重组，促进国有资产保值增值，推动国有资本做强做优做大，有效防止国有资产流失。深化国有企业改革，发展混合所有制经济，培育具有全球竞争力的世界一流企业。

根据上述精神，未来公有制经济依然需要毫不动摇地巩固和发展，而国有企业改革则是进一步深化改革的重点领域之一。第一，从企业层面上讲，国有企业的特殊性质使得其必然不能照搬私有企业的治理机制，因此需进一步探索适合国有企业的现代企业制度，使得企业的市场主体地位与社会主义性质得以有机结合，从而调动国有企业各类人才积极性、主动性、创造性，激发各类要素活力。第二，从行业层面上讲，处于经济体系的上层并不意味着国有企业理应获得行政垄断的地位，国有经济对国民经济的主导作用主要体现在控制力上，一方面国有企业应依靠其市场竞争优势来引导产业健康发展；另一方面则可通过积极发展混合所有制经济来放大国有资本功能，增强国有经济影响力。第三，从国家层面上讲，国有企业属于全民所有，是推进国家现代化、保障人民共同利益的重要力量,因此一方面应谨防内部人控制,完善国有资产管理体制;另一方面则应推进国有资本布局战略性调整,引导国有资本更多投向关系国家安全、国民经济命脉的重要行业和关键领域,使其更好地服务于国家战略目标。

总之,应毫不动摇巩固和发展公有制经济,坚定不移深化国有企业改革,以保障我国市场经济的社会主义性质,实现社会主义与市场经济二者优越性的有机结合。

二 完善产权制度和要素市场化配置

2013年11月中共十八届三中全会通过的《中共中央关于全面深化改革若干重大问题的决定》把完善产权保护制度作为坚持和完善基本经济制度的首要任务,强调产权是所有制的核心。2016年11月发布的《中共中央国务院关于完善产权保护制度依法保护产权的意见》开宗明义地指出,产权制度是社会主义市场经济的基石,保护产权是坚持社会主义基本经济制度的必然要求。有恒产者有恒心,经济主体财产权的有效保障和实现是经济社会持续健康发展的基础。习近平总书记在党的十九大报告中则进一步指明,经济体制改革必须以完善产权制度和要素市场化配置为重点,实现产权有效激励、要素自由流动、价格反应灵活、竞争公平有序、企业优胜劣汰。

中共中央的系列论述抓住了要害,点出了产权制度对于建设社会主义市场经济体制,推动经济持续健康发展的基础性作用,阐明了产权制度在基本经济制度当中的重要地位。从理论上进一步地看,产权制度决定了各类市场参与者的激励。一个归属清晰、权责明确、保护严格、流转顺畅的产权制度可以创造出具有包容性的市场制度，进而允许、鼓励和保护大多数人公平地参与经济活动，人们可以充分利用个人禀赋进行自由选择，并最大限度地发挥创新创业才能，以"创造性破坏"为特征的经济发展进程开始启动，从而促进技术进步、生产率提高、经济繁荣和共同富裕。

虽然我国四十年来的产权制度改革成就斐然，但改革还远未结束，产权界定与保护方面存在的问题与挑战不容低估。一是在国有产权保护方面，国有产权由于所有者和代理人关系不够清晰，存在内部人控制、关联交易等导致国有资产流失的问题；二是在私有产权保护方面，利用公权力侵害私有产权、违法查封扣押冻结民营企业财产等现象时有发生；三是在知识产权保护方面，知识产权保护不力，侵权易发多发。

打破这一困局的根本出路在于实行法治。《中共中央国务院关于完善产权保护制度依法保护产权的意见》中明确指出，"加强产权保护，根本之策是全面推进依法治国"，要"进一步完善现代产权制度，推进产权保护法治化，在事关产权保护的立法、执法、司法、守法等各方面各环节体现法治理念"。

具体而言，不同领域的产权界定与保护工作又有各自的鲜明特点。

第一，公有产权的界定与保护。我国的基本经济制度是以公有制为主体、多种所有制经济共同发展。因此，公有产权的保护是富有中国特色的基础性工程。

在农地制度方面，农户未必都愿意或都擅长从事现在的农业经营，产权还需要继续细分，才能进一步提高农地的公共资源利用效率。因此在农地所有权中分离出承包权后，还要分离出经营权，即推行所有权、承包权、经营权三权分治。在农村宅基地方面，也要实行产权细分，使之具有抵押、转让的处分和收益权，并促进农村土地要素市场的发育，鼓励自愿交易，从而提高农民的财产性收入，提升土地资源的配置效率。当前的一个工作重点是合理界定农地转非农用地过程当中土地征收征用适用的公共利益范围，不将公共利益扩大化，细化规范征收征用法定权限和程序，切实保障农民对土地的收益权和流转权。与此同时，要总结改革试点经验，扩大农村集体经营性建设用地入市规模，鼓励农村集体经济组织在符合规划的前提下直接参与土地开发，或参与联营、联建、入股等多种形式来开发存量的建设用地，农民更多地来分享土地的增值收益。当然，在这一过程中还要注意规范农村产权流转交易，切实防止集体经济组织内部少数人侵占、非法处置集体资产，防止外部资本侵吞、非法控制集体资产。

在国有企业改革方面，要推动国有企业完善现代企业制度，切实推进国有资产管理体制从"管企业"向"管资本"的转变，使国有企业成为规范化的公司，再通过混合所有制与民营经济融合以提升效率，并消除所有制的身份歧视。如此当可收到多重效果：既通过效率改进实现国有资本保值增值，又通过"管资本"体现国家的战略意图，突出公有制经济的控制力，还通过公平竞争和相互融合推动多种所有制经济共同发展。"公有制为主体，多种所有制共同发展"正是基本经济制度的本质特征。此外，发展混合所有制经济时，也要充分考虑到其共有产权的特性，为了减少不同利益主体之间的冲突，应采取尽可能细分产权并尽可能清晰地界定产权内部不同使用者之间的关系。

第二，非公有产权的界定与保护。最根本的还是要进一步解放思想，破除"姓公姓私"的思想桎梏，破除所有制身份歧视，加强对各种所有制经济组织和自然人财产权的平等保护。

最为迫切的是要把中央关于妥善处理历史形成的产权案件的精神尽快落地，严格遵循法不溯及既往、罪刑法定、疑罪从无、有错必究、在新旧法之间从旧兼从轻等原则，以历史和发展眼光客观看待和依法妥善处理改革开放以来各类企业特别是民营企业经营过程中存在的不规范问题，稳定非公有制企业的预期，增强发展信心和财产财富安全感，激发企业家创新精神。

同时要打破垄断，放宽准入，鼓励民间资本进入铁路、市政、金融、能源、电信、教育、医疗等领域，营造更加公平的竞争环境。从更一般的意义上说，就是要废除对非公有制经济各种形式的不合理规定，消除各种隐性壁垒，保证各种所有制经济依法平等使用生产要素、公开公平公正参与市场竞争、同等受到法律保护、共同履行社会责任。

第三，知识产权保护。加大力量保护知识产权已势在必行。一是要进一步完善知识产权保护相关法律法规，合理降低入罪门槛，逐步确立对知识产权侵权的惩罚性赔偿机制，以对潜在的侵权行为造成威慑与遏制，完善侵权后的强制补救措施，包括侵权强制令、损害赔偿、销毁货物等制度；二是要加大保护知识产权的执法力度，相关执法部门应着力建立更加透明的工作程序和工作规范，细化规则，严格防范执法的随意性和选择性；三要尽可能减少政府出于推动技术创新的好意而对专利等进行简单化的干预或将其与特定的产业政策或人才政策挂钩，应逐步完善对其的市场化激励，使得市场力量成为专利数量及质量提升的主要推动力。四要研究体制内科技人员的人力资本产权界定和保护问题，从有利于创新发展和国家竞争力提升角度制定出适宜的相关法律制度，释放科研人员的创新活力。

要素市场化配置，实际上是市场在资源配置中起决定性作用的另一种说法，因为资源配置就是要素配置，其中最重要的是资本配置。要素市场化配置的前提是产权界定清晰、保护有力、流转顺畅。

三 创新和完善宏观调控

党的十九大报告在宏观调控方面强调了两个要点：一是发挥国家发展规划的战略导向作用，健全财政、货币、产业、区域等经济政策协调机制；二是完善促进消费的体制机制，增强消费对经济发展的基础性作用。深化投融资体制改革，发挥投资对优化供给结构的关键性作用。

经过数十年探索，中国的宏观调控已独具特色。一方面，始终高度重视经济结构问题，将总量指标与结构性指标都纳入宏观调控的目标体系之中。着眼于解决各种具有结构性、长期性和战略性的重大经济问题，将熨平周期性波动与加快结构调整、转变发展方式、推进体制改革、改善民生等政策目标紧密结合在一起，这比西方资本主义国家宏观经济政策的目标要丰富得多；另一方面，市场化调控工具与行政性调控工具并用，形成了计划、财政和金融三位一体的宏观调控体系，国家发展规划的战略导向作用至关重要。在中国，发改委在宏观调控中发挥了举足轻重的作用，发改委的宏观调控政策体现了市场化调控与行政性调控的结合，形成中国宏观调控的独特之处。发改委、财政部、央行、银监会等调控当局实施的产业政策、资本管制、金融监管乃至砍投资、砍项目等在发达经济体中甚少使用的非主流调控工具，在中国却是效果特别明显的重要调控手段。

我们要坚持这些基本经验，始终重视发挥国家发展规划的战略导向作用，健全财政、货币、产业、区域等经济政策协调机制。在此基础上把改革与宏观调控有机结合起来，把短期调控政策与长期发展政策结合起来，把稳增长与调结构结合起来，切实解决深层次结构性问题，促进中国经济健康均衡发展。

在促进消费方面，提高消费率不能单纯依靠总需求管理政策，而应该顺应经济发展的变化趋势，长短结合、供求并重。在当前中国居民收入稳步增长、消费能力不断增强的背景下，特别要重视通过创新供给激活消费需求，即通过体制改革和结构调整，降低创业创新成本，从而激发企业家的创新活力，推出能更好地激发消费者欲望、满足消费者需求的新产品、新服务，引导消费者提高边际消费倾向，稳步提高消费率。

特别要注意，增加居民收入只解决居民是否"能消费"的问题，并不能直接提高消费率；在给定收入增长的前提之后，设法提高消费倾向才是提高居民消费率的关键所在。在通过社会保障、消费者权益保护等方面的制度改革解决制度不完备、不确定性较大等导致居民不敢消费的问题之后，以体制机制变革促使消费者"愿消费"将是今后提高消费倾向的主要努力方向。

在优化投资方面，要明确投资在优化供给结构中的关键作用。我们不能局限于需求角度来看待投资，因为投资在中期内会形成新的生产能力，影响供给面。未来的投资方向主要集中在能够在中期内提升供给效率、增强企业创新能力的领域。具体看来，至少有两个方向值得关注：

第一，与扩大服务消费相关的教育、医疗、健康、养老、文化创意等领域的基础设施投资。这些领域的投资既可以降低居民的远期支出预期，减少预防性储蓄，提高居民的消费倾向，又能够有利于增加服务供给，提高服务业对经济增长的拉动作用。从长期增长角度看，在教育、医疗、健康等领域的投资还可以增加人力资本存量、提高人力资本质量，有利于提高全要素生产率。

第二，扩大与企业创新和产业竞争力提升有关的投资。在短期内，投资是扩大内需、稳定经济的主导力量；但在中长期内，投资则会形成生产能力，影响供给面。因此，未来的投资如能投向提升企业技术水平、提高供给效率的领域，将有利于增强中国企业的竞争能力。

中国是当今世界上少有的高储蓄率国家，因此并不缺少投资资金来源。在投资领域中长期存在的问题是缺少长期资本动员和筹集机制以及缺乏解决"期限错配"的有效机制。由于我国金融体系以间接融资为主,所以,这种金融结构也造成了我国债务依存度高悬的弊端。改革的方向主要有以下四个方面:其一,采取切实措施"发展多层次资本市场";其二,放开国家对信用的管制,创造有利于资本形成的机制,特别鼓励社会资本进入各类投资领域;其三,鼓励各种将债务性资金转变为股权性资金的金融创新;其四,充分发挥国家开发银行等长期信用机构的作用,同时,下决心尝试逐步让商业银行拥有投资权利,从根本上消除债务融资比重过高的基础。

四 加快建立现代财政制度 深化金融体制改革

党的十九大报告要求,加快建立现代财政制度,建立权责清晰、财力协调、区域均衡的中央和地方财政关系。建立全面规范透明、标准科学、约束有力的预算制度,全面实施绩效管理。深化税收制度改革,健全地方税体系。

换言之,深化财税体制改革的目标是建立统一完整、法治规范、公开透明、运行高效,有利于优化资源配置、维护市场统一、促进社会公平、实现国家长治久安的可持续的现代财政制度。当前的重点是推进三个方面的改革。

一是划分事权和支出责任,调整中央和地方政府间财政关系。要通过改革,健全事权和支出责任相适应的制度,保持现有中央和地方财力格局总体稳定,逐步理顺中央与地方收入划分,使中央与地方各安其位、各负其责、上下协同,促进政府治理整体效能的最大化。按照调动中央和地方两个积极性的要求,在坚持分税制财政管理体制改革方向的基础之上，构建较为稳定的中央和地方财政关系。

二是推进预算公开，规范财政支出。预算制度改革要在加强全口径预算管理、改善预算透明度、预算编制技术的创新和加强人大监督上下功夫。

三是推进税制改革，完善政府收入体系。深化税收制度改革，优化税制结构、完善税收功能、稳定宏观税负、推进依法治税，建立有利于科学发展、社会公平、市场统一的税收制度体系，充分发挥税收筹集财政收入、调节分配、促进结构优化的职能作用。政府收入体系的构建要适应政府主要从企业取得收入向从个人和家庭取得收入转变的现实趋势。

习近平总书记在党的十九大报告中要求，要深化金融体制改革，增强金融服务实体经济能力，提高直接融资比重，促进多层次资本市场健康发展。健全货币政策和宏观审慎政策双支柱调控框架，深化利率和汇率市场化改革。健全金融监管体系，守住不发生系统性金融风险的底线。

一是要进一步发展多层次资本市场。加快完善以机构为主、公开转让的中小企业股权市场；健全做市商、定向发行、并购重组等制度安排；引导私募股权投资基金、风险投资基金健康发展；支持创新型、成长型企业通过公募和私募的方式进行股权融资；建立健全不同层次市场间的差别制度安排和统一的登记结算平台。

二是要健全双支柱调控框架。特别是要完善宏观审慎评估体系，将更多金融活动和金融行为纳入管理，实施逆周期调节；将跨境资本流动纳入宏观审慎评估体系，使得跨境资本流动趋于稳定；形成以城施策、差别化住房信贷政策为主要内容的住房金融宏观审慎管理框架。

三是要深化利率和汇率市场化改革。建立健全由市场供求决定利率的机制，使得利率的水平、其风险结构和期限结构由资金供求双方在市场上通过反复交易的竞争来决定；大力发展外汇市场，增加外汇市场的参与者，有序扩大人民币汇率的浮动空间，完善汇率形成机制；加强登记、托管、交易、清算、结算等金融基础设施建设。

四是要健全金融监管体系。坚持从我国国情出发推进金融监管体制改革，增强金融监管协调的权威性有效性，强化金融监管的专业性统一性穿透性，所有金融业务都要纳入监管，及时有效识别和化解风险，坚持中央统一规则，压实地方监管责任，加强金融监管问责。

第六章

中国智慧与中国方案

习近平总书记在党的十九大报告中指出了我国发展新的历史方位，即中国特色社会主义进入了新时代。这个自党的十八大以来开启的新时代，在党的十九大后将全力决胜全面建成小康社会，并将开启全面建成社会主义现代化强国的新征程。在这个过程中，我国日益走近世界舞台中央，为人类作出越来越大的贡献。这包括中国作为世界和平的建设者、全球发展的贡献者和国际秩序的维护者；积极参与全球治理体系改革和建设，贡献中国智慧和力量；积极参与全球环境治理，为全球生态安全作出贡献；加大对发展中国家特别是最不发达国家的援助，促进缩小南北发展差距的努力等。而更为根本的是，中国日益深化的对于人类发展规律的认识，"拓展了发展中国家走向现代化的途径，给世界上那些既希望加快发展又希望保持自身独立性的国家和民族提供了全新选择，为解决人类问题贡献了中国智慧和中国方案"。①

---

① 习近平：《决胜全面建成小康社会，夺取新时代中国特色社会主义伟大胜利——在中国共产党第十九次全国代表大会上的报告》，《人民日报》2017年10月28日第1版。

第六章　中国智慧与中国方案

一　全球治理的贫困与国家的贫困

随着中国日益走向世界舞台的中央,西方学者对于中国的国际定位作出过若干种猜测,反映了西方学者和政治家的立场、焦虑和意图。第一个说法是美国学者格雷厄姆·艾利森提出的所谓"修昔底德陷阱",借用历史上守成国家(斯巴达)与挑战国家(雅典)之间为争夺霸主地位终有一战的寓意,表达对中美两个大国之间关系的忧虑。第二个说法是美国学者约瑟夫·奈提出的所谓"金德伯格陷阱",以20世纪早期英国与美国霸主地位交接时期出现全球公共品供给真空的历史,表达对中国不愿或不能履行全球公共品供给职能的担忧。

正如修昔底德陷阱提供一个历史镜鉴,提示要创新处理大国关系一样,金德伯格陷阱也具有其参考价值。然而,它也存在一些似是而非、语焉不详、充满传统偏见的缺陷。一是霸权国家在一国之内提供的公共品,显然与没有全球政府条件下的全球公共品不能相提并论。霸权国家既然只能是唯一的,并且是利益驱动的,终究不能反映最大多数国家的利益及其诉求。二是人类历史上不曾有过单一霸权国家有效提供全球公共品的时代。三是在新兴市场国家和发展中国家对全球经济增长的贡献率已经达到80%的情况下,霸权国家主导的传统全球治理模式日显捉襟见肘。这就意味着公共品的供给脱离了需求,对传统的全球公共品供给模式进行改革,已经成为现实而迫切的课题。近年来,全球举行双边、多边峰会的次数远远超过历史上任何一个时期,但世界仍不安宁,便是全球治理机制失效的明证。

习近平主席多次在国际场合强调：中国人民崇尚"己所不欲，勿施于人"。中国不认同"国强必霸论"，中国人的血脉中没有称王称霸、穷兵黩武的基因。① 习近平新时代中国特色社会主义思想和基本方略中的一个重要方面，就是坚持推动构建人类命运共同体。这一思想及其实践坚决摒弃冷战思维、霸权思维和强权政治，坚持正确义利观，强调构建新型国家关系，以对话解决争端、以协商化解分歧。习近平主席强调，国际社会日益成为一个你中有我、我中有你的命运共同体。面对世界经济的复杂形势和全球性问题，任何国家都不可能独善其身、一枝独秀，这就要求各国同舟共济、和衷共济，在追求本国利益时兼顾他国合理关切，在谋求本国发展中促进各国共同发展，建立更加平等均衡的新型全球发展伙伴关系，增进人类共同利益，共同建设一个更加美好的地球家园。②

党的十八大以来，在习近平新时代中国特色社会主义思想的指引下，我国全方位外交布局深入展开，形成党和国家事业发生历史性变革的一个重要方面。党的十九大报告特别指出，中国特色社会主义新时代也是我国日益走近世界舞台中央、不断为人类作出更大贡献的时代。

---

① 《和平共处五项原则发表60周年纪念大会在北京举行 习近平出席纪念大会并发表主旨讲话 强调弘扬和平共处五项原则 建设合作共赢美好世界》，《人民日报》2014年6月29日第1版。

② 《习近平同外国专家代表座谈时强调：中国是合作共赢倡导者践行者》，《人民日报》2012年12月6日第1版。

习近平主席在世界经济论坛2017年年会开幕式上的主旨演讲中，指出世界经济领域存在的突出矛盾分别是：（1）全球增长动能不足，难以支撑世界经济持续稳定增长；（2）全球经济治理滞后，难以适应世界经济新变化；（3）全球发展失衡，难以满足人们对美好生活的期待。[①]如果说，在当今世界经济这三个问题中，前两个问题即增长问题和治理问题，分别是后金融危机时期世界经济格局变化带来的新挑战的话，最后这个问题即发展或贫困问题，则是全球治理中最为古老的问题，拥有足够长期的历史，可以作为一个缩影，帮助我们认识既往全球公共品供给模式的缺陷所在，以及我们应该期待怎样的变革。

经济学家和政策制定者普遍同意，经济增长、经济全球化和技术进步，都具有促进发展的做大蛋糕效应。然而，人民对于由此导致的发展是否产生所谓"涓流效应"却莫衷一是。换句话说，做大的蛋糕如何合理分配，让全体人民分享发展成果的问题，在国际范围内和各国实践中却远远没有破题。1978—2015年期间，世界经济以2.9%的速度增长，全球GDP（国内生产总值）总量增加了1.87倍，然而，在发达国家与发展中国家之间以及一国内部，贫者愈贫、富者愈富的马太效应却没有得到根本的遏制。这是全球经济失衡的最突出表现和根本原因，也是欧美许多国家

[①] 习近平：《共担时代责任 共促全球发展——在世界经济论坛2017年年会开幕式上的主旨演讲》，《人民日报》2017年1月18日第3版。

政治上走向极端的诱因之一。

前世界银行经济学家伊斯特利谈到世界上的穷人面临着两大悲剧。第一个悲剧尽人皆知，即全球有数亿人处于极度贫困，亟待获得发展援助。而很多人避而不谈的第二个悲剧是，几十年中援助国家投入了数以万亿美元计算的资金，却收效甚微。这个悲剧的产生有各种各样的解释，也尝试了不同的解决方案。只是在中国找到了问题的答案，并被实践证明是有效的。这个中国方案就在于中国的发展思想和发展理念、改革开放从而促进经济发展和成果共享，以及实施针对区域贫困和精准扶贫的扶贫战略。中国对发展中国家特别是最不发达国家的援助、推进共建共享的"一带一路"建设、使各国特别是广大发展中国家搭上中国发展的便车等中国智慧和中国方案，都是中国对人类新的更大的贡献，也是中国发展的世界意义。

二 中国经验与"一带一路"倡议

伟大的实践孕育伟大的理论。对中国改革开放发展和分享成功实践的理论总结和升华，是习近平新时代中国特色社会主义思想的一个重要来源。不仅指导中国决胜全面建成小康社会、开启全面建设社会主义现代化国家新征程，也以其对人类社会发展规律认识的理论创新成果，为解决一系列全球问题特别是经济社会发展问题，贡献了中国智慧和中国方案。

虽然战争、冲突、恐怖主义、经济不稳定与不发达及贫困问题互为因果，但是，越来越无可争辩的事实表明，在一般列举的国际公共品的主要领域中，贫困问题具有比和平和宏观经济更为深层的性质。就连深陷这种困境之中的美国前总统们也不得不承认："极度贫穷的社会为疾病、恐怖主义和冲突提供最理想的温床。"① 即便不是从作为直接诱因而是提供"温床"的角度，我们也应该认识到，治理全球贫困是比维护和平和国际宏观经济治理更紧迫和更根本的国际公共品。

中国四十年的改革开放和发展，提供了一套经济发展、收入分配和贫困治理的成功经验。在1978—2015年期间，中国经济保持了平均9.7%的实际增长率，在实际GDP总量和人均GDP分别增长了29倍和20倍的同时，城乡居民实际消费水平提高了16倍，从整个期间平均来看，与劳动生产率（用劳均GDP衡量，其间提高了16.7倍）总体上实现了同步。而在党的十八大以来，城乡居民收入增长快于GDP增长，农民收入提高速度超过了城镇居民。

在减贫方面，中国的成就同样引人注目。在1981—2013年期间，全世界的绝对贫困人口，即每天收入不足1.9美元（2011年不变价）的人口，从18.93亿减少为7.66亿，同期中国从8.78亿减少为2517万。这就是说，中国对全球扶贫的贡献率为75.7%。党的十八大以来，中国按照高于世界银行定义的贫困标准，进一步让6000多

---

① 此为美国前总统奥巴马语（其前任小布什也说过类似的话）。引自"Economic Focus: Exploding Misconceptions", *The Economist*, December 18, 2010, p. 130。

万贫困人口稳定脱贫，贫困发生率从 10.2% 下降到 4% 以下。党中央已经吹响了集结号，将在 2020 年按照现行标准使全部农村贫困人口脱贫。

国内外扶贫方面的研究者和实践者，都深知一种具有规律性扶贫效果边际递减的现象。从贫困现象比较普遍的情况着手，正确的政策可以大幅度减少贫困。例如，1978 年中国农村有 2.5 亿人年收入不到 100 元。农村改革带来了立竿见影的脱贫效果，1984 年，在贫困标准提高一倍的情况下，农村贫困人口减少到 1.25 亿人。这个扶贫效果以递减的速度持续一段时间，直到贫困人口集中于生产生活条件恶劣的区域，主要是人力资本处于显著劣势的人群时，扶贫的难度大幅度提高。党的十八大以来，坚持以人民为中心的发展思想，以加倍的努力和扎实的步伐，中国打破了这个扶贫效果"边际递减律"，创造了人类发展历史的奇迹。从发展经济学的角度和全球经验角度看，无论是已经取得的脱贫成绩还是即将取得的新的成绩，是十分来之不易的，深化了对人类社会发展规律的认识，可以当之无愧地为解决人类问题贡献中国智慧和中国方案。

习近平主席强调，中国要努力为人类和平与发展事业作出更大贡献。在帮助亚洲和非洲等地区的发展中国家加快发展，以及为世界应对各种人类挑战的努力中，中国并不是把自己的发展道路定为一尊，更不会把自己的发展道路强加于人。而是立足于找准世界经济和发展中国家面临问题的根源，将自身发展机遇同世界各国分享。中国改革开放促进发展和分享，并在区域发展中得以复制的成功经验，以及进一步的发展，就是中国为世界发展提供的公共品，并且通过"一带一路"倡议，使各国特别是广大发展中国家搭上中国发展的便车。换言之，"一带一路"倡议的推行，就是在向世界提供解决国家贫困问题的中国智慧。

更进一步看，传统意义的全球化是发达经济体将其国内的体制、机制、规则，甚至文化和理念强行推向世界其他国家和地区的过程。即发达经济体预设一系列基于自身制度、历史甚至意识形态之上的规则、制度和治理体系，强迫广大发展中国家和新兴经济体接受和执行。中国的"一带一路"倡议则不然。它并非简单地借用古老的陆地和海上丝绸之路这个符号，还有更深的历史含义和现实启迪。从更大的历史深度上，这个符号隐含了对于传统西方中心论的否定，更强调东西方文明相互交通、互学互鉴在人类发展历史上的作用。从更广的历史视野上，这个符号也蕴含着如何打破以传统霸主国家为中心的全球公共品供给的内容及模式，更加注重通过所有国家的参与消除全球贫困的新理念。

"丝绸之路经济带"和"21世纪海上丝绸之路"完全着眼于发展与沿线国家及相关国家的经济合作伙伴关系，打造政治互信、经济融合、文化包容的共同体，既体现了全球化的内涵，又着眼于内外联动，以基础设施建设推动实体经济和产能合作，发展投资和贸易关系，实现雁阵式产业转移模式的国内版与国际版相衔接。由于沿线国家和相关国家大多数为发展中国家，这一建设举措也是用中国智慧和中国方案帮助发展中国家摆脱贫困的重要载体和途径。

固然，每个国家最终摆脱贫困、走向现代化，终究需要立足于国情，依靠内在的决心和努力，消除现存在发展动力和制度环境方面的各种障碍。如果说外部人能够做什么有意义的事情（无论是否称其为国际公共品）的话，那无疑就是提供有益的知识，包括曾经在其他环境下取得过成功的经验和需要汲取的教训、软件和硬件基础设施建设上的必要帮助，以及容易入手和见效的市场投资机会。"一带一路"就是这样一种可以同各国自身需要和努力并行不悖的共建共享倡议。

首先，推动基础设施建设，实现互联互通，改善产业投资环境和贸易环境。麦肯锡的一份报告指出，如果按照目前投资不足的趋势，2016—2030年期间全球基础设施投资缺口可达11%，其中主要存在于发展中国家。而如果考虑到实现联合国可持续发展目标的要求（即意味着更多考虑贫穷国家的基础设施投资需求），到2030年累计投资缺口可达1/3。[①] 在几乎所有的"一带一路"相关国家，都存在着交通、能源等基础设施薄弱的瓶颈问题，长期制约投资效率和产业发展，也使许多国家不能充分享受经济全球化红利。中国借助亚洲基础设施投资银行、金砖国家开发银行、丝路基金等融资机构，与相关国家和地区进行基础设施建设能力的合作，可以像西部开发战略所显示的那样，预期大幅度改善发展中国

---

① McKinsey Global Institute, *Bridging Global Infrastructure Gaps*, McKinsey & Company, June, 2016.

家的基础设施条件。

其次，促进产业转移，帮助相关国家把潜在的人口红利转化为经济增长。大部分发展中国家，特别是东南亚、南亚、非洲诸国，人口年龄中位数低，劳动年龄人口继续增长，因而拥有有利的人口年龄结构，正处于潜在的人口红利收获期。例如，根据人口特征指标判断，世界银行和国际货币基金组织认为最近仍在开启"人口机会窗口"的国家和地区有62个，而未来将开启"人口机会窗口"的国家和地区有37个，两者合计占有数据的国家和地区总数（192个）的51%。① 只要投资环境和贸易环境得到显著改善，在中国等国家逐渐丧失了比较优势的制造业便可以转移到那里，通过推动工业化和扩大就业，增加当地居民收入，实现更加包容的经济发展，同时，使这些国家分享经济全球化的红利。

最后，通过更广泛的人文交流推动民心相通，既为经济合作夯实社会根基，又有助于相关国家的治理能力建设，使经济社会发展更可持续。中国实施区域协调发展战略和扶贫战略的经验表明，授人以鱼不如授人以渔。开拓和推进与沿线及相关国家在青年就业创业培训、职业技能开发、社会保障管理服务、公共行政管理，以及科技、文化、教育和卫生交流、智库交流等诸多社会和人文方面的

---

① The World Bank Group and the International Monetary Fund, *Global Monitoring Report* 2015/2016: *Development Goals in an Era of Demographic Change*, International Bank for Reconstruction and Development / The World Bank 1818 H Street NW, Washington, DC 20433, 2016.

合作，提高当地的治理能力，改善人力资本禀赋，使这些国家能够结合本地实际，通过本国政府和人民的努力，把基础设施建设和产业投资带来的增长契机，转化为长期的经济增长和社会发展能力。

三 实现现代化的中国方案

中国的改革开放实践，是人类历史上最大规模，也是最为成功的制度变革和制度创新，最终将以14亿人口完成由盛至衰再至盛的完整历史演变，而成就人类社会发展的最伟大奇迹。中国的改革开放，从很多方面看无疑具有一般意义上的制度变迁性质，同时又具有鲜明的自身特色。中国作为一个经历过经济发展诸种类型和阶段，依次解决了一系列经济发展面临问题的样板，成为一个关于改革、开放、发展和分享的经验宝库。因此，总结实现现代化的中国方案，对于其他发展中国家将具有重要的借鉴意义。

在过去的四十年里，中国在激励机制、企业治理结构、价格形成机制、资源配置模式、对外开放体制和宏观政策环境等众多领域推进改革，逐渐拆除了计划经济时期阻碍生产要素积累和配置的体制障碍。物质资本、人力资本和劳动力等传统生产要素得到更迅速的积累和更有效率的配置。这就意味着，改革推动的高速经济增长，不仅有要素投入的驱动，也伴随着生产率的大幅度提升。

中国故事既是全国性的又是地区性的。由于历史形成的区域发展差距，改革开放进程也具有区域上的梯度性，在一定时期也产生经济发展在东部、中部和西部地区之间的差别。解决的方式是把早期在经济特区，随后在更广泛的沿海地区形成的改革开放促进发展和分享的经验，创造性地复制于中西部地区的发展。即在把改革开放逐步深入到中西部地区的同时，针对这些省份人力资本欠缺、基础设施薄弱、产业结构单一制约经济发展速度的问题，从21世纪初起，中央政府开始实施西部开发战略，随后又启动中部崛起战略，基础设施投资和基本公共服务投入大幅度向中西部地区倾斜，并落实在一系列重大建设项目的实施上。这一系列区域发展战略迄今取得明显效果，改善了中西部地区的交通状况、基础设施条件、基本公共服务保障能力和人力资本积累水平，投资和发展环境显著改善，良好地调动了这些地区劳动者、创业者和企业家参与地区发展的积极性和创造力。

在21世纪第一个十年中，中国经济发展迎来了两个重要的转折点，标志着进入到崭新的发展阶段。第一是跨越了刘易斯转折点，表现为自2004年以来劳动力持续短缺，并导致普通劳动者工资的迅速上涨。第二是人口红利消失转折点，表现为增速早已逐渐放缓的15—59岁劳动年龄人口，最终于2010年达到峰值，人口因素相应地全面转向不利于经济增长。① 这种转折点效应率先表现在沿海地区劳动力成本提高从而制造业比较优势弱化，使得经

---

① 关于这两个转折点的含义和到达时间判断，请参见 Cai Fang, *China's Economic Growth Prospects: From Demographic Dividend to Reform Dividend*, Cheltenham, UK: Edward Elgar, 2016。

济增长难以保持既往的速度。如果完全以国外发展经验为依据，即遵循所谓的国际产业转移的雁阵模式，中国制造业比较优势的下降，将导致产业大规模向劳动力成本低廉的国家转移。①

然而，随着西部开发和中部崛起战略效果的显现，并且由于这些地区仍然保持劳动力成本较低的特点，产业转移更多地发生在沿海地区与中西部地区之间，国家间的雁阵模式变成了中国的国内版。② 劳动密集型制造业开始加快向中西部地区转移，中西部省份的工业投资领先增长，促进了这些地区更快的经济增长。例如，规模以上工业企业的固定资产增长速度，中西部地区自 2005 年以来明显超过东部地区。这不仅推动区域间的经济发展均衡水平显著提高，还由于中西部地区对全国经济增长贡献加大并保持了较高的速度，把中国经济增长的减速年份延缓了数年。从 2016 年分省 GDP 增长率看，西部有半数省份增长速度在全国中位数及以上，对中国保持经济发展新常态下的中高速增长发挥了重要的作用。

---

① 关于雁阵模型请参见 Kiyoshi Kojima, "The 'Flying Geese' Model of Asian Economic Development: Origin, Theoretical Extensions, and Regional Policy Implications", *Journal of Asian Economics*, No. 11, 2000, pp. 375 – 401。

② Qu Yue, Cai Fang and Zhang Xiaobo, "Has the 'Flying Geese' Phenomenon in Industrial Transformation Occurred in China?" in Huw McKay and Song Ligang (eds.), *Rebalancing and Sustaining Growth in China*, Canberra: Australian National University E-Press, 2012, pp. 93 – 109.

总体而言,中国四十年的高速增长绩效,是改革开放激发出特定发展阶段上要素禀赋优势的结果,也就是说,通过改善微观激励机制、矫正价格信号、发育产品市场、拆除生产要素流动的体制障碍、转变政府经济职能,以及对外开放引进技术、资金和竞争、开拓国际市场,把人口红利转化为这一发展阶段的较高潜在增长率,并实际转化为高速经济增长。换言之,改革开放带来的高速经济增长,可以被看作是一个改革不断为生产要素积累和有效配置创造恰当体制环境,从而兑现人口红利的过程。迄今为止,激励机制、企业治理结构、价格形成机制、资源配置模式、对外开放体制和宏观政策环境的改革,都是顺应一定经济发展阶段的特殊制度需求而提出并得到推动的。

审视当前和展望未来,改革的重点、难点、推进方式甚至取向,也应该随着发展阶段的变化而调整。一方面,随着中国进入从中等偏上收入向高收入国家迈进的阶段,经济增长方式需要转向生产率驱动;另一方面,越是临近社会主义市场经济体制臻于成熟、定型的阶段,改革的难度将会越大。

首先,在改革不可避免对利益格局进行深度调整的情况下,会遭遇到既得利益群体的抵制和干扰。其次,在形成优胜劣汰的创造性破坏竞争环境过程中,部分劳动者和经营者会陷入实际困境。最后,改革的成本承担主体与改革收益的获得主体并非完全对应,从而产生激励不相容的问题。

面对这些难点,应该利用改革红利,使改革尽可能具有卡尔多改进的性质①,包括对建立新体制需要的财政支出责任进行重新划分,以及对受损当事人的必要补偿,特别是对劳动者进行社会政策托底。这既需要坚定推进改革的政治决心,也需要发挥妥善处理矛盾的政治智慧。中国在全面深化改革进程中还将在习近平新时代中国特色社会主义思想的指引下,坚持全面深化改革,不断加强改革的顶层设计,作出相应的制度安排,在当事人之间合理分担现实的改革成本,分享预期的改革红利,从而将改革进行到底,以钉钉子精神将实现现代化的中国方案落到实处,最终实现全面建成社会主义现代化强国的宏伟目标。

---

① 卡尔多改进(Kaldor improvement)是指在一种总收益大于总成本的体制改革中,通过制度安排用改革收益补偿改革中的潜在受损群体,从而形成改革激励相容。参见 N. Kaldor, "Welfare Propositions of Economics and Interpersonal Comparisons of Utility", *Economic Journal*, Vol. 49, September 1939, pp. 549–551。

参考文献

马克思主义经典著作及中国国家领导人著作

马克思、恩格斯：《共产党宣言》，中共中央马克思恩格斯列宁斯大林著作编译局译，人民出版社1997年版，第32页。

马克思：《资本论》第一卷，中共中央马克思恩格斯列宁斯大林著作编译局译，人民出版社2004年版。

马克思：《资本论》第三卷，中共中央马克思恩格斯列宁斯大林著作编译局译，人民出版社2004年版。

《社会主义从空想到科学的发展》，《马克思恩格斯选集》第三卷，人民出版社2013年版。

马克思：《〈政治经济学批判〉序言》，人民出版社2009年版。

《全俄工兵代表苏维埃第二次代表大会文献》，《列宁选集》第三卷，中共中央马克思恩格斯列宁斯大林著作编译局译，人民出版社2012年版。

《关于重庆谈判》，《毛泽东选集》第四卷，人民出版社1991年版。

《在资本主义工商业社会主义改造问题座谈会上的讲话》，

《毛泽东文集》第四卷，人民出版社1999年版。

《答美国记者迈克·华莱士问》，《邓小平文选》第三卷，人民出版社1993年版。

《改革是中国发展生产力的必由之路》，《邓小平文选》第三卷，人民出版社1993年版。

《解放思想，独立思考》，《邓小平文选》第三卷，人民出版社1993年版。

《社会主义和市场经济不存在根本矛盾》，《邓小平文选》第三卷，人民出版社1993年版。

《在武昌、深圳、珠海、上海等地的谈话要点》（1992年1月18日至2月21日），《邓小平文选》第三卷，人民出版社1993年版。

《社会主义也可以搞市场经济》，《邓小平文选》第二卷，人民出版社1994年版。

《正确处理社会主义现代化建设中的若干重大关系》，《江泽民文选》第一卷，人民出版社2006年版。

专著、文集

本书编写组编著：《〈中共中央关于制定国民经济和社会发展第十三个五年规划的建议〉辅导读本》，人民出版社2015年版。

蔡昉：《破解中国经济发展之谜》，中国社会科学出版社2015年版。

国家统计局：《中国统计年鉴》（历年），中国统计出版社。

国务院扶贫办：《习近平关于扶贫开发论述摘编》，2015（年）中央文献研究室与国务院扶贫办汇编的内部材料。

季羡林:《谈国学》,华艺出版社 2008 年版。

刘鹤:《"十二五"规划〈建议〉的基本逻辑》,《比较》第 54 辑,中信出版社 2011 年版。

全国人大财政经济委员会和国家发展和改革委员会编写:《2016—2020〈中华人民共和国国民经济和社会发展第十三个五年规划纲要〉解释材料》,中国计划出版社 2016 年版。

唐庆增:《中国经济思想史》,商务印书馆 2010 年版。

姚洋:《作为制度创新过程的经济改革》,格致出版社、上海人民出版社 2008 年版。

张晓晶、李成、董昀:《"十三五"时期中国经济社会发展主要趋势和思路》,社会科学文献出版社 2016 年版。

中共中央宣传部:《习近平总书记系列重要讲话读本(2016 年版)》,学习出版社、人民出版社 2016 年版。

[英] 安格斯·麦迪森:《世界经济千年史》,北京大学出版社 2003 年版。

[美] 菲尔普斯:《大繁荣:大众创新如何带来国家繁荣》,中信出版社 2013 年版。

[美] 费景汉、拉尼斯:《增长与发展:演进的观点》,商务印书馆 2014 年版。

[挪] 拉斯·特维德:《逃不开的经济周期》,中信出版社 2008 年版。

[奥] 路德雅希·冯·米塞斯:《社会主义》,中国社会科学出版社 2008 年版。

[美] 彭慕兰:《大分流——欧洲、中国及世界经济的发展》,江苏人民出版社 2003 年版。

［法］皮凯蒂：《21世纪资本论》，中信出版社2014年版。

［美］斯蒂芬·帕伦特、爱德华·普雷斯科特：《通向富有的屏障》，中国人民大学出版社2010年版。

［美］斯蒂格利茨：《后华盛顿共识的共识》，载黄平、崔之元主编《中国与全球化：华盛顿共识还是北京共识》，社会科学文献出版社2005年版。

［美］斯蒂格利茨、沃尔什：《经济学》（第四版）上册，中国人民大学出版社2010年版。

［美］约瑟夫·熊彼特：《经济分析史》（第一卷），商务印书馆1996年版。

期刊

习近平：《社会主义市场经济和马克思主义经济学的发展与完善》，《经济学动态》1998年第7期。

习近平：《对发展社会主义市场经济的再认识》，《东南学术》2001年第4期。

习近平：《发展经济学与发展中国家的经济发展——兼论发展社会主义市场经济对发展经济学的理论借鉴》，《福建论坛》（经济社会版）2001年第9期。

习近平：《切实把思想统一到党的十八届三中全会精神上来》，《求是》2014年第1期。

习近平：《在党的十八届五中全会第二次全体会议上的讲话（节选）》，《求是》2016年第1期。

白重恩、张琼：《中国的资本回报率及其影响因素分析》，《世界经济》2014年第10期。

蔡昉：《关于经济体制改革方法论的思考——学习习近平

总书记系列讲话精神的体会》,《中国社会科学院研究生院学报》2014年第4期。

蔡昉:《宏观经济政策如何促进更多更好就业?——问题、证据和政策选择》,《劳动经济研究》2015年第3期。

蔡昉、郭震威、王美艳:《中国新型城镇化如何成为经济增长源泉——一个供给侧视角》,《比较》2016年第3期。

蔡昉:《认识中国经济减速的供给侧视角》,《经济学动态》2016年第4期。

蔡昉、都阳:《应重视单位劳动力成本过快上升的问题》,工作论文,2015年。

经济增长前沿课题组:《中国未来经济发展所面临的重大国际机遇》,《现代经济探讨》2004年第1期。

李扬、张晓晶:《"新常态":经济发展的逻辑与前景》,《经济研究》2015年第5期。

秦书生、杨硕:《习近平的绿色发展思想探析》,《理论学刊》2015年第6期。

叶坦:《"中国经济学"寻根》,《中国社会科学》1998年第4期。

[印]拉古拉迈·拉詹:《结构性改革为何如此困难》,《比较》2016年第2辑。

中国经济增长与宏观稳定课题组:《增长失衡与政府责任——基于社会性支出角度的分析》,《经济研究》2006年10月。

庄贵阳、谢海生:《破解资源环境约束的城镇化转型路径研究》,《中国地质大学学报》(社会科学版)2015年第2期。

报纸

胡锦涛：《在省部级主要领导干部提高构建社会主义和谐社会能力专题研讨班上的讲话》，《人民日报》2005年6月27日第1版。

习近平：《坚持实事求是的思想路线》，《学习时报》2012年5月28日第1版。

习近平：《共同维护和发展开放型世界经济——在二十国集团领导人会议第一阶段会议上关于世界经济形势的发言》，《人民日报》2013年9月6日第2版。

习近平：《深化改革开放共创美好亚太——在亚太经合组织工商领导人峰会上的演讲》，《人民日报》2013年10月8日第3版。

习近平：《关于〈中共中央关于全面深化改革若干重大问题的决定〉的说明》，《人民日报》2013年11月16日第1版。

习近平：《在中国科学院第十七次院士大会、中国工程院第十二次院士大会上的讲话》，《人民日报》2014年6月10日第2版。

习近平：《在纪念邓小平同志诞辰110周年座谈会上的讲话》，《人民日报》2014年8月21日第2版。

习近平：《在华盛顿州当地政府和美国友好团体联合欢迎宴会上的演讲》，《人民日报》2015年9月24日第2版。

习近平：《关于〈中共中央关于制定国民经济和社会发展第十三个五年规划的建议〉的说明》，《人民日报》2015年11月4日第2版。

习近平：《创新增长路径共享发展成果——在二十国集团领导人第十次峰会第一阶段会议上关于世界经济形势的发言》，《人民日报》2015年11月16日第2版。

习近平：《携手构建合作共赢、公平合理的气候变化治理机制——在气候变化巴黎大会开幕式上的讲话》，《人民日报》2015年12月1日第2版。

习近平：《在省部级主要领导干部学习贯彻党的十八届五中全会精神专题研讨班上的讲话》，《人民日报》2016年5月10日第2版。

习近平：《在哲学社会科学工作座谈会上的讲话》，《人民日报》2016年5月19日第2版。

习近平：《决胜全面建成小康社会，夺取新时代中国特色社会主义伟大胜利——在中国共产党第十九次全国代表大会上的报告》，《人民日报》2017年10月28日第1版。

《习近平在十八届中共中央政治局常委同中外记者见面时强调 人民对美好生活的向往就是我们的奋斗目标》，《人民日报》2012年11月16日第4版。

《习近平在参观〈复兴之路〉展览时强调 承前启后 继往开来 继续朝着中华民族伟大复兴目标奋勇前进 李克强张德江俞正声刘云山王岐山张高丽等参加参观活动》，《人民日报》2012年11月30日第1版。

《习近平同外国专家代表座谈时强调：中国是合作共赢倡导者践行者》，《人民日报》2012年12月6日第1版。

《习近平在广东主持召开经济工作会时强调 坚定必胜信心 增强忧患意识 坚持稳中求进推动经济持续健康发展》，

《人民日报》2012年12月11日第1版。

《习近平在中共中央政治局第六次集体学习时强调 坚持节约资源和保护环境基本国策 努力走向社会主义生态文明新时代》，2013年5月24日，新华社。

《习近平在全国宣传思想工作会议上强调 胸怀大局把握大势着眼大事 努力把宣传思想工作做得更好》，《人民日报》2013年8月21日第1版。

《习近平在中共中央政治局第十一次集体学习时强调 推动全党学习和掌握历史唯物主义 更好认识规律更加能动地推进工作》，《人民日报》2013年12月5日第1版。

《习近平在中央城镇化工作会议上发表重要讲话》，2013年12月16日，新华社。

《习近平在中共中央政治局第十三次集体学习时强调 把培育和弘扬社会主义核心价值观作为凝魂聚气强基固本的基础工程》，《人民日报》2014年2月26日第1版。

《习近平主持召开中央全面深化改革领导小组第三次会议强调 改革要聚焦聚神聚力抓好落实 着力提高改革针对性和实效性 李克强刘云山张高丽出席》，2014年6月6日，新华社。

《习近平主持召开中央财经领导小组第七次会议强调 加快实施创新驱动发展战略 加快推动经济发展方式转变 李克强刘云山张高丽出席》，《人民日报》2014年8月19日第1版。

《习近平主持召开中央全面深化改革领导小组第五次会议强调 严把改革方案质量关督察关 确保改革改有所进改有所成 李克强张高丽出席》，《人民日报》2014年9月

30 日第 1 版。

《习近平在江苏调研时强调 主动把握和积极适应经济发展新常态 推动改革开放和现代化建设迈上新台阶》,《人民日报》2014 年 12 月 15 日第 1 版。

《习近平主持召开中央全面深化改革领导小组第八次会议强调 巩固良好势头再接再厉乘势而上 推动全面深化改革不断取得新成效 李克强刘云山张高丽出席》,《人民日报》2014 年 12 月 31 日第 1 版。

《习近平在中共中央政治局第二十次集体学习时强调 坚持运用辩证唯物主义世界观方法论 提高解决我国改革发展基本问题本领》,《人民日报》2015 年 1 月 25 日第 1 版。

《习近平在中共中央政治局第二十二次集体学习时强调 健全城乡发展一体化体制机制 让广大农民共享改革发展成果》,《人民日报》2015 年 5 月 2 日第 1 版。

《习近平主持召开中央全面深化改革领导小组第十四次会议》,2015 年 7 月 1 日,新华社。

《习近平接受〈华尔街日报〉采访时强调 坚持构建中美新型大国关系正确方向 促进亚太地区和世界和平稳定发展》,《人民日报》2015 年 9 月 23 日第 1 版。

《习近平出席第七十届联合国大会一般性辩论并发表重要讲话强调 继承和弘扬联合国宪章宗旨和原则 构建以合作共赢为核心的新型国际关系 打造人类命运共同体》,《人民日报》2015 年 9 月 29 日第 1 版。

《习近平在伦敦金融城发表重要演讲》,《人民日报》2015 年 10 月 23 日第 1 版。

《习近平主持召开中央财经领导小组第十一次会议强调 全

面贯彻党的十八届五中全会精神 落实发展理念推进经济结构性改革 李克强刘云山张高丽出席》，《人民日报》2015年11月11日第1版。

《习近平在中共中央政治局第二十八次集体学习时强调 立足我国国情和我国发展实践 发展当代中国马克思主义政治经济学》，《人民日报》2015年11月25日第1版。

《习近平主持召开中央全面深化改革领导小组第二十次会议强调扭住全面深化改革各项目标 落实主体责任拧紧责任螺丝 李克强刘云山张高丽出席》，《人民日报》2016年1月12日第1版。

《习近平主持召开中央财经领导小组第十二次会议》，2016年1月26日，新华社。

《习近平主持召开中央全面深化改革领导小组第二十二次会议强调 推动改革举措精准对焦协同发力 形成落实新发展理念的体制机制 刘云山张高丽出席》，《人民日报》2016年3月23日第1版。

《习近平在农村改革座谈会上强调 加大推进新形势下农村改革力度 促进农业基础稳固农民安居乐业》，《人民日报》2016年4月29日第1版。

《习近平主持召开经济形势专家座谈会强调 坚定信心增强定力 坚定不移推进供给侧结构性改革》，《人民日报》2016年7月9日第1版。

李鹏：《创新发展是世界经济的共同主题》，《学习时报》2016年9月8日第A2版。

欧阳辉：《绿色发展彰显大国担当》，《人民日报》2015年12月22日第7版。

张卓元：《实现社会主义与市场经济有机结合：建构中国特色社会主义政治经济学的主线》，《人民日报》2016年11月21日第7版。

《和平共处五项原则发表60周年纪念大会在北京举行 习近平出席纪念大会并发表主旨讲话 强调弘扬和平共处五项原则 建设合作共赢美好世界》，《人民日报》2014年6月29日第1版。

《坚持马克思主义总结中国实践——专访中国社会科学院学部委员、国家金融与发展实验室理事长李扬》，《中国社会科学报》2016年8月30日第1版。

《开局首季问大势——权威人士谈当前中国经济》，《人民日报》2016年5月9日第1版。

《七问供给侧结构性改革——权威人士谈当前经济怎么看怎么干》，《人民日报》2016年1月4日第2版。

《全国人大常委会分组审议环境保护法执法检查报告 委员指出要以更大力度推进环境综合治理》，《法制日报》2016年11月4日第2版。

《五问中国经济——权威人士谈当前经济形势》，《人民日报》2015年5月25日第2版。

《引领全球绿色金融发展》，《人民日报》2016年9月5日第23版。

《征求对经济工作的意见和建议 中共中央召开党外人士座谈会 习近平主持会议并发表重要讲话 温家宝通报有关情况 李克强张德江俞正声刘云山王岐山张高丽出席》，《人民日报》2012年12月7日第1版。

《征求对经济工作的意见和建议 中共中央召开党外人士座

谈会 习近平主持并发表重要讲话 李克强通报有关情况 俞正声刘云山张高丽出席》，《人民日报》2014年12月6日第1版。

《征求对经济工作的意见和建议 中共中央召开党外人士座谈会 习近平主持并发表重要讲话 李克强通报有关情况 俞正声刘云山张高丽出席》，《人民日报》2015年12月15日第1版。

《中共中央关于全面深化改革若干重大问题的决定》，《人民日报》2013年11月16日第1版。

《中共中央关于制定国民经济和社会发展第十三个五年规划的建议（2015年10月29日中国共产党第十八届中央委员会第五次全体会议通过）》，《人民日报》2015年11月4日第1版。

《中共中央政治局召开会议 分析研究当前经济形势和经济工作 中共中央总书记习近平主持会议》，《人民日报》2016年4月30日第1版。

《中央党校举行春季学期第二批学员开学典礼 习近平出席并讲话》，《人民日报》2012年5月17日第1版。

《中央经济工作会议在北京举行 习近平李克强作重要讲话 张德江俞正声刘云山王岐山张高丽出席会议》，《人民日报》2014年12月12日第1版。

《中央经济工作会议在北京举行 习近平李克强作重要讲话 张德江俞正声刘云山王岐山张高丽出席会议》，《人民日报》2015年12月22日第1版。

《中央农村工作会议在北京举行 习近平李克强作重要讲话 张德江俞正声刘云山王岐山张高丽出席会议》，《人民日报》2013年12月25日第1版。

《中央农村工作会议在京召开 习近平对做好"三农"工作作出重要指示 李克强作出批示》，《人民日报》2015年12月26日第1版。

英文文献

Alex Macgillivray, *A Brief History of Globalization: The Untold Story of Our Incredible Shrinking Planet*, Little, Brown Book Group, 2006.

Aoki, M., "Five Phases of Economic Development and Institutional Evolution in China, Japan and Korea", Part I, in Aoki, M., T. Kuran and G. R. Roland (eds.), *Institutions and Comparative Economic Development*, Basingstoke: Palgrave Macmillan, 2012.

Barro, Robert J., "Economic Growth and Convergence, Applied Especially to China", *NBER Working Paper*, No. 21872, 2016.

Barro, Robert and Xavier Sala-I-Martin, *Economic Growth*, New York: McGraw–Hill, 1995.

Benhabib J., Rustichini A., "Social Conflict and Growth", *Journal of Economic Growth*, 1 (1), 1996.

Cai Fang, *Demystifying China's Economic Development*, Beijing, Berlin, Heidelberg: China Social Sciences Press and Springer-Verlag, 2015.

Cai Fang, *China's Economic Growth Prospects: From Demographic Dividend to Reform Dividend*, Cheltenham, UK·Northampton, M. A., USA: Edward Elgar Publishing Limited, 2016.

Cai Fang, "From Quantitative Issues to Structural Ones: An Interpretation of China's Labor Market", *China Economist*, Vol. 11, No. 1, 2016.

Cai Fang, Lu Yang, "The End of China's Demographic Dividend: The Perspective of Potential GDP Growth", in Garnaut, Ross, Cai Fang and Song Ligang (eds.), *China: A New Model for Growth and Development*, ANUE Press, Canberra, 2013.

Cai Fang, Lu Yang, "Take–off, Persistence, and Sustainability: Demographic Factor of the Chinese Growth", *Asia & the Pacific Policy Studies*, September/October, 2016.

Cai Fang, Zhao Wen, "When Demographic Dividend Disappears: Growth Sustainability of China", in Aoki, Masahiko and Wu Jinglian (eds.), *The Chinese Economy: A New Transition*, Palgrave Macmillan, Basingstoke, 2012.

Chang, Gordon, *The Coming Collapse of China*, New York: Random House, 2001.

Eichengreen, Barry, Donghyun Park and Kwanho Shin, "When Fast Growing Economies Slow Down: International Evidence and Implications for China", *NBER Working Paper*, No. 16919, 2011.

Eichengreen, Barry, Donghyun Park and Kwanho Shin, "Growth Slowdowns Redux: New Evidence on the Middle–income Trap", *NBER Working Paper*, No. 18673, 2013.

Eichengreen, Barry, Donghyun Park and Kwanho Shin, "The Global Productivity Slump: Common and Country–specific

Factors", *NBER Working Paper*, No. 21556, 2015.

El-Erian, M. A., "Navigating the New Normal in Industrial Countries", *International Monetary Fund*, (Dec. 15) 2010.

El-Erian, M. A., "The New Normal has been Devastating for America", *Business Insider*, March 22, 2014.

Fan, Joseph, Randall Morck and Bernard Yeung, "Capitalizing China", *NBER Working Paper*, No. 17687, 2011.

Foda, Karim, "The Productivity Slump: A Summary of the Evidence", *Global Economy and Development at Brookings*, August, 2016.

Foster, Lucia, John Haltiwanger and Chad Syverson, "Reallocation, Firm Turnover and Efficiency: Selection on Productivity or Profitability?", *American Economic Review*, Vol. 98, No. 1, 2008.

Gilens, Martin and Benjamin I. Page, "Testing Theories of American Politics: Elites, Interest Groups, and Average Citizens", *Perspectives on Politics*, Vol. 12, No. 3, 2014.

Gordon, R. J., "Is U. S. Economic Growth Over? Faltering Innovation Confronts the Six Headwinds", *National Bureau of Economic Research*, No. 18315, 2012.

Hayashi, Fumio and Edward C. Prescott, "The 1990s in Japan: A Lost Decade", *Review of Economic Dynamics*, Vol. 5, Issue 1, 2002.

Heckman, James, "China's Human Capital Investment", *China Economic Review*, 16 (1), 2005.

Kiyoshi Kojima, "The 'Flying Geese' Model of Asian Economic Development: Origin, Theoretical Extensions, and Regional Policy Implications", *Journal of Asian Economics*, No. 11, 2000.

Koo, Richard C., *The Holy Grail of Macroeconomics: Lessons from Japan's Great Recession*, John Wiley & Sons, 2008.

Krugman, Paul, "The Myth of Asia's Miracle", *Foreign Affairs*, November/December, 1994.

Kuznets, Simon, "Economic Growth and Income Inequality", *American Economic Review*, Vol. 5, 1955.

Lin, Justin Yifu, "China and the Global Economy", *China Economic Journal*, Vol. 4, No. 1, 2011.

Lipton, David and J. Sachs, "Privatization in Eastern Europe: The Case of Poland", *Brookings Papers on Economic Activities*, No. 2, 1990.

Lucas, Robert Jr., "Supply-Side Economics: An Analytical Review", *Oxford Economic Papers*, 1990.

Maddison, Angus, *Contours of the World Economy, 1 - 2030 AD, Essays in Macro-Economic History*, Oxford University Press, 2007.

Manuelli, Rodolfo and Ananth Seshadri, "Human Capital and the Wealth of Nations", *The American Economic Review*, Vol. 104, No. 9, 2014.

McMillan, Margaret S. and Dani Rodrik, "Globalization, Structural Change and Productivity Growth", *NBER Working Paper*, No. 17143, 2011.

MGI, *Capturing China's $5 Trillion Productivity Opportunity*,

June, 2016.

MGI, *The China Effect on Global Innovation*, July, 2015.

Noonan, Laura, "Financial Theory Helps Fight Cancer and Climate Change", *Financial Time*, June 20, 2016.

Oi, Jean C., "Local State Corporatism", in Oi, Jean C. (eds.), *Rural China Takes off: Institutional Foundations of Economic Reform*, Berkeley: University of California Press, 1999.

Ostry, Jonathan D., Prakash Lounani and Davide Furceri, "Neoliberalism: Oversold?", *Finance and Development*, Vol. 53, No. 2, 2016.

Pash, C., "Use of the Label 'New Normal' on the Rise", *The Australian*, May 16, 2011.

Pritchett, Lant and Lawrence H. Summers, "Asiaphoria Meets Regression to the Mean", *NBER Working Paper*, No. 20573, 2014.

Reinhart, Carmen and Kenneth S. Rogoff, "Growth in a Time of Debt", *American Economic Review*, American Economic Association, Vol. 100 (2), 2010.

Romer, Paul, "The Trouble with Macroeconomics", *The American Economist*, 2016.

Rosenstein-Rodan, P. N., "Problems of Industrialisation of Eastern and South-eastern Europe", *Economic Journal*, 1943.

Sachs, Jeffrey, *Lessons for Brazil from China's Success*, São Paulo, November 5, 2003.

Sarewitz, Daniel, "Saving Science", *The New Atlantis*, Number 49, Spring/Summer 2016, 2016.

Schumpeter, J., *Capitalism, Socialism, and Democracy*, New York: Harper & Brothers, 1942.

Spence, Michael, *The Next Convergence: The Future of Economic Growth in a Multispeed World*, Farrar Straus and Giroux., 2011.

Stiglitz, Joseph E., *Globalization and Its Discontents*, New York and London: W. W. Norton & Company, 2003.

Summers, L., "Bold Reform is the Only Answer to Secular Stagnation", *Financial Times Columns*, September 8, 2014a.

Summers, L., "U. S. Economic Prospects: Secular Stagnation, Hysteresis, and the Zero Lower Bound", *Business Economics*, April, 2014b.

Summers, Lawrence H., "The Age of Secular Stagnation: What It Is and What to Do About It", *Foreign Affaires*, Vol. 95, No. 2, 2016.

Temple, Robert K. G., *The Genius of China: 3000 Years of Science, Discovery, and Invention*, London: Carlton Publishing Group, 2007.

Wang, Meiyan and Cai Fang, "Destination Consumption: 'Enabling Migrants' Propensity to Consume", in Song Ligang, Ross Garnaut, Cai Fang and Lauren Johnston (eds.), *China's Domestic Transformation in a Global Context*, Canberra: ANU Press, 2015.

United Nations, Department of Economic and Social Affairs, Population Division, *World Population Prospects: The 2010 Revision*, CD – ROM Edition, 2011.

Qu Yue, Cai Fang and Zhang Xiaobo, "Has the 'Flying Geese' Phenomenon in Industrial Transformation Occurred in China?" in Huw McKay and Song Ligang (eds.), *Rebalancing and Sustaining Growth in China*, Canberra: Australian National University E-Press, 2012.

索　引

B

辩证唯物主义　18,48,59,85,86,93,119

C

创新发展　45,62,168—171,173,178—188,212,222,238,239,276,312

创新思维　84,109,110,112,114

D

底线思维　2,84,114,115,117,118

G

改革红利　100,109,127,134,146,150,256,291—293,296,298,331,332

改革开放伟大实践　34

供给侧结构性改革　2,15,40,50,59,62,75,77,88,93,106—109,131,134,145,204,256,257,266—270,275—278,291—294,298,302

共同富裕　4,11,41,51,54,55,60,65—69,73,76,79,80,82,95,177,178,246—250,252—254,258,262,309

共享发展　79,102,169—171,175,199,203,246,247,250—252,254—256,258,262,276

J

解放和发展生产力　11,51,59—62,65,75,263

K

开放发展 13,15,32,35,41,42,109,170,171,174,230,234,237,238,240,276,322

L

历史耐心 84,93—95,97,98,131,164,301

历史唯物主义 18,48,59,89,93,111,135

绿色发展 63,64,170,171,174,213—217,220—224,244,276

M

目标导向 84,119—121,173,203,204,255,257,275

Q

潜在增长率 91—93,95,100,107—109,134—138,144,146,150,158,184,256,257,276,284—288,294—298,300,331

全要素生产率 107,109,144,145,148—150,169,173,184,205,256,260,265—267,276,284—286,290,291,294,297,300,314

S

市场经济 10—12,17—22,24,25,33,35,37,38,40,45—47,50,51,64—71,74—77,88,96,99,113,120,167,169,250,253,267,287,298,304—306,308,331

W

稳中求进 2,50,61,84,95,104—108,115,301

问题导向 2,43,84,102,119—121,173,203,204,255—257,275

X

西方经济学 15,16,23,26,28,35,42—48,68—70,88,268—270,275,277

协调发展 34,87,88,170,171,174,176,196—200,202,208,209,211,239,265,267,276,327

新常态 2,40,50,61,89,93,95,98,100,104—109,114,

116—118，122，127—132，
135，138，144，145，150—
152，162，169，170，172—
174，178，180，186，198，
203，204，206，232，255，
257—259，264，267，268，
275，276，278，280，282，
288，296，299，301，330

新发展理念　1，49，50，53，
86，87，102，122，131，168，
170—172，178，265

新自由主义　69，192，268，
270，272—274，277，278

Y

以人民为中心　2，23，39，40，
49—55，80，107，170，175，
199，203，204，246，250，
254，255，277，324

Z

战略定力　2，84，93，98—102，
104，114，135，164，301

中等收入陷阱　41，114，117，
157，173，174，267，278，279

中国特色社会主义政治经济学
1—3，14，15，23，27，32，34，
41，44，48—51，53，54，67，
70，72，77，78，113，128，
129，250，268，306

中华五千年文明　15，27，
32，48

后　记

　　本书从立项、写作到出版历时三年多。其间经过了多轮的讨论和修改，特别是根据习近平总书记最新重要讲话精神，进行了许多补充甚至对架构进行了一定的调整。整个成书过程，是作者学习习近平新时代中国特色社会主义思想的过程，因此，修改完善也应该是一个不断的过程。

　　作者特别感谢董昀副研究员、李鑫博士、贾朋博士、吴詠博士等同事在资料搜集上所做的辛苦工作，特别感谢吴詠作为课题组秘书所做的联络协调与文字校对工作，还要感谢在书稿征求意见环节张卓元等老师所提供的宝贵意见。最后要感谢国家社会科学基金的支持以及中国社会科学出版社社长赵剑英、总编辑助理王茵和编辑侯苗苗等付出的努力。本书仍然存在不足，当由作者自己承担责任。

作　者

2019 年 2 月